圖解 **看財經新聞**
解讀經濟現象

大幅
增修版

林祖儀、張道宜等◎修訂
林祖儀、康軒維等◎著

Chapter 5 解讀產業消息

一、 產業動向基礎知識

二、 產業動向相關新聞模式

Chapter 6 解讀國際財經情勢

Chapter 1

財經新聞怎麼看

▶▶ 財經新聞中的重大經濟訊息經常與民眾的日常生活息
息相關，例如經濟成長會帶來國民所得增加或失業率
降低、物價上漲會降低民眾消費意願、調降利息會增
加企業投資意願等。透過財經新聞提供的訊息，除了
可以讓我們即時掌握最新的財經脈動外，還能預測未
來的經濟動向與影響，有助於個人對消費、理財、投
資、就業……等計畫做出最佳判斷。

用經濟學原理看懂財經新聞

　　打開電視、翻開報紙，財經新聞報導了最新的經濟活動訊息，從股票、基金行情表，產業消息、政府的經濟決策以及國際間的財經動向……等，都是受到關注的焦點。事實上，財經新聞正是經濟學原理體現於現實生活的呈現，解讀財經新聞不僅可以了解財經訊息如何架構於經濟學的基礎上，更可以即時掌握最新的經濟態勢。

為什麼需要懂得財經新聞

　　財經新聞關注的經濟訊息是與個人、企業、國家等最為息息相關的經濟活動，包括了民眾關切的民生問題，如物價、就業、理財投資等，企業重視的營運環境、景氣動向、經貿情勢等，以及政府公部門必須督導的經濟環境、政策、未來發展策略等。實際上，我們每一個人正是生活在以資金運作形成各種經濟行為交錯的社會結構中，若未能了解財經新聞中傳達的各種經濟活動所代表的意義、有何影響，進而採取適當因應做法的話，很容易便會讓自己因為資訊落後或不理解而造成損失。

　　例如，當財經新聞中提及企業獲利良好、民眾消費需求旺盛、廠商投資意願提高或貿易出口量增加……等經濟成長的訊息，透過一般的經濟學原理，可預期未來持續成長之下將會帶動薪資水準調升、失業率下降、就業環境好轉。此外，股票、房地產等投資商品的價格也將有機會上漲，呈現利多局面，進而提高投資人加碼投資的意願。因此，若能具有解讀財經新聞的經濟學基礎知識，便可合理判斷目前所處的態勢和未來可能變動的方向，進而採取合適的計畫，例如在房價看漲但價格尚未實際飆漲前，以相對低價購屋；啟動之前因考量景氣不佳而一直不敢行動的換工作計畫……等。

　　又如利率升降關係到人民的消費與儲蓄，當新聞媒體報導央行調升重貼現率的消息時，了解基本經濟學原理的人便知道這表示目前經濟環境可能過熱，因此央行藉著此舉引導銀行隨之調升存放款利率，以減少市面上流動的資金。由此亦可預期在央行為抑制過熱經濟而採取升息措施後，因為銀行的存款利率提高了，使得存款的利息收益相對於投資商品的獲利可能增加。如此一來，對資金運用也才可能有更聰明合理的思考與選擇。

財經新聞是動態的經濟學

財經新聞雖然強調即時更新，變化層出不窮，但究其根源可以將其視為動態的經濟學，也就是經濟學理論實際表現出來的各種現象。因此，只要了解了一般經濟學的基本原理，就能在紛亂的財經新聞中理出頭緒，進行財經現象的解讀、並進一步掌握經濟趨勢變化的關鍵。

例如，經濟學中的景氣循環理論，揭示了景氣會歷經從蕭條、衰退、復甦到繁榮，接著再衰退的過程。這套理論不僅被用來觀察產業的實際表現，也是一國經濟活動活躍程度的變化通則。

而政府實施財經政策的準則通常是根據凱因斯管理需求理論，認為政府的財經政策有助於穩定經濟的不安定。因此，當經濟衰退時，政府多以擴張性政策提升疲弱低迷的景氣；反之當經濟繁榮時，政府會採緊縮性的政策抑制發展過熱的景氣。將理論套用在實際經濟活動的現象上，就可以清楚了解政府因應不同的景氣變化而採取不同施政措施的模式。也就是，在經濟處於衰退狀況時，政府會透過減稅、擴大公共支出的擴張性財政政策，藉以提升民眾消費需求及就業率；或透過降低利率的擴張性貨幣政策，提升企業投資意願。反之，在經濟處於繁榮狀況時，政府則會透過縮減公共支出的緊縮性財政政策，降低民眾消費需求；或透過調升利率的緊縮性貨幣政策，削弱企業投資意願……等等。

由此可知，掌握經濟學的基本概念，有助於解讀不同面向的財經新聞。因此，在解讀財經新聞前，可以先行分辨該面向財經新聞的類別，例如景氣動向、產業消息……等，了解該類別在經濟學裡的基本概念，做為進一步理解細項時的基礎。然後，再逐步了解各類財經新聞報導必然會涵蓋的範圍與內容，例如當報導景氣動向的財經新聞時，必定會提及國內生產毛額（GDP）、經濟成長率、景氣對策信號、消費者信心指數（CCI）、失業率……等，而成為此類新聞報導的固定模式。同樣地，只要先行掌握了這些經常被報導事項在經濟學上的概念，了解其變化模式與觀察之道等基本原理，就能懂得財經新聞所代表的實質意涵，做為解讀和統整當前經濟活動現象的核心依據。最後，由於一國經濟活動的變化往往攸關整體國家利益與百姓福祉，因此，在解讀財經新聞時，還須洞悉政府因應經濟活動變化而可能採取的干預手法為何、以及其用意與效力如何發揮。如此一來，當我們透過財經新聞看到具體呈現在我們生活中的各種經濟活動時，才能真正理解每一事件、現象，以及政府作為對每一個人的重要性與實際影響，為自己的資金做最好的運用，進而提高生活與人生的品質。

解讀財經新聞時最常見的經濟學原理

財經新聞的訊息

經濟學原理

透露國家處於經濟成長……

表示經濟環境

- ●企業獲利良好
- ●民眾消費需求旺盛
- ●投資意願提高
- ●貿易出口量增加

預期發展

- ●國民所得增加
- ●勞動薪資調升
- ●失業率降低
- ●股價及房地產價格上漲

1.凱因斯管理需求理論

政府的財經政策有助於穩定經濟的不安定，運用財政政策與貨幣政策協助國家經濟成長。

2.景氣循環理論

因景氣處於成長復甦階段，使得經濟活動擴張、消費水準提升，帶動經濟持續成長。

3.經濟成長理論

經濟成長率會隨國家發展階段呈現遞減，新興國家較已開發國家成長地更快。

央行宣布調升利息……

表示經濟環境

- ●消費者物價指數偏高
- ●原油價格上漲
- ●景氣對策信號為連續紅燈

預期發展

- ●民眾存款意願增加
- ●民眾消費意願降低
- ●企業減少投資意願
- ●股價及房地產價格下跌

4.貨幣銀行理論

政府為了穩定物價，透過貨幣供給量的調控來影響貨幣的價值。當有通膨趨勢時，減少貨幣供給量，此時利率上升，市場上流動資金的減少造成貨幣價值提升，抑制通膨。

5.菲力普曲線

物價通膨與失業之間存在抵換關係，當物價出現膨脹趨勢，代表失業問題正逐漸改善。

報導新台幣升值……

表示經濟環境

- ●外國對本國有商品及金融服務需求
- ●央行宣布升息

預期發展

- ●吸引更多外國資金，本國股價、房地產價格上漲
- ●民眾提升購買外國商品意願
- ●抑制本國物價上漲
- ●本國出口競爭力降低
- ●影響到外匯存底數量及經濟成長動能

6.國際金融理論

匯率取決於外國對於本國商品及金融服務的需求狀況。當外國增加對本國商品或金融服務的需求時，也會提高對本國貨幣的需求，促使本國貨幣升值。

財經新聞的分類呼應經濟學的重要主題

　　財經新聞呈現出個人、社會、國家經濟活動在日常生活中實際運作的各種現象和面貌，財經新聞的種類往往呼應著經濟學中總體經濟與個體經濟兩大分類。透過財經新聞掌握我們生活周遭的各種經濟行為樣貌，個人、企業等在結合經濟學原理與現象的知識下，便能洞悉變化的原因，繼而在消費、理財、投資、就業……等計畫上做出最佳判斷。

財經新聞的內容與類別

　　報章雜誌中常見的財經新聞可以分為以下幾類：國內經濟、國際經濟、兩岸經貿、證券期貨、金融理財、產業動態、房市動態、經營企管等。不同的財經新聞傳達了不同面向的訊息，各類議題背後所蘊含的經濟學原理雖各有差異，但基本目的均是為了在有限的資源下尋求最佳運用效率。經濟學依研究對象大致上可區分為總體經濟及個體經濟，總體經濟主要討論整體環境的經濟活動；而個體經濟則是討論消費者、廠商及政府之間，如何透過市場結構追求彼此間最大的滿足目標。

　　因此，在財經新聞中，也可以區分成總體經濟和個體經濟兩大面向。其中，國內經濟、國外經濟及兩岸經貿新聞主要討論台灣、國際及主要經濟國家的總體經濟情勢，內容包含國際間重要經濟要聞、各種經濟指標（如國內生產毛額、物價、失業、匯率、利率等）的最新資料、國際貿易的現況、各國政府財經政策的實行等，可藉此了解國際間主要國家的財經情勢，以判斷台灣未來的經濟走向，屬於總體經濟的範圍。

　　產業動態、房市動態及經營企管新聞主要討論企業經營政策及方向、房地產價格的行情與趨勢、管理者的策略與智慧等，可藉此得知企業的經營績效及最新的房市價格，以掌握企業將來的運作策略、規畫個人未來的就業方向和購屋需求等，屬於個體經濟的範圍。

　　而證券期貨及金融理財新聞主要討論台灣及國際間的投資理財的市場行情，內容包含證券、期貨、原物料、匯率、黃金、存款利率等各種投資理財商品的價格現況，可藉此掌握最新的理財行情、判斷未來的投資方向，以賺取價差或

看懂財經新聞的內容與類別

財經新聞的內容與類別

總體經濟學

整體環境的經濟活動,例如國內生產毛額、物價、失業、匯率、利率等。

個體經濟學

消費者、廠商及政府之間,如何透過市場結構追求彼此間最大的滿足目標。

國內經濟、國外經濟及兩岸經貿

- 國際間重要經濟要聞
- 各種經濟指標最新資料
- 國際貿易的現況
- 各國政府財經政策的實行

- 得知全球景氣興衰變化及政府政策趨向
- 掌握個人薪資所得多寡、物價水準高低及就業程度難易

證券期貨及金融理財

- 各種投資理財商品的價格現況,如:證券、期貨、原物料、匯率、黃金、存款利率等。

- 掌握最新價格行情及趨勢
- 增加個人財富收入並提升生活水準

產業動態、房市動態及經營企管

- 企業經營政策及方向
- 房地產價格的行情與趨勢
- 管理者的策略與智慧

- 得以了解產業結構變化以及企業經營動態
- 選擇合適的投資標的企業或產業
- 規劃個人未來的就業方向

利息收益增加個人財富，則是橫跨了總體及個體經濟的範圍。

看懂財經新聞的好處

　　財經新聞中的經濟訊息無疑是與我們的民生問題最緊密關聯的事項，透過各種財經新聞提供的訊息，除了可以即時掌握最新財經情勢以外，還能預測未來的經濟走向。了解每一則財經新聞背後的涵義以及未來的影響，將有助於我們掌握消費訊息、理財投資以及就業方向的未來趨勢。從總體經濟的訊息中，可以得知全球景氣興衰變化及政府政策的趨向，藉以掌握個人薪資所得的多寡、物價水準的高低及就業的難易程度。從投資理財的訊息中，可以掌握最新價格行情及趨勢，藉以增加個人財富收入並提升生活水準。從產業動態的訊息中，還可了解產業結構變化以及企業經營動態，藉以規劃合適的投資標的企業或產業，或是尋找個人未來的就業方向。

Chapter 2

解讀景氣動向

▶▶ 景氣的變化會影響經濟發展的好壞，景氣的蕭條、復甦到繁榮形成一個周而復始的循環，與人民生活更是息息相關。了解景氣變化模式與影響力；判讀GDP與經濟成長率、景氣動向領先指標、景氣同時指標、景氣對策信號、消費者信心指數、失業率等經濟指標變化所代表的意義，不僅可供民眾及企業掌握景氣波動的動向，更是政府施政的重要參考依據。

本篇教你解讀

☑ 景氣循環的變化與影響

☑ 衡量一國經濟活動表現的經濟成長率

☑ 預測未來景氣動向的領先指標

☑ 觀測當前景氣榮枯的同時指標

☑ 反映景氣變化的景氣對策信號

☑ 呈現大眾對景氣看法的消費者信心指數

☑ 與經濟成長呈反向變動的失業率

景氣是什麼？如何決定？

經濟環境的興衰狀況反映出景氣的好壞，通常以生產或經濟活動的活躍程度來衡量。一國總體性生產或經濟活動會隨時間呈現出波動的狀態，從成長、旺盛、衰退、低迷、再復甦到興盛的過程構成了具規律性的經濟發展週期，形成景氣循環的現象。

什麼是景氣與景氣循環

景氣是指經濟活動的活躍情形，「景氣好」意指經濟熱絡、產業活動興盛；「景氣壞」則指經濟蕭條、產業活動低迷。由於經濟活動並非一成不變，會受到市場供需變動、政策變化、群眾心理因素等影響，在一段時間內盛衰起伏會交替出現，形成周期性的變動過程，稱為「景氣循環」。景氣循環的週期通常不定，可能是一年以上到數十年不等會出現一次景氣循環，其中當景氣從谷底爬升到高峰的過程，稱為「擴張期」，也就是從經濟復甦到繁榮的階段；反之，景氣從高峰下跌到谷底的過程，稱為「收縮期」，也就是從經濟衰退到蕭條的階段。一個完整的景氣循環週期包含了一個經濟擴張期及一個經濟收縮期。換句話說，也就是指許多經濟活動會大約同時發生成長、擴張，隨後發生收縮、衰退，然後又準備開始復甦，這一連串的波動會周而復始但不定期地發生。實務上，一般景氣的擴張期及收縮期多會分別持續至少五個月，全循環至少需要十五個月。

景氣循環的判斷依據

經濟學上衡量景氣循環的指標通常是用實質國內生產毛額（GDP）的成長率，也就是從經濟成長率的變化來看。也有以綜合多種指標來判別景氣循環的情況，像是我國行政院國家發展委員會（簡稱國發會）衡量景氣循環的方法主要是根據實質國內生產毛額、工業生產指數、實質票據交換金額、實質製造業銷售值、海關出口量指數、海關進口量指數、非農業部門就業人數以及失業率等八項，分別代表所得、生產、銷售、貿易及就業的經濟指標進行景氣循環分析。

景氣循環的衡量方式可分為「古典景氣循環」及「成長循環」兩種概念。古典景氣循環衡量方式是以總體經濟活動水準值的上升或下降來判定，美國即採取此衡量方式，當 GDP 成長率連續兩季下降即表示景氣衰退。

景氣循環階段與衡量方式

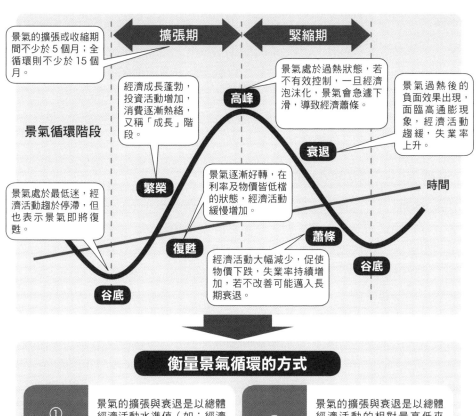

景氣的擴張或收縮期間不少於5個月；全循環則不少於15個月。

擴張期　　緊縮期

經濟成長蓬勃，投資活動增加，消費逐漸熱絡，又稱「成長」階段。

景氣處於過熱狀態，若不有效控制，一旦經濟泡沫化，景氣會急遽下滑，導致經濟蕭條。

景氣過熱後的負面效果出現，面臨高通膨現象，經濟活動趨緩，失業率上升。

景氣循環階段

高峰

衰退

繁榮

景氣逐漸好轉，在利率及物價皆低檔的狀態，經濟活動緩慢增加。

景氣處於最低迷，經濟活動趨於停滯，但也表示景氣即將復甦。

時間

復甦

蕭條

谷底

谷底

經濟活動大幅減少，促使物價下跌，失業率持續增加，若不改善可能邁入長期衰退。

衡量景氣循環的方式

① 古典景氣循環
景氣的擴張與衰退是以總體經濟活動水準值（如：經濟成長率的絕對數字）的上升或下降來判定，美國即採此方式衡量景氣狀況。

② 成長循環
景氣的擴張與衰退是以總體經濟活動的相對量高低來判定，也就是經濟成長率是否高於或低於平均成長率來看，台灣即採此定義。

觀察景氣動向的指標

景氣對策信號
判斷景氣是否將過熱或衰退的指標，從過熱到衰退分別以紅、黃紅、綠、黃藍、藍等五個燈號表示。

景氣動向指標
反映景氣變動的方向與變動的幅度，包括預測未來景氣的領先指標、判斷當前景氣的同時指標。

產業景氣調查
透過問卷方式調查各產業對未來景氣及經營方向的看法，以掌握產業景氣的榮枯情形。

其他
台經院針對每月景氣動向的「營業氣候測驗點調查」；中央大學發布的「消費者信心指數」。

但古典景氣循環的衡量方式對於經濟成長快速的發展中國家卻不適用，例如中國、印度等。因為經濟持續成長的國家一直處於景氣擴張的上升狀態，表面上似乎不存在景氣循環，但若仔細觀察仍可發現景氣波動的現象，也就是其經濟成長的速度會出現在某段期間超過、但又在某段時間低於平均趨勢的波動模式。對此因而發展出以相對量的變化、也就是以當時的經濟成長率是否高於或低於平均成長率來判斷景氣狀態。這種不以長期總體經濟水準做為基準，而是側重於當下與一般平均水準的比較，此種景氣循環衡量方式稱為「成長循環」，也適合用來分析、比較歷史資料。台灣與經濟合作暨發展組織（OECD）目前均採「成長循環」的概念。

如何得知當前景氣動向

各國的官方單位都會定期公布景氣相關的調查報告，以我國為例，國發會每個月會定期頒布景氣對策信號、景氣動向指標和產業景氣調查。景氣對策信號可判斷景氣是否將過熱或衰退，若對策信號亮出「綠燈」，表示當時的景氣穩定；「紅燈」表示景氣過熱，政府應採取緊縮措施；「藍燈」表示景氣衰退，政府應採取擴張措施；「黃紅燈」和「黃藍燈」是警告性燈號，提醒政府應密切注意景氣動向，適時採取因應措施。

景氣動向指標可以反映景氣變動的方向與幅度；像是「景氣領先指標綜合指數」（簡稱領先指標）可用來預測未來的景氣變動，「景氣同時指標綜合指數」（簡稱同時指標）可用來判斷當時的景氣狀況。產業景氣調查則是以問卷方式，徵詢各產業廠商的產銷、訂單、存貨與利潤變動等營業狀況及對未來景氣的預期，以了解各產業的景氣狀況及未來的景氣變動方向。

另外，其他研究機構的指標例如台灣經濟研究院（台經院）發表的景氣動向調查月報——營業氣候測驗點調查；和中央大學消費者信心指數調查，也是觀察景氣動向的重點指標。

造成景氣變化的因素

　　景氣從繁榮、衰退、蕭條到復甦的過程，呈現出經濟活動的變化程度。當景氣變好時，經濟活動頻繁、消費力旺盛；反之景氣變差時，經濟活動低迷，消費力萎縮。造成景氣變化的原因可分為由供需所帶動的內在因素，與受外力及環境影響的外在因素。

影響景氣變化的內在因素

　　景氣循環的內在驅動因素是經濟的基本面，也就是供給和需求的消長。當市場上供給小於需求時，企業為因應需求增加而擴大產能，僱用更多人力來提升產量，使受雇者所得增加，進而帶動消費。企業在獲利增加之下提高投資意願，景氣開始擴張，經濟活動也愈來愈蓬勃。但榮景持續一段時間後，因為需求不可能無限擴大，例如消費者購買一項物品像是汽車、冰箱、電腦之後，通常會使用一陣子不會馬上汰換掉；另外，企業大幅擴充產能下，亦會調高售價以反映增加的成本和高漲的需求，因此會出現市場需求停滯，這個時候便是景氣的轉折點。企業生產的商品開始賣不出去而囤積，形成供給大於需求的情況，使得企業必須縮減產量並降低投資，導致供給再度不足，一直到刺激市場消費需求的動能再出現，帶動下一次復甦。

影響景氣變化的外在因素

　　而驅使景氣變動的外在因素則是指發生在經濟體系以外的原因，例如：政治事件、企業獨占或工會罷工、創新科技發明、自然天災、戰爭威脅等外在事件的衝擊。當突發事件發生時，容易使景氣產生變動，例如 2015 年 7 月，全球最大鉑金礦商英美鉑金公司（Anglo American Platinum）因遭遇長達五個月的罷工，股價下跌了 24%，鉑金價格創下 2009 年以來新低。2015 年韓國受中東呼吸綜合症（MERS）影響，旅遊業景氣實查指數（BSI）於第二季出現 2007 年以來最低水平。

　　又如 2008 年的全球金融海嘯，原先僅是發生在美國本土的次級房貸危機，因為與房貸相關的衍生性金融商品銷往全球，使得風險危機擴大牽連其他國家，美國、英國、日本、新加坡等國於 2008 年第四季的國內生產毛額（GDP）都出現負成長。雖然外在因素會使景氣造成波動，但隨著外在因素的影響力逐漸退去，景氣便會恢復到當時循環的階段。

影響景氣波動的因素

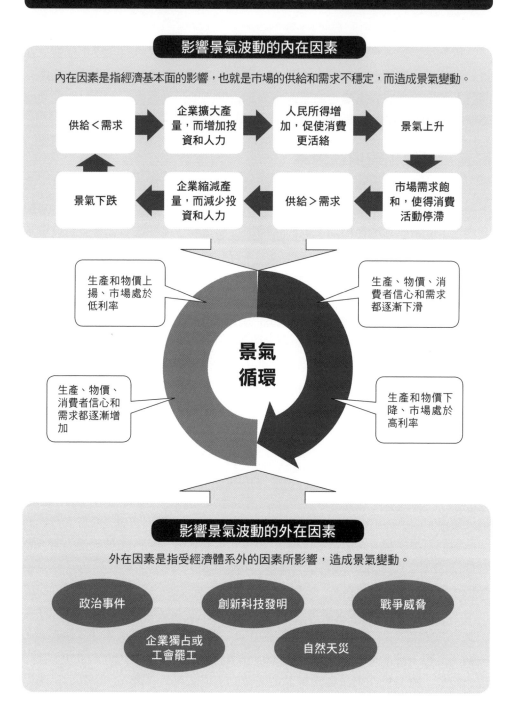

影響景氣波動的內在因素

內在因素是指經濟基本面的影響，也就是市場的供給和需求不穩定，而造成景氣變動。

供給＜需求 → 企業擴大產量，而增加投資和人力 → 人民所得增加，促使消費更活絡 → 景氣上升

↓

景氣下跌 ← 企業縮減產量，而減少投資和人力 ← 供給＞需求 ← 市場需求飽和，使得消費活動停滯

生產和物價上揚、市場處於低利率

生產、物價、消費者信心和需求都逐漸下滑

景氣循環

生產、物價、消費者信心和需求都逐漸增加

生產和物價下降、市場處於高利率

影響景氣波動的外在因素

外在因素是指受經濟體系外的因素所影響，造成景氣變動。

政治事件　　創新科技發明　　戰爭威脅

企業獨占或工會罷工　　自然天災

景氣變化對國家及人民的影響

　　穩定成長是最理想的景氣發展模式,但偏偏景氣容易受到政策、群眾心理、市場波動等影響而出現過熱或衰退現象。若政府沒有妥善處理,景氣過熱的泡沫一旦被戳破,便容易落入經濟蕭條的困境,而且景氣衰退也會對民眾生活造成負面影響,不利於經濟成長。

景氣從過熱到衰退的過程

　　景氣過熱現象是指,在持續不斷維持經濟高成長和蓬勃的經濟活動之下,市場投資和消費需求旺盛,但生產者的產能擴充速度跟不上市場不斷增長的需求,造成供不應求,物價節節上升,愈來愈高漲的價格就像愈吹愈大的泡沫,導致嚴重的通貨膨脹。當通膨發生時,從日常用品至各項資產的價格均普遍上揚,若要維持原來的生活水準,開銷一定會增加。然而存在銀行的利息收入跟不上通膨的速度,使得民眾不願儲蓄也不願消費,而傾向囤積貨品、或是將錢從銀行轉向投入股市、房地產等投機性用途。企業則因銀行的融資成本提高、但收益又難以掌握之下,減緩投資,嚴重影響經濟成長。由於消費需求和企業供給都縮減,在經濟體缺乏成長的支撐下,原先過熱的榮景便容易破滅,一旦泡沫破裂,商品價格會急速下跌,造成許多投資人的資產形同被套牢,使得消費更加緊縮,傷害經濟體的運作,往往會使經濟迅速進入衰退甚至蕭條。

　　例如 2008 年金融海嘯拖累全球經濟,中國政府實施「四萬億(人民幣四兆)財政刺激計畫」,為擴大進口需求、刺激經濟成長,廣設地方融資平台,而財源 70% 由中央與地方承擔,透過隱性赤字的方式解決問題。雖然保住了經濟成長率,卻造成中國房價高升、也推升了中國股市的泡沫風險。隨著中國經濟的放緩,市場便出現資產高估的情形,加深泡沫化的隱憂。

　　當景氣出現衰退時,多項經濟指標都會呈現放緩狀態,表示經濟成長停滯、失業率提高、投資和產出緊縮,家戶支出和企業收益都減少,資產價格也持續下滑。若景氣衰退持續超過二到三年時間,通常被稱為景氣蕭條。

　　例如 2009 年歐債危機爆發當時,歐洲陷入通貨緊縮及高失業率的麻煩。又如歷史上最知名的 1929 大蕭條,即造成 1929 年至 1933 年美國經濟大幅萎縮超過四分之一,失業率高達 25%。由於影響重大,如何避免從經濟過熱急轉為泡沫化,各國政府多半等不及市場自動調節,而更傾向於積極透過政府力量干預

不同景氣變化的影響

	景氣過熱	景氣平穩	景氣衰退
特徵	●經濟持續高成長。 ●物價節節上揚，和產品實際價值不成比例。 ●通貨膨脹率高。 ●廠商生產無效率。	●經濟緩慢成長。 ●物價穩定。 ●失業率維持一定水準。	●經濟成長停滯。 ●物價大幅降低。 ●失業率攀高。
對經濟影響	●對民眾的消費產生排擠效應，降低民眾長期的消費能力。 ●貧富不均惡化，導致社會危機。 ●通膨擴大下，總體需求大幅下滑，造成經濟泡沫化。	●民眾消費穩定成長，帶動內需增加。 ●廠商投資意願穩定發展，帶動經濟成長。	●民眾消費能力和信心大減，整體家戶支出萎縮。 ●企業收益不佳，破產案頻傳。 ●失業人口眾多，造成社會問題。
政府措施	政府採取緊縮性政策，試圖透過升息、減少公共支出等措施，緩和市場過熱和投機行為，讓經濟成長恢復平穩。	景氣平穩是政府追求的目標與理想經濟狀況。	政府採取擴張性政策，試圖透過降息、減稅、增加公共支出等措施，以提升消費和投資需求，並推動就業方案以降低失業率。

經濟，包括採取事先預防的必要措施、以及惡化後的事後補救政策，以利加快復甦，使景氣回到平穩發展。

政府如何因應過熱或低迷的景氣

觀察景氣是否有過熱之虞，通貨膨脹率是首要觀察指標。政府和央行通常會在消費和借貸出現價格高漲的過熱現象時，採取必要措施緊縮市場過多資金，以減緩市場投機行為和降低物價。最常見的做法就是調升利息，透過引導銀行利率上升，使企業因向銀行融資的成本提高而減少投資；同時利用較高的利率讓民眾傾向把錢儲蓄起來賺利息，吸引更多資金回到銀行體系，而非購買昂貴的商品，以降低消費意願，進而減少市場流動的資金來引導物價下跌。例如在2004 年 6 月到 2006 年 6 月間，美國聯準會就連續升息十七次以減緩美國當時過熱的經濟。

不同於景氣過熱時造成物價飛漲的壓力，一旦景氣呈現衰退低迷，則是會重挫就業市場。研究指出被不景氣影響最深的勞動族群是低技術、低教育程度的勞工和年輕人，最容易在不景氣時期失去工作。失業率的大幅提高不僅對家庭穩定性和個人健康造成重大影響，衍生各種社會問題外，同時不景氣下的大量失業人口也會進一步衝擊消費，加重景氣衰退。英國就曾經歷 1980 和 1990 年代的不景氣，花了五年時間好不容易才使失業率回到一般水準。

因此當失業率連續居高不下時，政府就會開始推動各項支持就業的措施，例如發放就業補助、提供職能訓練，並舉辦就業博覽會媒合職缺，以協助失業者盡快重返職場。

由於經濟的衰退也會影響民眾的消費信心，有可能進一步緊縮消費行為，更不利於經濟復甦，造成惡性循環。因此政府通常會對景氣衰退採取擴張經濟政策來提振信心，促進投資和消費，例如增加貨幣供給以增進市場流動資金，擴大公共建設或減稅以刺激投資，進而帶動景氣回升，使經濟活動再度活絡。

▶GDP 與經濟成長率
經濟成長率連續下滑，
經濟可能步入衰退

> **快速掃描**
> ● 國民所得報告與經濟成長率為衡量一國經濟活動最廣泛的指標。
> ● 經濟成長率是判斷經濟活動的落後指標。
> ● 經濟成長率出現連續兩季的負成長，代表經濟正式陷入衰退。
> ● 每季季終過後 7 至 8 週由行政院主計處發布前一季的國民所得報告及經濟成長率（％）。

　　經濟成長率雖然一季才公布一次，卻是衡量一國經濟活動表現最基本的指標，也是所有經濟指標中最重要的一個。投資人可透過經濟成長率來得知一國的整體經濟實力，以決定跨國投資組合的資產配置，民眾也可藉此評估政府經濟施政的成績，因此，追求經濟成長可說是各國政府首要的政策目標。

經濟成長率是什麼

　　國內生產毛額（Gross Domestic Product，簡稱 GDP）是衡量一國經濟狀況的基本指標，即一國國內在一段時間（一般為一年）內生產的所有商品和服務的市場總價值，也就是「國民所得」。GDP 一般還分為名目 GDP 與實質 GDP，名目 GDP 是按產品和勞務當年度銷售價格計算的國內生產總值；實質 GDP 則是剔除物價變動的影響，常見的計算方式有「定基法」與「連鎖法」，台灣於 2014 年 11 月起進行變革，改用「連鎖法」。「連鎖法」以最近期的價格作為權數，更可以快速反映變動的物價，計算出的經濟成長率相對較為精準。以台灣為例，可以在行政院主計總處的「政府統計」資料查到相關數據。名目 GDP 常見的計算公式為：

名目GDP＝民間消費＋國內投資毛額＋政府支出＋（出口－進口）

　　而表示經濟成長速度的經濟成長率一般是以實質 GDP 變動率來計算，因此經濟成長率也就是實質 GDP 的成長率。目前主計處對經濟成長率的定義是：

$$經濟成長率 = \frac{該年度的實質GDP - 前一年的實質GDP}{前一年的實質GDP} \times 100\%$$

GDP 中的「民間消費」項目包含了衣服、食物之類的非耐久財貨，以及汽車、家具等使用年限通常超過三年的耐久財貨，其他還有諸如醫療、美容理髮等勞務服務。而「國內投資毛額」項目含有住宅投資、非住宅投資（工廠、機械設備的支出），以及企業存貨的增減變動。「政府支出」則是指政府的採購花費，像是國防支出、公務員薪酬支出、公共建設的投資支出等。最後一項為進出口淨額，也就是商品與勞務的出口總額減去商品與勞務的進口總額。

GDP 主要是計算透過市場交易的經濟活動，強調商品與勞務的「市場價值」，所以非市場性的生產活動如賭博、販售毒品等地下經濟活動不會納入 GDP 的計算中。然而，該指標美中不足的是未涵蓋到許多重要的福利構成項目，像是國民壽命、休閒活動的價值、所得分配、環境品質等。追求經濟成長的目的無非是為了提高人民的生活品質，如果一國的經濟發展是靠犧牲國民健康、縮短休閒時間、破壞環境才換來的經濟成長，表示一國的生活品質並未相對增加，因此 GDP 雖然是評估一國經濟力的重要指標，卻不能完全反映一國福祉的實際水準。

如何解讀經濟成長率的變化

透過 GDP 的成長率可呈現當前總體經濟狀況，當經濟成長率為正數，代表經濟成長，但公布的數據已是前一季的數字，所以算是經濟活動的落後指標。一般而言，已開發國家因經濟已臻成熟，通常成長率會偏低，如美、歐的經濟成長率皆在 3%之下。開發中國家則因成長空間仍大，經濟發展腳步趨快，易有 5%以上的高成長率，如中國、印度。由此可知在比較各國經濟成長率時，應取用經濟發展狀況類近的國家群做為參照基準。

另外，可留意 GDP 各項計算子指標對經濟成長

INFO

主計處公布的兩種經濟成長率數字

主計處自 2009 年 8 月起開始公布兩個不同的季經濟成長率數字，分別是與前一年比較的同季年增率（year-on-year growth rate，簡稱 yoy），以及排除季節性因素影響（總體經濟會受到自然氣候、風俗習慣、生產週期或假期等因素影響，而產生季節性變動）而與前一季比較的季增年率（seasonally adjusted annualized rate，簡稱 saar）。

舉例來說：2015 年第二季的經濟成長率（yoy）為 0.52%，但經季節調整後的季增年率（saar）卻變成負 6.56%。這兩個數字的差異在於，前一個數字是使用傳統的與去年同期相比的年增率算法，後一個數字則是採用與前一季的 GDP 相比後再轉換成年率（季增年率）的算法。雖然與前一季比較的季增年率能夠及時顯現景氣的轉折點，但因為容易大起大落，數字變化較年增率大，因此一般多是採用較穩定的年增率來看經濟成長趨勢。

率的貢獻度（主計處每期公布的 GDP 報告中都會有列表），此數值可以顯示該期中一國經濟總產值成長的主要貢獻來源為何，例如某年政府支出成長率高，表示國家經濟是由大量的公共建設所推動。以台灣而言，屬於出口導向的經濟體，因此外銷出口貿易一向是支撐台灣經濟成長的力道。

從經濟成長率的趨勢來看，單看一兩季的變化比較沒意義，因為短期經濟成長大幅下降或上升的原因有可能是突發事件造成。如果經濟成長率出現連續三、四個季度的上揚，並且伴隨低通膨及失業率降低的情況，代表經濟正穩健好轉；相反地，若經濟成長率出現連續三、四個季度的下滑，往往代表經濟出現警訊，未來的一兩年內恐將由盛轉衰。如果出現連續兩個季度的負成長（成長率為負數），根據國際貨幣基金組織（IMF）的定義，就是經濟正式陷入衰退。不過經濟負成長一般不會維持太久，因為經濟成長率是跟前一年來做比較，所以只要前一年的比較基期偏低，隔年度出現大幅正成長的機會就大。

經濟成長率不斷上升固然表示經濟規模持續擴張，但高經濟成長往往會伴隨高通膨而無法持續過久，因為當經濟成長到某個地步後，當企業感受到強勁的民間需求就會提高產品售價，工人也會要求提高工資，於是容易引發經濟過熱所帶來的通貨膨脹。因此經濟成長率若不斷上揚或突然激增，就要同時留意物價指數（CPI）的變化，若物價指數上漲幅度超過各國央行的通膨目標區，表示可能發生通膨。通膨會使消費者購買力下降而減少消費支出，央行也會因應採取緊縮貨幣政策，提高利率、緊縮銀行信貸，以減緩通膨現象，於是經濟就會再度降溫，擴張榮景結束。

INFO

中國政府的「保八」目標

受到 2008 年下半年金融海嘯的影響，中國經濟出現不景氣，中國政府於 2009 年提出保證要 GDP 成長達 8％的目標，俗稱「保八」。隨著中國經濟從高速成長轉為中高速成長，2009 年至 2012 年間中國經濟的保八目標也成為「新常態」的經濟狀態。經濟結構從要素驅動、投資驅動轉向創新驅動。GDP 成長從 2012 年起開始回落，12 年、13 年、14 年上半年成長分別為 7.7％、7.7％、7.4％， 告別過去三十多年平均 10％左右的高速成長。新常態經濟注重的不僅是經濟成長、GDP 成長與經濟規模最大化，還顯示中國由世界工廠轉變為消費大國，經濟狀態從出口導向轉變為內需導向。

如何看經濟成長率

GDP（國內生產毛額）

一國境內人民在某一段時間內（通常為一年）所生產的最終商品和勞務的總市值，又分為：

- 名目 GDP：以當期市場價格計算的國內生產總值。
- 實質 GDP：剔除物價變動因素的國內生產總值，較能反映實際生活水準。

民間消費	**+**	國內投資毛額	**+**	政府支出	**+**	（出口—進口）
●非耐久財：衣服、食物、衛生紙等 ●耐久財：汽車、家具等 ●勞務服務：醫療照護、理髮、法律等		●住宅投資：新屋興建 ●非住宅投資：廠商添購機器、廠房等 ●存貨變動		●國防支出 ●勞務支出（公務員薪酬） ●政府向企業與國外採購的支出花費		●將外銷出口總額扣除進口總額所得的進出口淨額

經濟成長率

經濟成長率即 GDP 的成長率，表示一國經濟成長的速度。

$$\frac{（\text{該年度的實質GDP} - \text{前一年的實質GDP}）}{\text{前一年的實質GDP}} \times 100\%$$

判斷方式

① 經濟成長率為正數，代表經濟成長。
② 開發中國家的經濟成長率通常 > 5%；已開發國家的經濟成長率通常 < 3%。
③ 判斷經濟成長的趨勢，僅是一兩季的變化不具太大意義，要連續觀察三、四季的變化為準。
④ 連續三、四季度的經濟成長率上揚，並伴隨低通膨及低失業率，表示經濟逐漸復甦。
⑤ 連續兩季的經濟成長率為負數，表示經濟正式陷入衰退。
⑥ 高經濟成長率之下，若物價指數（CPI）漲幅 > 3%，表示可能發生通貨膨脹。

政府應對方案

經濟過熱有通膨危機

採取緊縮貨幣政策，包括：提高利率、降低貨幣流通量、緊縮信貸，使經濟降溫。

經濟衰退且景氣低迷

採取寬鬆貨幣政策，包括：降低利率、增加貨幣流通量、放寬信貸等，並擴大政府支出，以公共建設帶動經濟。

政府振興經濟的方案與對策

　　經濟繁榮發展可以提升國民所得、提高生活水準、增強國力,但過度繁榮也易引發通貨膨脹,造成物價飆漲;相反地,當經濟步入衰退,造成商品滯銷、企業倒閉,會引發失業、犯罪等社會問題。因此保持國家經濟穩健持續地成長,向來都是各國政府最重要的施政目標。當經濟成長率急速攀升、伴隨出現物價飆升的經濟過熱現象時,政府會採取緊縮貨幣政策,藉由提高利率,降低貨幣流量,緊縮信貸,使經濟降溫,付出的代價就是降低經濟成長。反之,當經濟成長率連續下跌出現衰退現象時,政府會採用寬鬆貨幣政策,透過降低利率、擴張信貸、鼓勵企業投資等政策工具;同時配合財政刺激方案,藉由擴大政府支出、投資民間公共建設等工程來創造需求與就業機會,為經濟注入強心針。

新聞範例解讀

Q3經濟成長剩0.1% 通縮時代即將來臨

　　行政院主計處公布 2015 年台灣全年經濟成長率從原先的 3.28% 來到 1.56%,近六年新低。尤其今年 Q3(第三季)經濟成長只剩 0.1%、Q4(第四季)預估 1.9%,加上最新公布的物價指數來到負 0.19%,恐怕台灣已經進入內外通縮情況,民眾消費意願持續下降,物價攀升不斷。主計處解釋主因,一方面來自中國經濟走緩,加上供應鏈在地化對台灣業者產生排擠效應;一方面有美國聯準會升息的壓力,以及日本與歐洲實行的量化寬鬆貨幣政策,整體市場需求不強,對台灣股匯債等金融市場帶來衝擊。

解讀重點

本次公布的 Q3 經濟成長率(yoy)0.1%,為三年來新低,最新公布的物價指數來到負 0.19%,使國內經濟成長面臨保二的挑戰。

2015 年初因為市場需求不足導致供過於求,原物料價格下跌;國際局勢方面,中國產能過剩以致台灣進口衰退,歐元區的希臘政府引發的債務危機直接帶來經濟影響,台灣受外在環境下修經濟成長數據實屬正常。

而觀察 GDP 子項目,全球景氣走緩,國外淨需求(即出口)與去年六月相比,運輸業增長 3.95%,其餘電子機械類均衰退超過兩位數,整體而言較去年減少 13.91%。出口率衰退持續影響國內商業經營情況,與出口相關的批發業較同期減少 3%。另外,因國際原油價格下降影響國內油品價格,整體 WPI(躉售物價指數)較同期下跌 8.92%。國際金融市場方面,全球主要股市出現動盪,新台幣匯率受股市影響下修,電子大廠對下半年產業景氣看法保守,將對國內消費與投資成長帶來不利影響。

與經濟成長率相關的新聞重點

經濟成長率已成為反映一國經濟實力與前景的主要指標，新聞媒體在報導時也常提到以下概念：

▶ **利率**：通常經濟陷入衰退時，政府會採取低利率政策，以提高企業投資意願，並刺激民間消費。當經濟過熱時，政府則會拉高利率，收縮資金來為市場降溫。

▶ **政府支出**：當經濟景氣下滑，民間消費與廠商投資皆不振之下，政府會積極推出財政振興方案，擴大政府支出以支撐該年度經濟，後遺症則是增加政府負債。

▶ **人均 GDP**：考量各國經濟和人口規模不同，直接以 GDP 相比難以表現出人民的生活水準，以平均每人產出做為各國經濟實力衡量指標更具比較意義。人均 GDP 就是國內生產總值（GDP）除以同時期平均人口所得出的結果，又稱平均每人國內生產毛額。

▶ **綠色 GDP**：有鑑於 GDP 僅計算經濟活動相關產值，忽略了經濟發展的同時，會對自然環境與資源利用產生衝擊，如工業化造成環境污染、資源耗竭等，而不能真實反映出生活品質的情形。近來開始出現綠色 GDP 的概念，希望在計算 GDP 時也帶入永續成長的觀念，將經濟發展對環境的影響一併納入核算。自現行 GDP 中扣除環境資源成本和對環境資源的保護服務費用，其計算結果稱之為「綠色 GDP」。

▶ **對外貿易依存度**：又稱外貿依存度，是指進出口總額在 GDP 所占的比重，可用來衡量一國經濟對進出口貿易的倚重程度。台灣為出口導向經濟體，歷年的經濟成長主要來自於外貿成長的貢獻。

▶ **GNI**：「國民所得毛額」（Gross National Income）的簡稱。聯合國國民經濟會計制度（SNA）為更清楚表達用詞之經濟內涵，已將過去所熟悉的國民生產毛額（GNP）改稱為國民所得毛額（GNI），但其概念並未改變。是以「本國國民」為基礎來估計經濟生產活動，納入所有本國人民到國境外勞動與投資生產的商品與勞動；GDP 則是以「國境」做為計算基準，包含外國人到本國境內從事投資與生產所獲得的報酬。台灣主計處亦於 2014 年修訂名詞。

▶▶景氣領先指標

領先指標連續三個月上升
表示景氣復甦

快速掃描

● 景氣領先指標可用於預測未來景氣變動。
● 是由數項和景氣相關的數據組合計算，其轉折點常先於景氣循環轉折點出現。
● 景氣領先指標由國發會編製，於每月約 27 日左右公布上個月的領先指標。

　　景氣領先指標是經濟學家設計來預測未來景氣變化的工具，是由數項與未來景氣榮枯攸關的經濟數據組合而成；可提供政府做為制定政策時的參考，也時常被投資人視為擬定投資策略時的參考依據，因此觀察景氣領先指標的變化有助於理解政策與投資市場的動向。

景氣領先指標是什麼

　　景氣的榮枯影響著眾人的生活，因此無論是政府、企業或是投資人，都希望能先一步得知未來景氣榮枯的變化，以便提前做出應變，經濟學家為了能夠預測未來景氣的變化，因此設計出景氣領先指標。各國領先指標的計算方式及組成項目不盡相同，會依據各國的經濟狀況編入合適的組成項目，台灣的領先指標是由外銷訂單指數、實質貨幣總計數（M1B）、股價指數、工業及服務業受雇員工淨進入率、核發建照面積（包括住宅、商辦、工業倉儲）、SEMI 半導體接單出貨比、及製造業營業氣候測驗點（此項由台經院編製發布）等七項數據組成，每月由行政院國發會經濟發展處編製、發布。

　　七項組成成分中，外銷訂單指數、SEMI 半導體接單出貨比可衡量未來出口貿易狀況；工業及服務業淨進入率可觀察勞動市場中雇用人力以及就業與所得的情形；製造業營業氣候測驗點可直接了解從業者對景氣的信心程度；實質貨幣總計數（M1B）和股價指數能反映金融面的景氣；核發建照面積的多寡則可看出未來房市多空的動向。因此這七項組成的景氣領先指標可用於預測未來景氣的變化。通常，當領先指標到達高峰時，可預期未來一段時間後景氣也將達到高峰；反之，若領先指標到達谷底時，可預期過一段時間後景氣也將觸底。國內現行的景氣領先指標可用來預測未來三～六個月的景氣變化，例如 2016 年

3月領先指標觸底、4月翻轉小幅上升，同年7月景氣對策信號由黃藍燈轉呈綠燈，顯示領先指標提前三個月預測出景氣將回溫，至2016年10月為止已連續十個月提前三個月正確預測景氣的逐漸回溫。

如何判讀景氣領先指標的變化

國發會發布的領先指標，分為「綜合指數」及「不含趨勢指標」兩種。「綜合指數」即是前述七個構成項目經統計處理後合成景氣指標，呈現經濟活動絕對數值的上升或下降，表達經濟的長期趨勢；「不含趨勢指標」表達成長循環的狀態，也就是衡量去掉長期趨勢後經濟活動的變化情形，這也是目前台灣和OECD都採用的成長循環概念。

以過往的經驗來說，若經濟將出現轉折時，景氣領先指標會連續三個月出現同方向的變動。換句話說，無論是觀察領先指標的綜合指數還是不含趨勢指標，若指標數值連續下降三個月，表示景氣可能已過高峰；反之，若指標數值連續上升三個月，則表示景氣可能已離開谷底。

此外，觀察領先指標時，不單只看綜合指數和不含趨勢指標的表現，也需要觀察其組成的個別指標走向。台灣的景氣領先指標七個構成項目中，實質貨幣總計數（M1B）、股價指數、工業及服務業淨進入率、核發建照面積是比較偏向內需面的指標。外銷訂單指數及SEMI半導體接單出貨比是比較偏向出口面的指標。在內需指標方面，實質貨幣總計數（M1B）代表總體市場的流動資金動能，股價指數代表投資人對上市櫃公司經營結果和景氣的態度，前者流動資金充足時，通常會帶動股價上升，活絡景氣；工業及服務業淨進入率代表勞動市場受僱員工進入率減退出率的流動情形，是就業面指標。當景氣好時，廠商訂單及顧客需求都會增加，企業也會增加雇用人力、增加投

INFO

美國的景氣領先指標構成項目

由於台灣是屬於出口導向的國家，且美國是台灣的主要出口國之一，因此，美國的景氣領先指標也是相當重要的觀察重點。美國領先指標的構成因子和台灣不太相同，是由十項經濟指數組成，分別是製造業員工平均每週工時、初次請領失業救濟金人數、製造業新訂單「消費性用品及相關原物料」項目、製造業新訂單「非國防耐久財」項目、賣方業績、建築許可、標準普爾五百指數（S&P 500）、M2實質貨幣供給量、十年期國庫券與聯邦基金利差，和密西根大學消費者信心指數。

資、提高產能來因應。核發建照面積反映建商看好房地產前景,推案意願增加。製造業營業氣候測驗點則是反映企業對未來景氣看好或看壞的比例,反映從業者的心態。

由於分項指標衡量的經濟層面略有不同,部分指標上升、部分指標下降的情況相當常見,例如當外銷訂單指數增加時,可能表示國外景氣好轉,進而帶動國內出口業榮景,但反映國內房地產景氣狀況的核發建照面積不見得隨之增加。不過在景氣呈現繁榮或衰退時,多數指標會呈現一致性地上升或下降。七項構成項目中,以外銷訂單指數、實質貨幣供給額(M1B)、及股價指數最常被研究機構和金融機構用來判讀景氣狀況。

更準確判斷景氣動向的方法是,若領先指標在近六個月多為下降、而且一半以上的組成項目亦呈現下降趨勢,則表示景氣高峰已過,可預測未來數月內經濟可能進入衰退;反之,若領先指標在近六個月多為上升、而且一半以上的組成項目亦呈現上揚趨勢,則表示景氣谷底已過,可預測未來數月內經濟將進入復甦或繁榮。

領先指標的趨勢是制定政策的參考

正因為領先指標可以反映未來景氣的可能走向,因此會列為政府施政的參考依據,像是從領先指標的上升趨勢發現景氣持續擴張、有過熱的可能時,政府便可能採取緊縮政策,例如減少貨幣供給、升息、縮減財政支出,以避免景氣過熱造成經濟泡沫化。反之,從領先指標的下降趨勢發現景氣邁向谷底時,政府可採取擴張政策,例如增加貨幣供給、降息、增加財政支出,以減緩不景氣的殺傷力。

此外,領先指標是由七項代表生產、就業及所得、金融、貿易、不動產、國外等不同經濟層面狀況的個別指標所構成,政府除了從領先指標的升降幅度預測整體景氣趨勢外,還可進一步分析七項個別指標的漲跌情形,來研判影響未來景氣波動的可能因素有哪些,以便找出平穩當前景氣最適合的對應政策。例如領先指標已呈現景氣過熱狀況,其中又以實質貨幣總計數 M1B 和股價指數上漲幅度最高,可預期目前市場上資金過度增長且交易持續膨脹,投機活動可能增加,此時政府宜調升利率,以回收市場資金,抑制民間消費緩和過熱經濟。因此,能否預測未來景氣的動向及觀察影響景氣波動的因素,對制定政策有其必要性。

景氣領先指標的定義與判斷方式

景氣領先指標

由七項與景氣相關數據組成，每月 27 日由國發會公布上個月領先指標，可用來預測未來 3～6 個月的景氣變化。

國發會兩種公布方式

①綜合指數
七個構成項目加權後平均

②不含趨勢指標
將綜合指數的長期趨勢去除，更能及早觀察景氣循環波動的情況

判斷方式

重點1

連續三個月同方向變動顯示經濟即將出現轉折點。

● 連續三個月指數上升
→表示景氣可能已離開谷底

● 連續三個月指數下降
→表示景氣可能已過高峰

重點2

注意長期走勢以更準確衡量未來景氣。

● 指數最近6個月多呈現上升走勢，且半數以上的組成項目也呈上揚趨勢。
→表示景氣已過谷底，未來數月內經濟將步入復甦或繁榮。

● 指數最近6個月多呈現下降走勢，且半數以上的組成項目也呈下跌趨勢。
→表示景氣已過高峰，未來數月內經濟將步入衰退。

重點3

觀察個別指標的漲跌以掌握不同層面景氣的看法。

1. **外銷訂單指數**→指數上升表示國際經濟復甦，出口景氣看好。
2. **實質貨幣總計數（M1B）**→M1B 年增率上升表示市場流動資金增加，顯示景氣看好。
3. **股價指數**→指數上升表示投資人對市場前景看好，對未來景氣呈現樂觀。
4. **工業及服務業受僱員工淨進入率**→淨進入率即員工進入比率減退出比率大於 0，當比率上升，表示企業看好未來景氣，願意增加雇用人力擴充產能，進而提高勞工所得。
5. **製造業營業氣候測驗點**→以市調製造業對景氣「好轉」、「不變」或「轉壞」，直接顯示業者信心。數值上升表示看好景氣。
6. **核發建照面積**→面積增加表示房地產景氣看漲。
7. **SEMI 半導體接單出貨比**→比值大於 1，表示半導體廠商接單狀況良好，電子資訊產業市場需求看好。

領先指標的上升趨勢
發現景氣持續擴張

為避免景氣過熱造成經濟泡沫化，政府可採取緊縮政策，例如減少貨幣供給、升息、縮減財政支出。

領先指標的下降趨勢
發現景氣邁向谷底

為避免景氣蕭條造成經濟活動不振，政府可採取擴張政策，例如增加貨幣供給、降息、增加財政支出。

景氣領先指標上升　預見復甦跡象

　　國發會公布2016年7月景氣領先指標，不含趨勢指數為100.14，較上月上升0.63%，為連續五個月上升。七個構成項目經去除長期趨勢後，核發建照面積、製造業營業氣候點、外銷訂單指數、股價指數四項，較上個月上升。其餘，SEMI半導體接單出貨比、實質貨幣總計數M1B、工業及服務業受僱員工淨進入率三項，則較上月下滑。此外，7月景氣對策信號綜合判斷分數增加為23分，燈號由黃藍燈轉呈綠燈。（參照第38頁景氣同時指標範例、及第43頁景氣對策信號範例）

解讀重點

國發會通常在公布景氣對策信號的同時，發表景氣領先指標。7月景氣領先指標不含趨勢指數已連續五個月上升，對應景氣對策信號在7月終結前十六個月來的黃藍燈2次→藍燈12次→黃藍燈2次之後轉呈綠燈，可發現領先指標預先探測未來景氣動向的功能。從公布的數據顯示，未來景氣動向仍持續復甦。

從構成的七個項目觀察，不動產指標、貿易面、金融面的股價指數表現持續好轉，企業對未來半年景氣的看好度亦提升。不過，金融面的的實質貨幣總計數（M1B）、及就業面的工業及服務業受僱員工淨進入率等則略微下滑，表示市場資金動能有減少跡象，勞動市場的心態仍顯保守，企業不敢擴增人力，勞工也偏向少異動。但整體景氣仍為持續回溫。

與景氣領先指標相關的新聞重點

　　新聞媒體在報導領先指標的同時，有時也會提及金融市場、房地產市場、消費者信心指數等。

▶ **金融市場**：股價指數為領先指標組成之一，股價指數的漲跌自然會影響領先指標。另外，領先指標的走勢往往也會影響投資人的預期，因而進一步影響股價、匯價及債券價格的走勢。

▶ **房地產市場**：房地產時常被視為景氣的火車頭，因此核發建造面積會成為景氣領先指標的組成之一。對企業而言，不動產通常是長期投資，因此景氣領先指標的走向會影響企業的投資決策，進而影響房地產市場。

▶ **消費者信心指數**：景氣領先指標是用客觀的統計數據預估未來景氣的走向，而消費者信心指數則反映出一般消費者對未來景氣的預期，兩者是不同層面的預測指標，因此可兩者同時觀察，反映大環境的變動趨勢與民眾的預期心理。

▶▶景氣同時指標

同時指標顯示當前景氣走向

<table>
<tr>
<td>快速掃描</td>
<td>
●景氣同時指標是用來衡量當下的景氣變動。
●是由數項可以反映當時景氣狀況的數據組合計算，其轉折點常與景氣循環轉折點同步發生。
●景氣同時指標由行政院國發會編製，於每月 27 日左右公布上個月的同時指標。
</td>
</tr>
</table>

景氣同時指標反映現階段景氣的榮枯，可使政府、企業、投資者對當前的景氣動向有所了解，也有助於預測未來景氣的趨勢，通常和景氣領先指標相輔相成。

什麼是景氣同時指標

台灣的景氣同時指標是由國發會彙整工業生產指數、電力（企業）總用電量、製造業銷售量指數、批發零售及餐飲業營業額指數、非農業部門就業人數、實質海關出口值、實質機械及電機設備進口值等七項數據組成，分別代表的是生產、銷售、就業及所得、貿易等面向的指標。編製同時指標的目的是用於描繪現階段的景氣狀況，以提供政府及大眾對當前景氣所處的狀況有所了解，同時對未來景氣的預測亦有幫助。

由於每個產業的景氣變化不一定同步，因此尋找適合描述景氣的指標相當重要。除台灣之外，各國如日本、美國亦同樣有編製景氣同時指標，不過在計算方式和選擇的組成項目上略有不同，台灣的同時指標自 1977 年公布以來也歷經數次修改，目前選出的七項組成項目是研究顯示較能適切表現出台灣景氣變化的指標，具有同步反映當前景氣變動方向與幅度的功能，當同時指標抵達高峰（或谷底），象徵景氣亦同時抵達高峰（或谷底）。

如何解讀同時指標的變化

景氣同時指標是顯示當前的景氣概況，目前台灣發布的同時指標有兩種，一為綜合指數，即七個構成項目組合而成的數值，可呈現長期趨勢下景氣是成長或衰退的情形；另一為去除長期趨勢後的綜合指數，也稱為同時指標不含趨勢指數，可進一步觀察景氣循環波動的情形。一般而言，若同時指標連續三個月分上揚，代表景氣繁榮；反之，連續三個月分下跌，則表示景氣衰退。

同時指標的組成項目也時常是被觀察的對象，可看出目前生產面、銷售面、就業面和貿易面的景氣狀況。例如非農業部門就業人數代表就業市場的情況，若非農業部門就業人數較以往高，代表景氣繁榮，使得國內各企業樂於雇用員工以利生產；反之，當景氣衰退，企業就會縮編人力以減少支出，使得非農業部門就業人數下降。另外，電力（企業）總用電量也能適切顯示景氣的情況，景氣繁榮時，企業營業時間較長、生產用電較多，因此用電量增加。由於服務業生產的資料較難取得，而電力（企業）總用電量能將服務業生產的波動涵蓋在內。通常，同時指標會連同領先指標一起觀察，因為不論是當前或是未來的景氣狀況，都會影響政府、企業、個人的各種決策。

同時指標對政府決策的影響

同時指標代表的是目前的景氣狀況，通常會和代表未來景氣狀況的領先指標一起運用，若領先指標和同時指標雙雙持續走揚，顯示將來景氣仍走向繁榮，因此企業也就更願意投資，可預期就業市場及房地產市場仍持續加溫。或者，領先指標向下反轉後，同時指標也出現向下反轉，顯示景氣步入衰退，政府得及時採取相應對策以平穩經濟發展。若同時指標與領先指標不同步，表示未來可能出現景氣反轉的現象，政府必須持續觀察與留意。

由於政府的政策時常會對經濟造成一定的影響，例如降息可以刺激經濟，升息可以使經濟降溫；透過同時指標，政府也可判斷先前採取的經濟策略是否奏效，再配合領先指標一起判讀，以考量是否需要修正或持續現有的政策。

INFO

台灣重新發布
景氣落後指標

由行政院國發會經濟發展處編製發布的景氣動向指標除了領先指標、同時指標外，還有落後指標。落後指標是指其高峰和谷底發生的時間較實際景氣的高峰和谷底發生時間晚，有助於事後驗證或確認領先、同時指標過去的運行軌跡是否正確，並確認某一景氣循環是否結束。落後指標的組成項目包括失業率、工業及服務業經常性受僱員工人數、製造業單位產出勞動成本指數、金融業隔夜拆款利率、全體貨幣機構放款與投資、製造業存貨率六項目。台灣於1984年停止編製該指標後，自2010年8月重新發布。

景氣同時指標的定義與判斷方式

景氣同時指標

由七項能夠反映當前景氣狀況的數據組成，每月 27 日由經建會公布上個月同時指標，可反應現階段景氣的榮枯情形。

國發會兩種公布方式

①綜合指數
七個構成項目加權後再平均而得

②不含趨勢綜合指數
將綜合指數的長期趨勢去除，可藉以觀察景氣循環波動的情況

判斷方式

重點1

連續三個月同方向變動顯示當前景氣概況。

●連續三個月指數上升
→表示景氣呈現繁榮

●連續三個月指數下降
→表示景氣呈現衰退

重點2

觀察個別指標的漲跌以掌握不同層面景氣的看法。

生產面

●工業生產指數
→指數上升表示國內供給及商品需求增加，產業增產下帶動景氣繁榮。

●電力（企業）總用電量
→數值增加，表示企業生產旺盛，用電量提高，景氣看漲。

銷售面

●製造業銷售量指數
→數值上升表示生產活動熱絡，景氣呈現樂觀。

●批發零售及餐飲業營業額指數
→數值增加，表示資本設備需求強勁，生產及投資擴增，景氣看好。

就業面

●非農業部門就業人數
→數值增加表示經濟好轉，企業擴編人力，就業市場增溫。

貿易面

●實質海關出口值
→數值增加表示出口景氣看漲。

●實質機械及電機設備進口值
→數值增加，表示資本設備需求強勁，生產及投資擴增，景氣看好。

重點3

搭配景氣領先指標一起判斷。

●同時指標與領先指標一起走揚
→表示未來景氣仍欣欣向榮，企業投資大增、經濟繁榮發展。

●同時指標上升而領先指標下降
→表示目前景氣榮景未來不能持續，可能下跌。

●同時指標與領先指標一起下降
→表示未來景氣可能衰退，政府需採取因應對策，以維持景氣平穩。

●同時指標下降而領先指標上升
→表示目前景氣下滑，但未來將有復甦機會。

新聞範例解讀

景氣同時指標連續五個月攀升　景氣穩定回溫中

　　國發會發布 2016 年 7 月同時指標，同時指標不含趨勢指數為 101.77，較上月上升 1.04%，為連續五個月上升。七個構成項目經去除長期趨勢外，除了非農業部門就業人數較上月下滑外，其餘如電力（企業）總用電量、實質機械及電機設備進口值、實質海關出口值、製造業銷售量指數、工業生產指數，以及批發、零售及餐飲業營業額六項，均較上月上升。此外，同月景氣領先指標不含趨勢指數為 100.14，較上月上升 0.63%，為連續五個月上升。（參照第 34 頁景氣領先指標範例、及第 43 頁景氣對策信號範例）

解讀重點

同時指標不含趨勢指數較上個月上升，而且已經連續五個月上升，顯示景氣在持續復甦中。觀察構成的七個項目，只有非農業部門就業人數一項較上月下滑，顯示企業擴增人力的意願不足，就業市場仍未明顯復甦。其餘六項的指數都較前一個月指數高，對照領先指標，可預期未來景氣將是一個月較一個月好。

與景氣同時指標相關的新聞重點

　　同時指標代表著當前景氣的榮枯，因此時常會和其他相似的指標同時出現。

▶ **失業率**：失業率亦是景氣指標的一種，可以顯示就業市場的榮枯情形，同時也反映出總體景氣的好壞。

▶ **領先指標**：領先指標最常和同時指標一起被提到，前者是用來預測未來景氣的走向，後者是用來顯示目前景氣的情況；這兩項指標都是由國發會編製，發布時間也是同一天。

▶ **景氣對策信號**：國發會在公布領先和同時指標的同時，也會公布景氣對策信號（景氣燈號），主要以紅、綠、藍三個燈號來代表景氣的熱絡、穩定和低迷，黃紅燈及黃藍燈代表景氣轉向。

▶ **消費者信心指數**：消費者信心指數公布時間與景氣指標相近，功能相似，因此時常一起出現在相關新聞中。消費者信心指標是透過問卷調查，和其他經濟數據是依照不同指數編列而成的性質有些不同，但消費者的信心會隨景氣榮枯而有所變化。

▶景氣對策信號

景氣對策信號的燈號
決定政府決策

快速掃描	●用信號燈方式表現當前景氣概況。 ●可用來預期政府的經濟財政政策走向。 ●景氣對策信號由國發會編製,於每月 27 日左右公布上個月的指標和燈號。

　　景氣對策信號反映當前景氣概況,包含九項與景氣波動相關的指標,主要特色是用燈號代表景氣由繁榮至衰退的狀態,是政府政策和企業投資決策重要參考,也是判斷當前景氣榮枯的重要指標。

景氣對策信號是什麼

　　景氣對策信號又稱「景氣燈號」,由國發會負責編製,以類似交通號誌的顯示方式,分別以紅、黃紅、綠、黃藍至藍燈共五種不同信號燈來代表景氣由繁榮至衰退的狀況。景氣對策信號是根據九項與景氣變動較為密切的經濟指標編製而成,包含兩項金融面指標:貨幣總計數(M1B)、股價指數;七項實質面指標:工業生產指數、非農業部門就業人數、海關出口值、機械及電機設備進口值、製造業銷售量指數、批發零售及餐飲業營業額指數、製造業營業氣候測驗點。

　　金融面指標代表資金動能,也就是資本市場的籌資情形。例如 M1B 是短期流通資金加上活期儲蓄存款,若 M1B 變動率提升,表示市場上流動性高的資金增加,可能是企業需要擴張規模而增加投資或採購;或是個人提高手中可動用資金的比例進行投資或增加消費,皆顯示出資金動能充足,屬於景氣好轉的指標之一。反之,M1B 變動率下降則表示資金動能不足,是景氣轉冷的象徵。

　　實質面指標則反映出實際經濟狀況的變化,包括代表就業情況好壞的非農業部門就業人數、代表消費力道的批發零售及餐飲業營業額指數、代表產出高低的工業生產指數和製造業銷售量指數、代表投資前景的機械及電機設備進口值、和代表出口興衰的海關出口值,這些指標反映出不同經濟層面的好轉與否。

景氣對策信號代表意義

上述的九項指標依個別景氣表現狀況，給予藍燈一分、黃藍燈二分、綠燈三分、黃紅燈四分、紅燈五分的分數，也就是最低得分為一分，最高為五分，每項指標的得分總和就是景氣對策信號的綜合判斷分數，合計最低為九分，最高為四十五分，再將綜合判斷分數區分成五種信號燈來表示景氣的好壞。景氣對策信號若為「綠燈」，表示當前景氣穩定；「紅燈」表示景氣熱絡，經濟有過熱現象；「藍燈」表示景氣低迷，經濟呈現蕭條；「黃紅燈」表示景氣活絡，但短期內有轉熱的可能；「黃藍燈」則表示景氣欠佳，但已從谷底回升，其中「黃紅燈」及「黃藍燈」兩者均為注意性燈號，需要密切觀察後續景氣是否轉向。

不過，解讀景氣燈號時還應針對個別項目做進一步的評估，同時考量實質面項目與金融面項目的變化情況。一般認為實質面指標好轉才算是景氣真的好轉，因為金融面指標容易受到心理因素或季節因素影響，較不準確。例如 1985 年時，台灣受二次石油危機影響，加上十信金融風暴，使得國內經濟持續低迷，在 1 月出現表示景氣低迷的藍燈後，2 月即轉為復甦訊息的黃藍燈，不過使燈號轉向的原因是來自金融部門貨幣供給 M1B 的回升，最重要的出口外貿及生產面依舊走疲，這個不均衡的復甦結構，使景氣難以持久，隨後又亮了九個月的藍燈。相較之下，2002 年 3 月的景氣一樣是從藍燈轉黃藍燈，但與 1985 年經濟情況不同的是，景氣復甦並非僅貨幣供給增加，其他如股價回升，連出口、生產、訂單情況也全都好轉，均衡的復甦結構使隨後景氣即逐月上揚，不僅揮別藍燈，更進一步轉為代表景氣穩定的綠燈。

此外，觀察景氣燈號還要注意是否連續出現二到三次同樣的燈號，若是景氣才算確立。像是 1999 年

發生的九二一大地震，讓原本穩定亮綠燈的燈號突然轉成黃藍燈，此時就可能需要再觀察一至兩個月燈號的情形，才能確定景氣是否真的反轉變差，還是只是突發因素的影響導致景氣短期衰退。

景氣對策信號如何影響政府決策

由於景氣對策信號的變化可以反映景氣波動，且簡單易懂，現今已為社會各界普遍使用，做為判斷景氣榮枯的重要參考，而景氣對策信號的編製目的其實是做為政策預警之用，以提供政府當局擬定經濟決策的參考，企業界亦可根據信號變化，調整其投資計畫或經營方針。

當信號為紅燈時表示景氣過熱，政府宜採取緊縮政策讓景氣回穩，例如在貨幣政策上，央行可提高利率使市場融資成本提高，減緩投資意願與金融活動而達到緊縮的效果；而在財政政策上，政府可以降低公共支出或增稅來減緩經濟的擴張；對廠商來說，此時也不宜再盲目擴充廠房。信號為綠燈時是最理想的狀況，表示景氣穩定發展，在物價可控制的狀況下，政府可採取稍微寬鬆的政策，以促進經濟成長。若出現黃紅燈表示景氣尚穩定，但短期內仍有景氣過熱的疑慮。如果是由紅燈轉為黃紅燈，表示政府的緊縮政策已經出現效果，可停止其緊縮力道；但若由綠燈轉為黃紅燈，則表示政府的促進經濟成長的政策應暫時告一段落。

信號為藍燈表示目前景氣處於衰退，政府必須採取強力的擴張政策來刺激景氣，廠商也應設法改善經營體質，降低成本以度過景氣寒冬。若出現黃藍燈表示景氣成長趨於遲緩，如果是由綠燈轉為黃藍燈，政府應慎防景氣持續低迷的狀況，可以採取刺激景氣的措施，像是運用更寬鬆的貨幣政策或加強政府的公共支出，以防止景氣繼續惡化；但若是由藍燈轉變為黃藍燈，則顯示政府刺激經濟的政策奏效，未來景氣有機會脫離谷底轉為復甦。

景氣對策信號的燈號表示與意義

景氣對策信號

由九項分別代表金融面與實質面的景氣相關數據組成,以五種燈號表示景氣由繁榮至衰退的狀況,每月 27 日由國發會公布上個月景氣燈號,可用來反映當前的景氣變化。

> 實質面指標好轉才算是景氣真的好轉。

金融面指標

代表資金動能狀況的指標,包括:
- 貨幣總計數 M1B
- 股價指數

實質面指標

代表實際經濟狀況的指標,包括:
- 製造業銷售值
- 海關出口值
- 工業生產指數
- 機械及電機設備進口值
- 批發零售及餐飲業營業額指數
- 非農業部門就業人數
- 製造業營業氣候測驗點

燈號	說明		應對策略
藍燈 0~16分	景氣處於衰退,經濟活動蕭條。	應對策略	政府必須採強力的擴張政策如來刺激景氣。廠商也應設法改善體質,降低成本。
黃藍燈 17~22分	景氣成長遲緩或短期可能趨於衰退。	應對策略	若由綠燈轉為黃藍燈,政府應慎防景氣持續低迷,應以刺激景氣措施來防止惡化。
綠燈 23~31分	景氣穩定發展,處於理想狀況。	應對策略	在物價可控制下,政府可採取稍稍寬鬆的政策,以促進經濟成長。
黃紅燈 32~37分	景氣活絡,但短期內有轉熱的可能。	應對策略	若由綠燈轉為黃紅燈,表示政府的促進成長政策應暫時告一段落,以免景氣過熱。
紅燈 38~45分	景氣處於過熱,經濟活動旺盛。	應對策略	政府宜採取緊縮政策,廠商也不宜再盲目擴充廠房。

新 聞 範 例 解 讀

總體景氣回溫 部分指標仍處低迷

　　國發會公布 2016 年 7 月景氣對策信號由黃藍燈轉呈綠燈，終結 16 個月來的藍燈與黃藍燈。綜合判斷分數較上月 3 分來到 23 分，主要是因為股價指數由黃藍燈轉呈綠燈，機械及電機設備進口值由綠燈轉呈黃紅燈，以及批發、零售及餐飲業營業額由藍燈轉呈黃藍燈，分數各增加 1 分所致，其餘六項燈號不變；景氣領先，顯示國內景氣逐漸回溫。（參照第 34 頁景氣領先指標範例、及第 38 頁景氣同時指標範例）

解讀重點

景氣燈號終結藍燈與黃藍燈、轉呈綠燈，代表景氣溫和好轉中，且領先指標維持上升走勢，顯示未來景氣持續回溫。由個別指標觀察可知，這一波好轉是由股價指數、機械及電機設備進口值、以及批發、零售及餐飲營業額所帶動。但其餘六項仍維持原燈號，進一步查對公布的資料發現，貨幣總計數 M1B 維持綠燈及營造業氣候測驗點仍維持綠燈，然而工業生產指數變動率、非農業部門就業人數變動率維持、海關出口值變動率、製造業銷售量指數變動率則是續呈黃藍燈，仍處於低迷。不過總體看來，景氣整體呈現緩和回溫趨勢。

與景氣對策信號相關的新聞重點

　　景氣對策信號的燈號與景氣概況息息相關，涵蓋金融面和經濟基本面，也和政府財經政策相關聯，因此新聞媒體報導時也常提及以下概念：

▶ **失業率**：景氣對策信號的非農就業人數指標代表的是就業面的狀況，若非農就業人數指標處於低檔，失業率也將居高不下，間接影響消費指標，即使其他實質面指標看好，也為未來景氣投下變數。

▶ **民間投資**：景氣和民間投資的熱絡度是相輔相成，機械及電機設備進口值的高低，代表民間對於資本設備的投資是否看好未來景氣而擴充設備，金融面指標的資金充沛程度則可看民間投資的活絡程度。

▶ **外貿環境**：外貿的低迷會引發投資低落、失業上升、消費下滑等負面影響，因此景氣燈號中的海關出口值指標若開始提升，對於整體景氣的提升別具意義。

▶消費者信心指數

消費者信心指數上揚
顯示未來景氣有好轉跡象

快速掃描

●衡量消費者對未來半年經濟的看法。
●可用來預期未來半年內的民間消費、投資和景氣變化動向。
●中央大學台灣經濟發展中心每月月底定期公布一次統計數據。

消費者信心指數反映消費者對經濟大環境的信心強弱，可用來預期未來半年內的民間消費和投資動向，由於經濟景氣變化深受消費和投資帶動，因此消費者信心指數也是預測景氣動向的重要指標。

消費者信心指數是什麼

消費者信心指數（簡稱 CCI）透過抽樣調查消費者對未來六個月內的經濟景氣、就業情況與個人財務狀況的感受和看法，反映消費者對經濟環境的信心強弱程度。

台灣 2016 年民間消費約占國內生產毛額（GDP）的 53%，民間消費的意願會影響民間投資，因此可判讀消費者支出意願的消費者信心指數備受重視。中央大學台灣經濟發展中心每月都會發表消費者信心指數，針對台灣二十歲以上的民眾抽樣調查，調查消費者對未來半年國內物價水準、家庭經濟狀況、國內就業機會、國內經濟景氣、投資股票時機、購買耐久性財貨時機等六項指標的樂觀程度（即受訪的基本問題），例如針對「未來半年內國內物價水準」的感受，做出下跌、維持穩定或是上漲的回答，再分別將這六項指標的得點數取平均值；消費者信心指標的總得點數若落在 100 到 200 間，表示偏向樂觀，落在 0 到 100 間則偏向悲觀。

此外，由於美國是世界最大經濟體也是台灣的重要貿易夥伴，加上消費者支出占美國總體經濟的三分之二，其數據與景氣好壞有高度相關性，因此美國的消費者信心指數也是國內媒體會關注的消息。美國經濟諮詢委員會及密西根大學調查研究中心會定期發布根據抽樣調查統計而來的消費者信心指數，自 1967 年至今調查問卷只有五個問題，分別是對「目前經濟情勢」、「目前就業市場」

的評價；及對「未來半年經濟情勢」、「未來半年就業市場」、「未來半年家庭總收入」的評價，統計方法是對美國境內五千個家庭發出問卷，根據回收資料統計出現況指數和預期指數，再由現況指數乘以40%加上預期指數乘以60%算出該期的消費者信心指數。美國的消費者信心指數是以1985年為基期，衡量每一年消費者信心的相對變化，因此得分高於100，表示該年消費者信心較1985年樂觀，低於100則是較1985年悲觀。

如何判斷消費者信心指數的變化

　　觀察消費者信心指數，首先要留意的重點是指標的絕對值大小，若得分落在100到200間，表示偏向樂觀；落在0到100間則偏向悲觀；若剛好100表示態度中立。接著要注意指標變動的幅度，當消費者信心指數的變動在5%以內時，通常被視為不重要，若在5%以上，可能代表經濟情勢開始變化，例如這個月公布的消費者信心指數為98，下個月若指數上揚到102以上（即5%以上），才表示景氣有明顯轉好跡象。若只是在99、100間的數值徘徊，有可能是統計抽樣的誤差，難以判斷明確趨勢。另外，指標長期的走勢也是應該注意的一點，若指數連續數月一直落在0到100的悲觀區間內，但是呈連月上升的走勢，表示消費者漸趨樂觀，也代表景氣雖還沒恢復，但已在慢慢回升。

　　除了觀察消費者信心指數的總指標外，其下所包含的總體經濟環境、就業機會、家庭收入、股票投資時機、耐久財消費意願（指不易耗損的貨品，如汽車、飛機、工廠機具、電器用品等）、物價水準等六項細項指標，分別代表消費者對不同經濟面向的看法，可進一步了解民眾對不同市場的信心狀況。譬如看好未來購買耐久財時機的指標上升，代表民眾覺得對未來

INFO

針對亞太地區的消費者信心指數調查

　　由全球金融機構跨國所組成的信用卡發卡組織──萬事達卡國際組織也會對亞洲地區做消費者信心指數（MasterCard Index of Consumer Confidence）的調查，每年公布兩次，要求受訪者回答對未來半年的就業狀況、經濟狀況、國民日常所得、股市發展及生活品質等指標的信心程度，以0代表最悲觀，100代表最樂觀，50代表中立。由於調查範圍涵蓋台灣、日本、香港、中國、新加坡等亞太地區共十四個市場，因此其指數常被台灣媒體引用。

消費者信心指數與景氣的關係

消費者信心指數

反映消費者對經濟大環境的信心強弱,在台灣是由中央大學台灣經濟發展中心每月底定期公布,可用來預期未來半年內的民間消費和投資動向。

判斷方式

重點① 判讀指數數值的落點

```
0          100          200
偏向悲觀          偏向樂觀
```

重點② 留意前後期變動幅度的大小

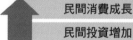

變動在 5% 以上,才表示經濟情勢可能出現變化。

重點③ 注意長期走勢以衡量未來景氣

指數連續數月處於悲觀區,但呈連月上升走勢
→表示景氣雖未恢復但已在回溫。

指數連續數月處於樂觀區,但呈連月下降走勢
→表示景氣雖熱絡但已趨於降溫。

重點④ 觀察子指標的漲跌以掌握不同經濟面向看法

1. **國內經濟景氣**→指標上升表示愈看好大環境的前景。
2. **家庭經濟狀況**→指標上升表示預期未來收入變多,消費活動可能增加。
3. **國內就業機會**→指標上升表示看好勞動市場,收入渴望增加或趨於穩定。
4. **投資股票時機**→指標上升表示看好股市榮景,利於投資活動。
5. **購買耐久財時機**→指標上升表示購置房產、車子、家電用品等的意願升高。
6. **國內物價水準**→指標上升表示對未來物價的穩定較有信心。

消費者信心指數上揚或偏向樂觀

民間消費成長

民間投資增加

消費者信心提振表示民眾看好未來,對商品與服務也有強烈的消費意願,廠商預期民間消費將成長下也會增加投資。

消費者信心指數下跌或偏向悲觀

民間消費萎縮

民間投資減少

消費者信心下滑表示民眾看壞未來,消費意願轉趨保守,廠商預期民間消費將萎縮下也會減少投資。

景氣趨於熱絡或好轉

民間消費和投資成長力旺盛,經濟成長率上升,代表景氣漸趨熱絡,若原先景氣低迷,此時會好轉回溫。

景氣趨於低迷或轉壞

民間消費和投資相繼萎縮,經濟成長率下跌,代表景氣走向低迷,若原先景氣熱絡,此時也不利經濟擴張。

收入穩定性比較樂觀期待，對購買房子、汽車、家電用品等耐久財的意願也提升，這項消息對房市、汽車業、製造商則是利多。一般來說，民眾對於就業機會的多寡、股市漲跌的反應比較敏感，因此勞動市場狀況和股市表現常常會影響到消費者信心指數的變化。

消費者信心的強弱影響政府和企業決策

由於消費者對未來景氣的信心程度決定了消費者的購買力，因此消費者信心指數的變動是製造廠商、零售商和政府觀察景氣的決策參考重點之一。如果消費者對未來半年缺乏信心，代表民間消費未來可能會大幅萎縮，尤其是可能需要借貸的大額消費例如買房子、車子更受影響。製造廠商若預期消費減少，會減少存貨以降低管理費用或減少新投資計畫。當民間消費和投資無法有起色，經濟景氣也會大受影響，因此政府會觀察消費者信心，來決定現在是否要干預市場提升景氣或是決定救市方案的規模，像是擴大減稅、發放消費券等經濟刺激方案，以振興景氣。若是消費者信心指數提升，表示民眾未來可能會增加消費，製造商為因應消費者增加的購買量而增加生產量或僱用勞工量，營建商也會開始蓋房子，銀行信貸需求會提升，民間消費和投資也會增加，因而帶動景氣上升，政府也可以因消費支出的增加，預期國庫稅收隨之增加。

國外實證研究皆證實消費者信心指數可以有效地預測經濟衰退，且很多國家在預測景氣的領先指標中，皆有考慮到消費者信心指數。不過，消費問卷調查是主觀態度的呈現，受消費者的情緒影響很大，因此消費者信心指數雖然對景氣有一定預測能力，還是需要搭配其他相關指標如：景氣動向領先指標、景氣對策信號等一併觀察。

新聞範例解讀

消費者信心指數78.2點　雖上升但仍有疑慮

　　中央大學台灣經濟發展研究中心公布 2017 年 4 月消費者信心指數（CCI）78.2 點，較 3 月上升 0.08 點。所調查的六項分項指標中，上升幅度最大的是投資股票時機指標，為 90.7 點，較 3 月上升 0.6 點，其次是國內物價水準，為 45.9 點，較 3 月上升 0.1 點。下降幅度最大的是家庭經濟狀況指標，為 76.75 點，較上月下降 0.15 點；其次是國內經濟景氣指標，為 71.6 點，較 3 月下降 0.05 點。另有兩項指標為持平，如購買耐久性財貨時機指標 84.25 點、及國內就業機會指標 100 點，調查結果與 3 月相同。

　　2017 年 1 月 ~3 月的消費者信心指數（CCI）依序為 74.35 點、77.63 點、78.12 點。

解讀重點

消費者信心指數要突破 100 才代表消費者樂觀看待未來，因此指數值只有 78.2 點並未破 100 點，表示絕對水準仍偏向悲觀，消費者對未來景氣的信心仍有疑慮。而且消費者信心指數較前期上升的幅度為 1%，在 5% 以內，嚴格來說此變動的意義不大。但對照今年以來的趨勢，顯示逐月緩慢地上升中，可見經濟景氣開始逐步復甦。另外，六項細項指標中，上升幅度最大的是投資股票時機指標，代表消費者看好股票投資。第二上升幅度的是國內物價指標，參照 2 月的低於 50 點，顯示排除春節因素後的止跌回升。下降幅度最多的兩項：家庭經濟狀況指標及國內經濟景氣指標，與消費者的家庭收入支出及景氣看法息息相關，顯示仍是信心不足，但下降幅度已縮減。

與消費者信心指數相關的新聞重點

　　消費者信心指數的好壞常與就業情形、股市及房市榮枯密切相關，因此新聞媒體報導時也常提及以下概念：

▶ **失業率**：失業率居高不下會左右消費者對就業市場的看法，影響消費者信心指數的子指標「對國內就業機會未來半年的看法」，直接拉低消費者信心指數的平均結果；另外，若消費者對就業機會有高度不確定感，會降低消費支出，也間接拉低消費者信心指數。

▶ **股票市場**：股票市場的翻紅可能會拉高消費者對未來景氣的信心，反之亦然；另一方面消費者對未來的信心也代表願意將更多資金投入股市，使得股市未來資金動能可望更充沛。

▶ **房地產市場**：「購買耐久性財貨時機」和房地產市場的繁榮度有高度相關性，所以若這項子指標上揚，代表消費者有意願投入房市，購置不動產，房價可望攀升。

▶失業率

失業率居高不下
政府持續祭出各項就業方案

<table>
<tr><td>快
速
掃
描</td><td>●失業率和經濟成長呈現反向變動的關係。
●失業率是判斷經濟活動的落後指標。
●每月 22 日由行政院主計處公布失業率報告及其年增率（％）。</td></tr>
</table>

失業率數字一直以來被視為一個反映整體經濟狀況的指標，所以被稱為所有經濟指標的「皇冠上的明珠」，失業率增加將直接對消費支出產生負面影響，並拖累經濟成長，因此各國政府無不把降低失業率當做重要施政目標。

失業率是什麼

失業率是指失業人口占勞動人口（指十五歲以上，有能力且意願參與生產活動者）的比率，失業率旨在衡量一國閒置的勞動產能，是反映一個國家或地區失業狀況的主要指標。公式如下：

失業率＝（失業人數／勞動人口數）×100％

失業一般可分成三類，第一類為「摩擦性失業」：指初次求職未成功者，或轉業中但尚未找到工作的短暫失業者。第二類為「結構性失業」：指當國家經濟結構發生變化，如產業外移，或是既有產業因受新興產業取代而萎縮或消失，使得原本受雇的勞工因缺乏相關新興產業所需要的技能與訓練，無法加入新興產業而失業者。第三類為「循環性失業」：指受經濟景氣循環影響，而使得原有員工遭裁員而失業者，一般發生在景氣蕭條期。另外，還有所謂的「隱藏性失業」，意指表面上有工作，但實際上對生產幾無貢獻的工作者，即因勞動時間太少，而不如一般充分就業者，或是大材小用或學非所用者。

失業資料的月分變動可適當反映經濟發展，報章媒體公布的數據多是經季節性調整過的失業率。在臺灣，失業率每月 22 日左右由行政院主計處公布；在美國，則於每月第一個週五公布。

如何解讀失業率的變化

失業率可以用來判斷一定時期內全部勞動人口的就業情況。一般而言，失業率在一兩個月內的下降或者上升，不一定預示著趨勢的改變，因以失業率的曲線變化常會呈現鋸齒狀的走勢。不過從中長期來看，失業率和經濟成長會呈現反向變動關係。當失業率趨勢下降時，代表一國整體景氣轉佳，經濟活動健康，有助提升企業盈利，對股市將是一大利多，也會有利於該國的貨幣升值。但是當失業率趨勢轉為上升時，則代表經濟活動轉向放緩衰退，經濟可能步入蕭條，對股市是一大利空，貨幣也易出現貶值壓力。

失業率是屬於判斷經濟活動的落後指標，也就是說，當經濟活動從高峰越過轉向衰退之後，失業率才會開始上揚，而當經濟景氣已經走出谷底，開始擴張之後，失業率才會轉而下降。這是因為在景氣轉壞之初，企業的產品銷售開始走下坡，庫存囤積逐漸增加，公司可能先減少員工的工作時數或是減薪應對，而後如果銷售量遲遲回升不了，才會裁員，造成失業率上升。同樣地，在景氣回復初期，企業雖停止裁員，但對於雇用新員工仍可能因對前景遲疑而有所保留，故失業率減少的反應會相對落後於景氣發展的現況。

政府解決失業問題的對策

失業率是具高政治敏感性的指標，高失業率維持太久，民眾失去收入來源，勢必會減少消費，不利需求面，進而影響到國家的經濟成長，且高失業率也容易對社會治安帶來不利影響，因此各國政府莫不將壓低失業率視為重要施政目標。

而從失業原因來看，「循環性失業」導因於一國景氣循環變動過程造成，欲降低此類失業，政府一般會採行反景氣循環的經濟政策，例如壓低利率使借貸成本降低，鼓勵企業增加投資以促進經濟的成長，同

失業率進行季節性調整的目的

政府統計單位會編製經季節性調整的失業率主要是為了剔除季節性因素對失業率的影響，以便解讀失業率的潛在原因及掌握經濟活動的基本趨勢。所謂季節性影響像是假期、氣候、社會文化或宗教的固定活動，以台灣為例，每年聖誕節和舊曆新年前後的失業率處於低水平，主因是節日對勞工需求大增，及員工在領取年終紅利前流動性也較低；而暑期的失業率則偏高水平，主因是適逢畢業季有大量新鮮人將投入勞動市場所致。因此經季節性調整的失業率，更能反映目前就業市場的情形。

時也積極推動各項公共建設、擴大內需等財政計畫，拼經濟以創造更多就業機會。「結構性失業問題」起因於經濟產業結構發生變化，導致舊有產業的勞動者失去轉業的移動能力。因應此種失業，政府需設法提升勞動者的工作技能，通常會設立職訓班、提升勞工職業訓練等來消弭轉業障礙，或於事前輔導產業進行產業升級或轉型。至於「摩擦性失業」屬於過渡性失業，僅需提供暢通的求職求才管道即可。對失業者而言，失業最立即的衝擊就是工作所得中斷，所以各國政府也會開辦失業保險，若失業率居高不下，還可能放寬失業保險的範圍和標準。

新 聞 範 例 解 讀

景氣回溫失業率下降 青年失業問題仍嚴重

行政院主計處公布 2017 年 3 月我國失業率為 3.78%，較上月下降 0.07%，較上年同月下降 0.11%。第一季 1~3 月失業率平均為 3.81%，較上年同月下降 0.1%。失業人數為 44 萬 5 千人，較上月減少 8 千人，其中主要是因季節性或臨時性工作結束而失業者減少了 3 千人，初次尋職失業與因工作場所業務緊縮或歇業而失業亦分別減少 2 千人及 1 千人。

依教育程度分，以大專及以上失業率占 4.07% 最高，其中大學及以上失業率為 4.66%。依年齡分，以 15~24 歲失業率 12.01% 最高，25~44 歲失業率 3.95%，25~29 歲 6.64%。若依就業結構來看，服務業和工業的就業情況則轉佳，分別較上年同月增加 5 萬 9 千人與 1 萬 7 千人，增加幅度為 0.89% 與 0.42%。

解讀重點

3 月勞動市場方面，受季節性或臨時性工作結束、初次尋職失業、或非自願性失業的人數均減少，失業率 3.78%，較上月、與上年同月均下降，也是 104 年 7 月以來最低水準，對照第 43 頁範例所示 2016 年 7 月來景氣對策信號轉呈綠燈、以及第 48 頁消費者信心指數（CCI）微幅上升，均表示景氣回溫，失業情形有所改善。但從個別資料可知高教育程度、青年失業問題仍嚴重。非農業部門的服務業和工業部門就業人數較上年同月明顯增加，也呼應了景氣好轉的現況。

失業率定義及政府因應對策

失業率

失業率是指失業人口占勞動人口的比率,旨在衡量一國閒置的勞動產能,失業率下降代表景氣轉好;失業率攀升則景氣不佳。

$$失業率 = \frac{失業人數 \left[\begin{array}{l}在統計前 7 日內並無從事有薪酬\\的工作,隨時可工作,且在統計\\前 30 日內有在尋找工作者。\end{array}\right]}{勞動人口數 \left[\begin{array}{l}15 歲以上,有能力且有意願參與\\生產活動者。\end{array}\right]} \times 100\%$$

三種失業類型

循環性失業	結構性失業	摩擦性失業
指因受經濟景氣循環影響,整體產業普遍低迷,使員工被解聘而失業者。	指國家經濟結構產生變化,使原本既有產業僱用的員工因不具備新興產業需要的技術,無法加入新興產業而失業者。	指初次找尋工作者,或想轉換工作但暫時未能找到工作者。

對策　對策　對策

反景氣循環政策	提升勞工技能	暢通求職管道
1. 央行實施低利率政策。 2. 推動各項公共建設,擴大內需、拼經濟。	提升勞動者的工作技能,透過設立職訓班等,提升勞工職業訓練來消弭轉業障礙。	使求職求才資訊管道更加暢通無阻,諸如舉辦就業博覽會。

開辦失業保險	於失業期間提供失業給付,輔導非自願性失業的勞工儘速再就業。

政府因應之道

與失業率相關的新聞重點

　　失業率的高低會影響經濟成長、民眾心理及政府政策走向，因此新聞媒體報導時也常提及以下概念：

▶ **經濟成長**：失業率攀升，表示就業人口減少，家庭收入隨之遞減，消費支出也會縮水，不利於經濟成長。

▶ **痛苦指數**：失業率與通貨膨脹率（一般常用消費者物價指數年增率來衡量）兩者指數合併，在經濟學上被稱為「痛苦指數」，因為物價上漲會削弱消費能力；失業則完全剝奪收入來源，反映民眾對生活品質的不滿意狀況，痛苦指數愈高表示經濟情況愈令人不快。

▶ **利率**：通常失業率上揚時，政府會採取低利率政策，以提高企業投資意願，振興就業市場。

▶ **非農就業人口數據**：美國每月初發布的就業報告中，除失業率數據外，最受矚目的尚有報告中的非農就業人口數據（US Non-Farm Payrolls）。此數據反映代表占美國GDP 80%的非農業部門的就業人口數，是經濟的同步指標，可反映美國當前經濟趨勢。

▶ **通膨率**：有名的「菲利普曲線」指出失業率與通膨率呈反比，通膨高時、失業率低，通膨率低時、失業率高。近來如美國聯準會的經濟學家認為，降低失業率可提升通膨率，因為降低失業率有助於提高薪資，增加消費。

INFO

讓富國失業率居高不下的原因

　　觀察各國失業率的情況，會發現經濟發展成熟的國家，其失業率也居高不下，根據我國主計處2017年3月人力資源調查統計中世界主要國家最新失業率，法國10%，加拿大6.7%，英國4.6%，美國4.5%，南韓4%，德國3.9%，相較之下台灣的失業率3.78%並不特別高。探究其因，會發現這些已開發國家通常擁有較完善的社會保險和社會福利制度，使得失業的勞工在短期內不至於面臨生活窘迫的壓力，甚至有餘裕考慮是否要接受下一個工作機會，而不急於馬上工作。再者，先進國家的平均薪資較高，企業為節省營運成本，會將產業移住工資較低的地區，導致國內的就業機會減少，使得失業率不斷攀升。

與景氣相關的其他重要經濟指標

本章介紹完前面首要的景氣判讀指標後，表格中列舉出其他常見的景氣判讀指標，可做為判斷未來景氣使用的經濟指標。

名稱（簡稱）	重要區域		公布單位	公布時間
指標利率	台灣	重貼現率	中央銀行	每年 3、6、9 月底央行會召開理監事會議，會後公布利率決策，必要時，不定期召開臨時會。
	中國	一年期放款利率	中國人民銀行	人民銀行開會後決定
	美國	聯邦基金利率	美國聯邦準備理事會	每年聯邦公開市場委員會固定在華盛頓舉行八次會議，每次會議相隔六週，時間不定，但時程表會預先發布。必要時也會召開臨時會議。
消費者物價指數（CPI）	台灣		行政院主計處	每月 5 日
	中國		中國國家統計局	每月 11 日
	美國		美國勞工部勞工統計局	每月 15 日～ 21 日
採購經理人指數（PMI）	美國	ISM製造業指數	美國供應管理協會（ISM）	每月的第一個營業日
		ISM服務業指數		每月的第三個營業日
	中國	製造業採購經理人指數	中國物流與採購聯合會	每月月初
	歐元區	製造業採購經理人指數	英國NTC研究公司	每月月初
		服務業採購經理人指數		

定義及重要性	判讀方式
重貼現率是指銀行資金不夠時，拿商業票據向央行融通借款時所需支付的利率。	●景氣好轉，央行會逐步升息，緊縮貨幣供給，以防止未來通膨發生。 ●景氣轉差，央行會透過降息，採寬鬆貨幣政策，刺激經濟成長。 ●景氣過熱，通貨膨脹高漲，央行必須升息促使經濟降溫。
即一年期人民幣貸款基準利率，為中國貨幣政策的指標利率。	
聯邦基金利率是美國銀行間的隔夜拆款利率，代表短期市場利率水準。聯準會（Fed）會給聯邦基金利率設定一目標區間，再以公開市場操作方式令利率維持在該區間內。	
CPI 是衡量通貨膨脹的最重要指標，也是反映國內一般消費物價的平均水準。因為 CPI 是站在一般家庭消費的角度，衡量其所消費的商品與勞務價格之間的相對變動，其組成涵蓋食品、衣服、房屋租金、交通、娛樂等民生消費項目，再據此與基期（台灣設定為 2011 年的物價水準）比較。該指標也是政府制定貨幣政策與財政政策的重要依據。	●通常而言，只要 CPI 年增率能維持在 3% 以下，即屬可容忍範圍。 ●當 CPI 年增率全面性且持續兩季漲幅逾 3%，即有可能發生通膨危機。 ●當 CPI 出現連續兩季下滑，代表通貨緊縮發生。通貨緊縮會造成持續性的景氣低迷。
由調查機構以問卷方式，詢問經理人包含製造業或服務業生產、新接訂單、存貨、僱用人數、商品價格、供應商交貨情形等綜合性問題，依看好、看壞者比率訂立指數。由於生產活動可提供就業機會、創造國民所得，因此採購經理人指數的組成項目具有領先的特性；亦可視為領先指標的重要附屬指標。 ※ 美國的採購經理人指數，由美國供應管理協會（ISM）所公布，故名為 ISM 指數。	●指數 > 50 代表看好者多，景氣處於擴張期。 ●指數 < 50 代表景氣擴張受挫，可能進入緊縮期。 ●指數與 50 之間的差距，代表擴張或衰退的幅度。

名稱 （簡稱）	重要區域	公布單位	公布時間
零售業 銷售額	台灣	經濟部	每月 23 日～25 日
	美國	美國商務部 統計局	每月 11 日～14 日
	歐盟	歐盟統計局	每月月初
工業生產 指數	台灣	經濟部	每月 23 日
	美國	聯邦儲備 委員會	每月 15 日前後
製造業 存貨量 指數	台灣	經濟部	每月 23 日
貨幣總計 數M2	台灣	中央銀行	每月 25 日前後
進出口 貿易額 （年增率）	台灣	財政部	每月 7 日前後

定義及重要性	判讀方式
由統計單位每月進行全國性的零售業（服務業不含在內）抽樣調查得來，可反映民間消費支出的情形，並可提供計算 GDP 數據中所需的個人消費支出資訊。	●零售額提升，代表個人消費支出增加，經濟活動熱絡，景氣持續擴張。 ●零售額下降，則代表消費者開始緊縮支出，景氣將趨緩或不佳。
用來衡量製造業、礦業及公用事業的實質總產出，可反映國內供給及商品需求的強度。我國現編指數是利用每月舉辦工業生產動態調查的 2,657 項產品中，選取最具有代表性的產品，如：茶類飲料、鞋類產品、合成纖維、印刷品等等，調查其生產量、銷售量及存貨量，截至 2017 年 6 月，以 2011 年為基期。	●指數上揚，代表企業增產，景氣轉好。 ●指數下降，代表企業減產，對景氣不看好。
製造業存貨量指數是以直接選取數百項重要產品的客觀存貨量編製而成，為衡量產品存貨量在某時間與基期之相對變動指標。	●存貨量偏高，可能代表景氣不佳，市場需求不振，或廠商生產過度，導致產品滯銷。 ●存貨量偏低時，當需求出現，廠商就會投入生產活動，有助於景氣復甦。
即總體經濟的資金總數量，包括在銀行體系外流通的貨幣總數量，加上存款貨幣（即支票存款、活期存款、活期儲蓄存款），再加上準貨幣（即定期存款、定期儲蓄存款、外幣存款、郵匯局轉存款）的總和。從貨幣供給的變動可以預期未來景氣與物價的變化，了解央行的政策態度與資金動向。	●M2 量偏高於平均歷史水準，表示央行在進行寬鬆貨幣政策，市場游資多。常發生於景氣不振時。 ●M2 量由高點下降，顯示央行開始收回資金，可能是為升息預做準備。 ●央行會於理監事會後公告其政策設定的 M2 增長目標區間。
是依我國海關進出口報單資料所編製而成的統計資料，此項統計分為進口貿易統計與出口貿易統計兩類，另依國際慣例，分別按國家（地區）別及商品類別予列計。至於貿易出（入）超則是指海關進、出口總額相抵後的差額，出口額大於進口額為出超，出口額小於進口額則為入超，可用來了解台灣的貿易現況、進出口的商品結構，以及與各國貿易關係的重要指標。	●貿易出超增加，表示國外對國內商品的需求上揚，顯示全球景氣可能好轉或我國產品競爭力提升。 ●貿易出超減少，表示國外對國內商品的需求降低，顯示全球景氣可能衰退。

名稱 （簡稱）	重要區域	公布單位	公布時間
外銷訂單 金額及 年增率	台灣	經濟部	每月 20 日前後
非農就業 人口數據	美國	美國勞工部	每月的第一個星期五
新屋 開工率	美國	美國商務部 統計局	每月 16 日～ 19 日
耐久 財訂單	美國	美國商務部 統計局	每月 22 日～ 28 日
波羅的海 乾散貨指 數（**BDI**）	全球	波羅的海交 易所	每日

定義及重要性	判讀方式
是根據外銷廠商承接國外客戶貨品訂單額度資料所編製而成的統計數據，通常這些訂單約經過一至三個月的製造期，再出口到其他國家，便會轉化成為外銷金額數據，因此外銷訂單金額被視為預測出口景氣的領先指標。由於台灣大量依賴對外貿易，此一指標也成為反映經濟景氣狀況的重要領先指標。	●連續三個月增加或減少，較能準確判斷景氣是否復甦或衰退。 ●外銷訂單增加，顯示台灣的出口看好、未來景氣看佳。 ●外銷訂單減少，表示台灣的出口轉差、未來景氣看壞。 ●近年來國內廠商海外生產的比重日增，故外銷訂單與出口貿易額間不免會存在一些落差。
即美國從事非農業工作的就業人口數據，美國勞工部於每月月初會與失業率一起公布，由於美國GDP有三分之二來自消費領域，因此就業市場的好壞影響民眾的消費水準，是觀察美國景氣動向的重要指標。	●非農就業人口增加，顯示就業市場好轉，也預示未來消費支出將增加，景氣逐漸復甦。 ●非農就業人口出現負值，顯示失業率恐將上升，也預示未來消費支出將縮減，景氣面臨衰退。
是建築類指標中較重要的一個。新屋開工率可分成獨棟房屋與群體住屋（公寓），獨棟房屋的基數為1，當100戶的公寓開始興建時，基數為100。一般而言，市場較關注獨棟房屋的建築開工率，因為群體住屋內的單位可隨時修改，資料較不易掌握。由於新屋開工可帶動建築業就業人口及上下游產業，新購屋者為添購家具或設備而提高支出，因此可做為預測未來景氣趨勢的指標。	●新屋開工率增加，表示經濟復甦或持續成長，景氣轉佳。 ●新屋開工率降低，表示經濟已至高峰，景氣將轉衰退。
耐久財的定義係是指使用壽命超過三年的財貨，如國防設備、飛機等運輸設備、企業機器等資本設備，及一般消費性耐久財如汽車、家電用品等。由於製造商在擬定生產計畫之前，必須先有訂單，因此耐久財訂單可用來預測未來製造業生產活動的變化及景氣波動。	●耐久財訂單增加，顯示企業增加投資，看好未來景氣。 ●耐久財訂單減少，顯示企業減少投資，對景氣不利。 ●耐久財訂單易受大筆訂單影響波動幅度往往劇烈，例如某一個月出現如國防設備、飛機等金額龐大的訂單而有大幅波動。
BDI指數是散裝船航運運價指標，由幾條主要航線的即期運費加權計算而成，是衡量國際海運情況的權威指數。指數組成為海岬型船、巴拿馬型船及輕便型船各占三分之一權重。散裝船運以運輸鋼材、煤、鐵礦砂、紙漿、穀物等民生物資及工業原料為主，從航運熱絡程度可以反映產業現況與景氣好壞，可視為全球景氣的領先指數。	●當全球經濟繁榮增長時期，市場對原物料的需求會增加，運送大宗商品的BDI指數也相應上漲。 ●當全球經濟景氣轉差，市場對原物料需求降溫，BDI指數就會隨之暴跌。 ●每年的11月到次年4月為散裝航運旺季，BDI指數普遍上揚。

Chapter 3

解讀財經政策

▶▶ 穩定景氣使經濟活動蓬勃發展，因而增進全
體國民福利是政府的職責。由於現實的經濟
活動無法只依靠市場機制達到供需平衡，有
時便需要靠政府的協助，財政政策與貨幣政
策是政府調節經濟的兩大工具。政府透過財
政收支、稅收政策、預算編列、貨幣供給等
方式，使景氣、物價、利率、外匯、投資市
場價格等產生一連串的改變，進而達到均衡
所得與平穩物價的理想目標。

本篇教你解讀

☑財政政策的效果和目的

☑貨幣政策的效果和目的

☑財政收支的盈餘與赤字對國家的影響

☑稅制改變對人民的影響

☑貨幣供給多寡對經濟體系的作用

☑物價變動與景氣的關連性

☑利率升降的影響與變化

財政政策是什麼？有何影響？

財政政策是政府調控經濟情勢的重要工具。政府利用財政收支與稅制變化來改變經濟趨勢，利用預算編列來確立政策的效力大小。擴張性財政政策可以拉抬景氣與物價上揚；緊縮性財政政策可以避免景氣泡沫化與促使物價下跌。

什麼是財政政策

政府調整支出和稅收以影響經濟的方法，即為財政政策。最常見的財政政策有兩大類型，一是「財政收支」，二是「稅收政策」。「財政收支」指的是調節政府支出，當政府支出增加時，例如興建高速公路、捷運等大型建設，可以增加就業機會拉抬短期景氣；當政府支出減少時，例如縮減預算，則可調降短期景氣避免過熱。「稅收政策」指的是改變稅率或稅制的方式，當政府調降稅率時，例如獎勵產業發展的租稅方案，可以刺激投資拉抬短期景氣；當政府提升稅率時，例如提高所得稅，則可抑制消費縮減景氣。綜上所述，當政府增加支出或減稅稱為「擴張性財政政策」；當政府減少支出或增稅則稱為「緊縮性財政政策」。

財政政策受到經濟部、國家發展委員會、金融監督管理委員會、財政部等部會主導，再經過立法院的審核而實行。財政政策往往牽連甚廣，影響數十百億的資金調度，所以政策確定實施時，股市隨之震盪跳空漲跌停時有所聞。由於政策從構想到確立實行往往經過多項流程，加上政府對當前景氣變化的認知通常落後於市場反應，因此實施財政政策的效果相對較慢。

財政政策的影響力

財政政策的實施，本質上是利用政府龐大的資金，影響經濟資源的配置，以達成政府設定的景氣目標。在資金流入流出的過程中，會影響財政收支餘額，例如當政府支出大於政府收入，便產生財政赤字，而當政府收入大於支出時，便產生財政盈餘。為了因應財政收支的增減，稅制隨之出現變化，例如為了增加政府收入，決定提高稅率。而財政收支的盈餘或虧損、稅制的改變，則影響該國預算的編列。因此，藉由財政收支與稅制的政策方向可以了解政府對未來景氣的看法；藉由預算編列，則可以了解政策效力的大小，理論上預算愈多、政策效力愈大，預算愈少、政策效力愈小。

財政政策與關注重點

財政政策

政府利用支出和稅收以影響經濟資源配置，達到所設定景氣目標的方式。

財政收支	稅收政策

擴張性財政政策

政府支出增加時，社會總需求上升，創造就業機會拉抬景氣，並導致物價上升。

例 推動新十大建設、興建高速公路等大型公共工程。

政府調降稅率時，繳稅對象的可支配所得增加，促進消費與投資，使景氣與物價上升。

例 降低遺產稅與贈與稅。

➤ 促進景氣復甦

緊縮性財政政策

政府支出減少時，社會總需求下降，減少就業機會抑制景氣，並導致物價下跌。

例 政府刪減公共建設預算。

政府提高稅率時，繳稅對象的可支配所得減少，抑制消費與投資，使景氣與物價下降。

例 提高所得稅稅率。

➤ 抑制景氣過熱

解讀重點

財政收支

財政收支為財政政策工具，藉由解讀財政收支可了解未來景氣方向。而財政收支不均衡所帶來的赤字或盈餘，能預測下一年度稅制與預算的可能變化。

稅制變化

稅制變化為財政政策工具，解讀稅制變化可了解景氣方向；另外稅收為融通財政收支的方法之一，例如增加政府支出的同時，也可能導致未來加稅。

預算編列

從預算編列可察覺下年度欲實行的財政政策。藉由預算配置解讀該政策的效力時，理論上預算愈多、政策效力愈大，預算愈少、政策效力愈小。

貨幣政策是什麼？有何影響？

貨幣政策是中央銀行調控經濟情勢的重要工具。寬鬆性貨幣政策可以使貨幣供給量增加，進一步拉抬景氣與物價上揚；緊縮性貨幣政策則使貨幣供給量下降，進一步抑制景氣與物價下跌。

什麼是貨幣政策

在大部分的國家中，貨幣都是由該國的中央銀行（簡稱央行）所發行，因此貨幣政策的主導者亦由央行擔任，透過發行貨幣的多寡（貨幣供給量）影響人民的交易行為。所謂的貨幣政策，就是央行增加或減少該國的貨幣供給量，以穩定物價並維持經濟景氣正常發展。當央行增加發行貨幣時，稱為寬鬆性貨幣政策，將導致人民感受到所得增加，因而刺激消費與投資，使得景氣上升；但也因為市場上流通較多的貨幣，增加的消費需求超出現有商品的供應量，使得物價上漲。當央行減少發行貨幣時，稱為緊縮性貨幣政策，將導致人民感受到所得減少，因而抑制消費與投資，使得景氣下降；但也因為市場上流通較少的貨幣，減少的消費需求低於現有商品的供應量，使得物價變便宜。

一國流通的貨幣供給量可從「基礎貨幣」與「貨幣乘數」來衡量。「基礎貨幣」是指央行直接注入經濟體系的貨幣數量，也稱為「準備貨幣」，央行注入貨幣愈多，則基礎貨幣愈多，貨幣供給量也就愈多；反之，貨幣供給量愈少。「貨幣乘數」是指基礎貨幣與貨幣供給量之間的倍數關係。舉例來說，當央行在經濟體系注入 1,000 元的基礎貨幣時，A 因工作而得到 1,000 元酬勞後再存入銀行，依規定銀行會保留一部分金額以因應平時提款所需，此金額稱為存款準備金。銀行的存款準備金占總存款的比例即「法定準備率」，假設法定準備率為為 20％，表示銀行保留了 200 元做為存款準備金，剩餘資金 800 元再貸放給 B。如此一來，經濟體系中將有 1,800 元〔1,000 ＋ 1,000 －（1,000×20％）〕的貨幣流通（貨幣供給量），此時的貨幣乘數為 1.8 倍（1,800÷1,000）。當貨幣乘數愈大時，貨幣供給量愈多；反之，貨幣供給量愈少。換句話說，貨幣乘數是基礎貨幣擴張或收縮的倍數，而貨幣乘數的放大作用有助於推升貨幣供給量。

所以貨幣政策的工具，就是藉由影響基礎貨幣（例如在公開市場裡操作，以釋出或收回貨幣）、以及影響貨幣乘數（例如調節法定準備率，以影響銀行可貸放金額），來改變貨幣供給量，進一步達成央行設定的物價水準與景氣目標。

貨幣政策與關注重點

貨幣政策

中央銀行透過增減貨幣供給量，以調節物價及經濟景氣的發展，央行注入經濟體系的貨幣數量稱為「基礎貨幣」，而銀行可根據基礎貨幣的供給量創造出倍數的貨幣供給，也就是「貨幣乘數」，兩者共同影響市場上流通貨幣的供給量。

基礎貨幣 ✕ 貨幣乘數 ＝ 貨幣供給

寬鬆性貨幣政策

做法1

央行增加注入經濟體系的貨幣，即基礎貨幣愈多，導致貨幣供給量增加。

例 公開市場操作，央行買入公債，支付等價現金，等於在市場上釋出基礎貨幣。

做法2

央行調降法定準備率或重貼現率，使貨幣乘數上升，導致貨幣供給量增加。

例 調降法定準備率或重貼現率，加速銀行貸放資金行為。

→ 貨幣供給量增加，刺激景氣、物價上揚

緊縮性貨幣政策

央行減少注入經濟體系的貨幣，即基礎貨幣減少，導致貨幣供給量降低。

例 公開市場操作，央行賣出公債，收取等價現金，等於在市場上回收基礎貨幣。

央行調高法定準備率或重貼現率，使貨幣乘數下降，導致貨幣供給量減少。

例 調高法定準備率或重貼現率，抑制銀行貸放資金行為。

→ 貨幣供給量減少，抑制景氣、物價下降

解讀重點

總體市場

- 寬鬆性貨幣政策：貨幣供給增加，人民感覺所得變多，刺激消費和投資，使景氣活絡、物價上揚。
- 緊縮性貨幣政策：使貨幣供給減少，人民感覺所得變少，抑制消費和投資，使景氣下降、物價下跌。

信貸市場

- 寬鬆性貨幣政策：使貨幣湧入信貸市場，較易借到資金，資金供給過多之下，導致市場利率下降。
- 緊縮性貨幣政策：使貨幣抽離信貸市場，較難借到資金，資金供給不足之下，導致市場利率上升。

外匯市場

- 寬鬆性貨幣政策：寬鬆性貨幣政策：本國貨幣變多，相較於外國貨幣貶值，促使匯率上升。
- 緊縮性貨幣政策：本國貨幣變少，相較於外國貨幣升值，促使匯率下降。

貨幣政策的影響力

　　貨幣政策牽動貨幣流入或流出經濟體系，除了改變物價與景氣外，亦會對信貸市場與外匯市場產生影響。例如央行實施寬鬆性貨幣政策，像是進行公開市場操作，在市場上買入公債並支付等價金額，讓更多的貨幣湧入信貸市場，或是調降法定準備率使銀行可貸放金額變多等，利用這些作為使投資者更容易借到資金。但如果市場上增加的資金供給超過原本對資金的需求，將導致市場利率下降。

　　而匯率是不同國家貨幣的兌換成本，當央行實施緊縮性貨幣政策使得該國貨幣量減少、而外國貨幣量不變時，在物以稀為貴之下，便會使本國貨幣升值，能夠以較少的本國貨幣兌換外國貨幣。

　　由於貨幣政策的走向影響貨幣供給、物價、利率與匯率等變化甚鉅，因此每當中央銀行召開理監事會議、或是美國聯準會進行決策會議時，宣布的政策動向總是備受媒體關注。

政府如何運用財經政策調控經濟景氣

　　政府運用財經政策時，將衝擊信貸、商品、貨幣、勞動等市場，使景氣、物價、利率、外匯、失業率、薪資、股票指數與房地產價格等產生一連串的改變，而對總體經濟發揮影響力，若能了解財經政策的效果與目的，將有助於解讀其他經濟指標的變動。

財經政策的效果與目的

　　學理上，財政政策透過公共支出的增減，影響社會總需求，進一步影響景氣與物價。當政府實施擴張性財政政策時，例如增加公共支出（造橋鋪路、投資重大公共建設等），藉由採購公共工程所需原物料、僱用承包商協助工程等生產製程，帶動產業營運回春及擴大就業機會，進而提升民眾的消費能力、增加對商品的需求。這個過程將使社會總需求增加，帶動廠商增加產能、提高投資，促使景氣上升；而需求提高也會誘使物價上揚，因此市場同時也需要更多的貨幣進行交易；在政府與廠商爭相投資下，將導致市場對資金需求提高，誘使利率上升。反之，當政府減少公共支出（縮減預算）時，則是促使景氣下降、物價下跌、利率變低。

　　貨幣政策則是透過貨幣供給量的變動，影響消費與投資，改變社會總需求，進一步影響景氣與物價。當政府實施寬鬆性貨幣政策，例如增加基礎貨幣（藉公開市場操作，買入債券以釋出貨幣）使市場上流通的貨幣變多，造成信貸市場中因資金湧入而導致利率下降，促進企業投資意願。在商品市場中，民眾因企業產能提升使得所得增加而提高消費。透過環環相扣引導社會總需求增加，帶動廠商增加產能，促使景氣上升與物價上揚。反之，當政府減少基礎貨幣（賣出債券回收貨幣）時，則是促使景氣下降、物價下跌、利率變高。

　　綜上所述，可知政府與央行實施「財政政策」與「貨幣政策」，其效果與目的為調節景氣與物價，以改善當前不佳或過熱的經濟表現。

政府如何運用財經政策

　　擴張性政策的預期成效為景氣上升與物價上揚，緊縮性政策則為抑制景氣

財政政策與貨幣政策對經濟景氣的影響

	財政政策	貨幣政策	
擴張性政策	◆**對總體需求的影響** 政府支出增加，代表政府擴大購買商品或勞務，使總體需求上升。 ◆**對景氣變化的影響** 總需求增加帶動廠商增加產能，使景氣上升，廠商增產過程中會誘使物價上揚。	◆**對總體需求的影響** 貨幣供給量增加，使人民可支配的所得變多，促進消費與投資需求，使總體需求上升。 ◆**對景氣變化的影響** 總需求增加使景氣上升與物價上揚。	促進景氣復甦
緊縮性政策	◆**對總體需求的影響** 政府支出減少，代表政府降低購買商品或勞務，使總體需求下降。 ◆**對景氣變化的影響** 總需求減少促使廠商減少產能，使景氣下降，廠商減產過程中會導致物價下跌。	◆**對總體需求的影響** 貨幣供給量減少，使人民可支配的所得變少，抑制消費與投資需求，使總體需求下降。 ◆**對景氣變化的影響** 總需求減少使景氣下降與物價下跌。	抑制景氣過熱

解讀重點

信貸市場

影響利率和投資量。

● **擴張性政策**：政府帶動投資，市場對資金需求增多，促使利率上升，若央行增加貨幣供給量，則使利率下跌。
● **緊縮性政策**：政府刪減支出，投資意願下滑，資金需求減少，促使利率下跌，若央行減少貨幣供給量，則使利率上升。

資本市場

影響股價指數與房地產行情等。

● **擴張性政策**：促使景氣加溫下，推升股價指數與房地產行情。
● **緊縮性政策**：減緩景氣過熱下，抑制股價指數與房地產行情。

貨幣市場

影響物價與匯率等。

● **擴張性政策**：提高人民消費需求，推升物價，但本國貨幣增多下，造成貶值，匯率上升。
● **緊縮性政策**：降低人民消費需求，平抑物價，但本國貨幣減少下，造成升值，匯率下降。

勞動市場

影響失業率與薪資等。

● **擴張性政策**：政府擴大支出，帶動就業機會，貨幣供給量增加下也使薪資水準提高。
● **緊縮性政策**：政府刪減支出，縮減就業機會，貨幣供給量減少下也使薪資水準降低。

與降低物價，政府與央行便是依此預期效果對經濟進行調控。

　　雖然財政政策與貨幣政策都能影響景氣與物價，但從實務面比較政府和央行的立場會發現，政府較注重以景氣的調節達成經濟成長率的目標設定區間，所以財政政策多數為了景氣而發動；另一方面，央行則是偏重物價的穩定以達成通貨膨脹率的目標設定區間，所以貨幣政策多數被物價影響。因此，當景氣有重大變化時，便可預期政府出手的可能性；若是物價變動衝破通膨率的合理區間時，就要密切留意央行的動作。

　　原則上，各國政府的財政政策與貨幣政策互有職權，各自獨立運作、甚至互相制衡，但在目標一致下，也有混合政策的出現。例如發生金融海嘯時，政府增加政府支出以刺激景氣（擴張性財政政策），但財源不足的部分必須發行公債以募集資金，此時央行會買下公債提供財源，藉此釋放貨幣（寬鬆性貨幣政策）使利率降低促進投資，聯手拉抬景氣，此舉還可避免流動資金不足所造成的流動性危機。

　　因此，政府站在施政的立場，可要求央行配合實施寬鬆性貨幣政策以刺激景氣；但政府也可能基於選舉考量要求央行配合，影響央行的獨立性，以致助漲物價導致通貨膨脹發生。2010 年台灣立法院通過修正行政院組織法，央行從原隸屬總統府移到行政院的所屬機構，雖依法央行可獨立決策，但也使得央行的獨立性受到考驗。若央行的獨立性降低，則政府的影響力將大幅擴增，觀察政府的施政態度就會成為解讀未來財經方向的重點。

INFO

**財政政策的
「排擠效果」**

　　當政府擴大財政支出，民間投資反而減少，即稱為「排擠效果」。因為政府擴大支出的目的是為了刺激景氣，然而政府支出的增加會導致資源不足，需要舉債融通。當政府藉由發行公債以籌措資金時，會與民間競逐有限的可貸資金，使市場上因資金需求增加而推升利率，導致企業借貸成本變高，投資意願與金額也就減低，此情況即為排擠效果。因此政府支出增加時，會因為排擠效果抵消掉一部分擴張性財政政策刺激經濟的成效。

▶財政收支
從赤字和盈餘看政府施政態度

快速掃描
- 財政收支分成歲出與歲入，政府藉由調整歲出歲入來影響景氣。
- 藉由財政收支可以解讀政府的施政態度、政策效果、人民負擔與財政是否健全。
- 財政收支（歲入、歲出）的規劃（預算）經過立法院審議，由總統於前一年的12月公布；財政收支的結果（決算）將經過監察院的審核，審核完畢後由總統公布之。

　　政府掌管國家內最龐大的現金流，必須妥善規劃、運用每一年度的收入與支出（歲入與歲出），讓經濟平穩地發展成長。藉由財政收支的分配狀況，能解讀當政者的施政理念，預測政策成效以及人民的負擔程度，且透過赤字或盈餘更進一步檢驗財政體質，衡量未來的施政空間。

財政收支是什麼

　　政府最大的職責之一便是提出妥善的財政政策，運用稅收等政府收入（歲入），進行對未來發展有利的支出配置與使用，使財政收支得以發揮最大效益。政府施行的財政政策規格大小雖有差異，但卻都與民眾生活息息相關，諸如從事造橋鋪路、機場港口、通信設備等基礎建設、擴大內需政策與獎勵產業投資等等長期大型工程計畫，或是發放消費券等，背後的本質都是政府需將經手的龐大現金流做出適當的配置與使用，以期能在未來創造出更大的效益。例如1973年台灣政府編列489億的預算，建設中山高速公路，就是將從人民得來的龐大稅金投入交通建設的基礎工程，根據交通部統計，中山高從1974年第一階段通車起，高速公路每年的車流量年年倍增，且經濟成長率從2%一路上揚到最高13%，透過正確的運用而能成為創造未來經濟發展的基石。

　　政府經手的現金流變動，包括收入（歲收）與支出（歲出）兩部分，統稱「財政收支」。歲出是指政府計畫在一會計年度內為推行各項政務所需的支出金額，例如打造港口、鋪設新路等各種公共工程的支出。歲入則是指政府計畫在一會計年度內為支應政府支出所籌措可得的收入，收入來源包括了稅收、國營事業的經營利潤、以及政府發行公債所得等。政府便是藉由控制管理歲入與歲出，達到改變社會的資源配置、發展環境，進一步影響未來的經濟走勢。

如何解讀財政收支的變化

　　根據政府法令，歲出與歲入的規劃應在會計年度開始的前四個月，也就是在前一年的 8 月底前，由行政院統整各政府單位的預算表後提送立法院審議，最後於 12 月由總統公布之。而歲出與歲入的結果應在會計年度結束的四個月內，也就是隔年的 4 月底前，將決算表送至監察院審核與公布。以上資訊，可在行政院主計處的網站得知財政收支（歲入、歲出）的規劃（預算）與結果（決算）。

　　解讀財政收支的效果可以分兩個面向來看：一是解讀政府的施政態度，二是解讀政策效果與人民負擔的大小。由於不同的主政者會有不同的施政方針，保守型施政者的歲出較少，積極型施政者則大力使用公共支出政策來刺激經濟。觀察財政收支的變動，可以了解政府未來的施政風格，當政府接連從事支出計畫與作為，例如 2009 年政府接連推行消費券、愛台十二建設等政策對抗金融海嘯，據此大抵可推斷主政者的施政態度屬於較積極的類型。值得一提的是，積極型不一定優於保守型，因為政策也有失敗錯算的風險，若是因應錯誤政策的支出，既無效益可言，又形成公帑的浪費。例如政府為解決因金融海嘯造成失業率上升的問題，而在 2009 年推動預算約 121 億元的「大專畢業生至企業職場實習一年方案」（俗稱 22K方案），參與此方案的職場新鮮人每月可獲得兩萬兩千元的薪資，但學界、勞團擔憂此方案過於短視，甚至拉低薪資水準及排擠一般雇員工作機會。且據主計處統計，政策實行一年內，大專生與整體失業率並未獲得明顯改善，所以普遍不支持續辦。

　　一般而言，政府規劃的歲出項目愈多，政策效果愈大；但歲出項目愈多，政府的財政負擔也就愈大，需要愈多的歲入來源填平支出，由於歲入最終由該國

INFO

歐洲債務危機

　　長久以來，歐盟成員國希臘透過發行公債、增加政府支出的赤字政策維持經濟榮景，累積了龐大的公共債務。隨著 2008 年金融海嘯衝擊、國際經濟情勢不良，希臘國內經濟雪上加霜，還款能力備受質疑，其債務評級不斷遭國際信評機構調降，導致希臘無法取得新的貸款繼續「以債養債」而出現破產危機。這次風波還延燒到義大利、西班牙、葡萄牙與愛爾蘭等歐盟國家的嚴重負債問題，合稱「歐豬五國」（PIIGS），使全球對於歐盟的經濟狀況產生疑慮，歐元大跌到歷史低點，世界主要股市也因而重挫連連。

　　為了挽救危機，以德國為主導的歐盟規劃高額紓困方案，並要求希臘撙節措施，減少支出、節衣縮食還債，以降低財政赤字。然而希臘國內出現強大反對撙節聲浪、甚至喊出脫歐，改革措施難以施行，屢次違約。

　　截 至 2015 年，希 臘政 府 負 債 3,263.58 億歐 元，負 債 占 GDP 比重 176.9%，失 業 高 達23.1%。在擔心希臘脫歐引發金融危機下，2015 年歐盟再度通過第三波紓困

（接續下頁）

國民負擔，所以人民負擔也愈大。例如 2015 年度年總預算案編列歲入 17,993 億元、歲出 19,597 億元。為振興經濟，政府採取各項租稅減免措施與擴大公共支出政策，但預算案中歲入歲出相抵差短 1,604 億元，需以舉債調度財源來彌平，可見政府的擴大支出最終會轉嫁到人民身上，使每位國民支應政府的負擔增加。

從歲入歲出的狀況解讀政府的施政態度與政策效果後，可進一步檢驗政府的財政是否健全，以宏觀角度判斷該國的經濟體質。政府歲入與歲出相減後大於零稱為「盈餘」、相減後小於零稱為「赤字」。「盈餘」意味本年度政府有存錢下來，能提供未來彈性使用，隱含財政體質良好；「赤字」代表政府的收入不足以供應歲出，需要透過融資（借款）手段來因應，表示需要犧牲未來的收入以填補現在的支出。

赤字出現時，政府會以增加稅收、貨幣融通與公債融通三種手法來提高歲入。增加稅收是透過稅制調整，向民眾收取較高稅金來因應政府支出，此舉同時會造成人民負擔與抑制民眾消費意願；貨幣融通是指央行印鈔票供政府使用，但過多的貨幣會造成物價上漲、通貨膨脹，使人民的財產縮水；公債融通則是政府透過發行債券換取市場資金，代價是政府必須承擔債券利息的成本。由於增加稅收會加重人民負擔與貨幣融通可能引發通膨問題，易使輿論出現不滿，所以政府最常使用的融通方式為發行公債。然而頻繁發行公債易導致政府債務問題，甚至引發國家破產的疑慮，而這也是二十一世紀財政領域的最大挑戰，例如 2008 年金融風暴下，全世界第一個破產的國家冰島、及 2010 年爆發債信問題的希臘，都是舉債過度所產生的惡果。2013 年台灣立法院發布自 2014 年 1 月 1 日施行《公共債務法》修正條文，中央政府一年以上未償債務餘額之債限基準，按前三年度名目 GDP（國

案。然而當 2016 年英國成功脫歐，德國對歐盟組織產生新的可能性之後，希臘政府轉而提出減計債務的主張，但德國態度反趨強硬，堅持希臘必須撙節，沒有第二條路可選擇，要豁免債務就得退出歐盟，等於放手讓希臘破產。這些剪不斷理還亂的情節顯示，歐債問題不論是尾大不掉的歐豬債務陳窠、或希臘退歐引發金融危機震盪，都無可避免對市場造成震撼。

財政收支如何調節景氣

財政收支

歲入

定義 政府一會計年度內為支應政府支出計畫所籌措之收入,例如稅收、國營事業利潤與舉債金額等。

解讀 歲入主要來自人民納稅的收入,如果歲入的目標愈高,導致人民負擔愈大;歲入的目標愈低,人民負擔愈輕鬆。

歲出

定義 政府一會計年度內為推行各項政務之一切支出計畫的金額,例如打造港口、鋪設新路等各種公共支出。

解讀 歲出規劃愈多,通常政策效果愈大且施政者屬於積極型;反之,歲出規劃愈少,政策效果較低且施政者屬於保守型。

 歲入＞歲出 ➡ 盈餘　表示本年度政府有存錢下來,能供未來使用或是打消過往債務。

 歲入＜歲出 ➡ 赤字　表示本年度政府財源不足,需要透過增加稅收、貨幣融通與公債融通等方式增加歲入,以提供歲出的使用。

政府因應景氣波動,調整財政收支以維持經濟平穩

景氣衰退導致內需不足

擴大景氣政策

1. 擴大歲出,如增加公共建設以增進各行各業消費。
2. 緊縮歲入,如降低稅率以刺激民間消費。

提振景氣但龐大支出易帶來赤字,形成負擔

景氣過熱導致經濟泡沫

抑制景氣政策

1. 緊縮歲出,如暫緩公共建設以降低對經濟擴張的影響力。
2. 擴大歲入,如提高稅率以減少民間消費。

歲入大於歲出易產生盈餘,有利於消減債務

（國內生產毛額）計算，各級政府總債限為 GDP 的 50%。中央債限為 40.6%，直轄市 7.65%、縣（市）1.63%、鄉（鎮市）0.12%。截至 2016 年度為止，各級政府合計一年以上長期債務高達 6 兆 733 億，已占前三年度名目 GDP 平均數的 37.88%，距法定比率 50% 約餘 12%，所以從政府舉債總額尚可舉債比率，可以判斷未來的施政資源空間，了解政府須融資財源調度的程度。

財政收支對財經政策的影響

面對景氣波動帶來的劇烈變化，行政院各組織例如國家發展委員會（2014 年合併原經濟建設委員會、研究發展考核委員會而成）、經濟部與財政部等，會因應各種經濟情勢規劃適當的歲出計畫、並找尋歲入來源，藉此達到平穩經濟的目的，使得財政收支成為政府施行財政政策的主要工具。

當景氣衰退導致內需不足，或是天災人禍導致地方財政遭遇困難時，政府可以擴大歲出（財政支出增加），進行公共建設打造未來發展的基礎，藉由公共工程的推動釋出工作機會，使獲得工作機會的民眾，例如承包政府工程的企業、工人等增加收入，再進一步提升各行各業消費以帶動景氣；另一方面，政府也可以視情況而定緊縮歲入（財政收入減少），透過降低稅率等方式還財於民，提高民眾的消費動機來帶動景氣。然而以上擴大景氣的政策，其代價都極可能造成財政赤字的壓力。

反之，當景氣過熱導致經濟泡沫出現，政府可以緊縮歲出（財政支出減少），暫緩公共建設計畫，降低政府對於經濟擴張的影響力；同樣地，政府也可以視情況決定擴大歲入（財政收入增加），透過提高稅率等方式減少人民可支配的所得，降低民眾的消費動機來抑制景氣。通常以上抑制景氣的政策可能帶來財政盈餘，有利於減少過往累積的財政債務。然而無論哪一種財政支出的分配方式，都與景氣變動之間存在著抵換關係，也考驗不同時代施政者的智慧。

新 聞 範 例 解 讀

維護財務紀律　政府預算歲出僅增 1.1%

　　近年來，全球經濟持續低緩成長，國內經濟可望回升，預算著重於提高資源運用效益。2016 年歲出僅較 2015 年擴增 1.1%，未超過歲入成長率 1.3%，歲入歲出差短 1,523 億元，連同債務還本 740 億元，共需融資舉債 2,263 億元。歲入優先使用於推動創新產業、教育及長期照顧服務等。在債務方面，2016 年中央政府累計債務未償餘額增加 2.79%，未超過前三年度 GDP 平均成長率 3.68%，占前三年度 GDP 平均數比率為 33.9%，較去年減少 0.2 個百分點。

解讀重點

當經濟成長持續動能不足、景氣衰退，政府多採增加歲出推動公共工程刺激景氣，歲入歲出差短的不足額，多以舉債支應。但依法，政府舉債有其上限，愈是瀕臨舉債上限，愈是壓縮施政空間。在過去連年擴張性財政政策之下，各級政府合計累計未償債務已在 3 年名目 GDP 平均數的 40% 上下徘徊，而且近六年來多次距離債限不到 10%，2013 年起更將各級政府的合計債限比率從原來的 48% 提高至 50%，顯示慣用的舉債式擴張性財政政策已捉襟見肘。因此改為加強開源節流，檢討施政順序與效益、以及預算資源的運用方式。趁著全球景氣回溫、國內經濟可望持續回升之際，兼顧財政健全，調控歲出、節制舉債和債務增加比率，以達成產業轉型與社會照顧等主要施政目標。

與財政收支相關的新聞重點

　　新聞媒體報導財政收支的相關消息時，也常提及受到財政收支影響而產生變動的以下概念：

▶**景氣**：當政府規劃歲出上升時，即擴大公共支出政策，會拉抬景氣上揚；反之，縮減公共支出政策導致景氣可能下降。

▶**未償債務餘額**：財政收支不平衡而出現赤字時，最常出現的方式是舉債融資，將導致未償債務餘額增加。反之，財政收支出現盈餘償債時，未償還債務餘額便會減少。

▶**債券價格**：當赤字出現而透過發行公債融通時，因為債券供給量變多，導致債券價格下降。反之，盈餘出現而政府買回債券以打消債務時，則導致債券價格上升。

▶▶稅收政策
減稅刺激景氣，增稅提高歲入

> 快速掃描
> ●稅課收入為歲入的主要來源，進一步影響財政收支。
> ●增稅政策使民眾負擔變高而抑制消費，但能提供政府實施公共支出的資金；減稅政策使民眾可支配所得增加而鼓勵消費，但政府實施公共支出的空間減少。
> ●稅收政策必須由立法院三讀通過後，由總統公布實施。

　　政府透過財政收支來調控經濟，而財政收入的基礎來自於稅收政策，且稅收政策本身對景氣亦有影響效果，所以解讀稅收政策，可以了解政府施政空間的大小與對民眾、廠商的影響，進一步研判景氣與股價可能的變化。

稅收政策是什麼

　　納稅為國民的義務之一，其主要目的是提供財政收入（歲入）以滿足政務支出（歲出）的需要。除了提供歲入外，納稅也可以達到所得重分配、平均社會財富等理想效果。根據課稅對象來劃分，最常見的稅收有所得稅、消費稅與財產稅三大類型。其中所得稅是針對「所得的取得」來課稅，例如個人所得稅、營業所得稅；消費稅是針對「所得的使用」來課稅，例如貨物稅、營業稅與關稅；財產稅則是針對「所得的累積」來課稅，例如遺產稅、贈與稅與土地稅。一般而言，稅課收入是歲入的最主要來源，而稅課收入中又以所得稅最重要，占課稅收入的一半以上。舉 2017 年中央政府總預算案為例，稅課收入占當年度歲入比例 79%，其中所得稅收占歲入比例 45%。

　　由於稅課收入多寡對歲入影響力很大，所以政府會改變課稅方式，以調整財政收支的平衡。改變課稅的方式分成兩大類型，分別是「稅制調整」與「稅率調整」。稅制調整是增加或減少所得稅、消費稅與財產稅三大類型中的細項，以調整課稅對象的多寡，例如在消費稅的類別下，針對高消費行為者開徵奢侈稅；稅率調整則是改變課稅項目裡的稅率結構，以調整課稅對象的負擔，例如針對低收入戶調降所得稅的稅率。以上兩者合稱稅收政策。

如何解讀稅收政策的變化

　　稅務由財政部負責，所以稅務的相關變動資訊，可以在財政部網站的電子公布欄裡面查到。解讀稅收政策的變化，首先需辨明其政策屬於增稅或減稅，增稅是指開辦新稅或提高稅率；減稅是指剔除舊稅或降低稅率。

　　當政府實施增稅政策的時候，會使歲入增加，提供政府施行財政政策時所需的資金，但民眾要繳的稅變多了，使得可支配的所得減少，將會抑制消費行為促使景氣下滑，而被課稅的產業因為利潤減少，財報的盈餘隨之下降，其股價會有下跌的壓力。當政府實施減稅政策的時候會使歲入減少，因而縮減公共支出的項目，或是為支應支出而透過公債融通使國債增加。但民眾可支配的所得增加，有助於促進消費行為刺激景氣上升；另外，被減稅的產業因為利潤增加，亦可提高企業的投資意願，並吸引更多資金投入促進產業發展，增加財報盈餘，帶動股價上漲。綜上所述，稅收政策的變動會影響歲入的變化、民眾的消費與廠商的投資行為（資金變動），進一步影響景氣或股價。

　　反之，從財政收支與景氣的情況能預測未來的稅收政策，進一步對未來的景氣與股價做出前瞻性預期。當政府赤字嚴重時，由於政府不可能無上限舉債，可預期政府將開辦新稅或提高稅率來籌措財源，而當政府有提振景氣的打算時，可預期政府將剔除舊稅或降低稅率。例如 2015 年，有「加勒比海的希臘」之稱的美國海外屬地波多黎各深陷經濟危機。國際債信評鑑公司穆迪（Moody's）表示，波多黎各負債 730 億美元（約台幣 2 兆 2,630 億元）。過去十年，波多黎各為了平衡預算而大舉借債，財政赤字嚴重，因此波多黎各政府進行稅制改革，除了嘗試提高銷售稅至 11% 擴充收入，也將個人所得稅、資本利得以及企業

INFO

遺產稅的爭議

　　中國欲推動遺產稅的聲浪已近十年，近年中國國務院起草《遺產稅條例》，使遺產稅議題成為輿論焦點。目前有上百個國家課徵遺產稅，其中美國最高稅率 55%、日本最高稅率 55%、英國最高稅率 40%、德國最高稅率 50%，但也有一些國家如澳洲、瑞士、泰國、新加坡等不徵遺產稅，使得減輕或廢止遺產稅的意見漸增。遺產稅的課徵或增減，與國家財政政策和促進階級流動有關，例如美、日大國為改善貧富差距，採向富豪大戶追討遺產稅、並提高免稅額。

　　台灣的舊制遺產稅最高稅率高達 50%，導致資本因為避稅考量而外流國外。為了吸引資金回流，遺產稅議題爭執甚烈，2009 年初政府宣布遺產稅調降到 10%，但也因此稅課損失 160 億元，使歲入大幅下降。2017 年初立院三讀通過，為籌措長照特種基金的財源，遺產及贈與稅率調整至最高 20%。

稅收政策的效果與影響

稅收政策

政府可藉由改變稅制或稅率，以調整財政收支的平衡，提供歲入（財政收入）以支應政務支出（歲出）的需要，透過納稅也可以達到所得重分配、平均社會財富等理想效果。

稅制調整

增加或減少所得稅、消費稅與財產稅中的細項，以調整課稅對象的多寡。

稅率調整

改變課稅項目裡的稅率結構，以調整課稅對象的負擔。

增稅

開辦新稅

屬於「稅制調整」增加課稅的項目，例如開徵菸稅每包 20 元。

提高稅率

調高課稅項目下的課稅比率，例如遺產稅從 10% 提高至 20%。

減稅

剔除舊稅

屬於「稅制調整」減少課稅的項目，例如停徵證交稅及奢侈稅。

調降稅率

降低課稅項目下的課稅比率，例如當沖證交稅由千分之 3 調降為千分之 1.5。

影響層面

增稅政策會使稅收增加，進一步使歲入上升。

 歲入

減稅政策會使稅收減少，進一步使歲入下滑。

增稅使民眾可支配所得減少，抑制民間消費。

 消費

減稅使民眾可支配所得增加，活絡民間消費。

增稅使產業稅後利潤下滑，導致企業資金出走尋找更划算的投資管道。

 資金

減稅使產業稅後利潤上升，促使企業資金回流創造投資與就業機會。

增稅不利消費並導致資金出走，對景氣有負面影響，但增稅讓歲入增加，政府可以透過擴張性財政政策來彌補。

 景氣

減稅有利消費與鼓勵資金回流，對景氣有正面幫助，但減稅讓歲入減少，可能導致政府債務上升不利未來發展。

稅大幅減免，以期恢復政府財政平衡同時提振景氣。

稅收政策與財經政策的關係

　　沒有足夠的財源，政府無法推動適當的政策，因此稅收政策是財經政策的基礎。一般來說，增稅會抑制民眾的消費能力使景氣下滑，同時增加民眾的負擔而易引起反對聲浪；但增稅可以導致歲入增加，使得政府有較充裕的財源可以擴展施政空間。因此政府在實施增稅之際，如果搭配適宜的擴張性財政政策如增加公共支出，增加就業機會進而帶動民間消費以刺激景氣，在財政趨向平衡、赤字減少、政府藉公共支出帶動產業營運回春之下，最終能使景氣上升，降低增稅所帶來抑制消費的反效果。

　　相反地，減稅能增加民眾的消費能力而刺激景氣，但減稅導致歲入減少讓施政空間隨之縮減，甚至擴大財政赤字，不利政府創造有利於經濟發展的大環境。特別是在經濟不景氣時，減稅常做為增加投資、刺激景氣的工具；加上政治生態的影響，政治人物受到利益團體關說及選票壓力下，可能獨厚某些產業或特定群族、或是以局部性減稅來討好選民，導致各種減免稅項目浮濫，不但背離課稅公平與效率的精神，也造成政府稅收大幅短收，最終反使景氣下滑。因此如何衡量稅收政策的好處與代價，而進一步與財經政策搭配應用，並排除增稅與減稅所帶來負面效果的爭議，考驗政府的施政能力與決策者的魄力。

新 聞 範 例 解 讀

政府調降營利事業所得稅率

　　立法院院會三讀通過所得稅法修正案，將營利事業所得稅，從原本的 20％降低為 17％，並自今年起開始實施。營所稅調降後，低於中國的 25％及韓國的 22％，而與新加坡的 17％及香港的 16.5％相當。

解讀重點

　　營利事業所得稅率從最初 25％降低為 20％後，該年（2010 年）再度降低為 17％，屬於減稅政策，被減稅的產業可望因為利潤增加，而帶動企業的投資意願，又因為稅率下降使稅後盈餘上升，其股價會有上漲的可能。

　　另外相對於周遭國家，我國的稅率較低，可能吸引國外資金進駐投資設廠，創造國內就業機會，所以該項的減稅政策屬於長期利多消息。不過稅率下降會導致歲入減少，政府若繼續施行擴張性財政政策，稅收方面已短少，就必須另闢財源，不然將使我國的舉債餘額再度增加，瀕臨上限的債務問題更將是一國財政與經濟發展的難題。

與稅收政策相關的新聞重點

▶ **歲入**：稅收政策直接影響歲入金額的多寡，所以稅收政策執行前，財政部都會先行估計歲入的減量與增量，供行政與立法部門參考。一般而言，增稅會使歲入增加，減稅會使歲入減少。

▶ **消費力**：民眾的消費能力受到可支配所得的影響，增稅使可支配所得減少，抑制消費能力；反之，減稅使可支配所得增加，能鼓勵消費能力。

▶ **股價指數**：雖然減稅會使歲入減少而影響政府的施政能力，但在政府為提振景氣普遍舉債之下，減稅大多被市場認為不影響短期政策實施，反而宣揚政府的救市決心，所以股價指數常受到激勵。

▶ 預算編列

擴編歲出預算振興景氣
易形成赤字問題

快速掃描

● 預算編列為財經政策的企畫書，勾勒出未來一年經濟建設的藍圖。
● 解讀預算編列，可以了解政策效力與施政理念等財經政策動向。
● 總統於每年 12 月 15 日前公布明年度的預算編列。

　　預算編列為政府衡量歲入（收入）預算，以進一步規劃歲出（支出）預算，最終目的為達成政府設定的施政方針。由於政府為影響國內經濟體系的最大力量，其政策走向動見觀瞻，能影響未來的經濟情勢，藉由預算編列，可以直接了解政府的施政計畫、預測未來的經濟發展。

預算編列是什麼

　　政府訂定財政收支的施政方針後，會進行預算編列，包含歲出預算與歲入預算，用來實際分配政府現金流的變動，所以預算編列等於是財政收支的企畫書與計畫表，為一國經濟建設的藍圖。

　　由於政府的預算編列影響到下一年度所推行的各項政務計畫，進而影響到政策執行效果的大小及未來國家經濟的走向，因此預算編列的過程嚴謹，必須經過編制、審議與執行三個階段。就台灣的常態性預算編列流程而言，行政院會在 3 月底前擬定下年度的施政方針，例如 2017 年的施政策略為：① 加速產業體質升級，創新驅動新經濟；② 健全社會安定網絡，實踐公義新社會；③ 提升公共建設品質，永續發展新環境；④ 強化政府管理效能，區域均衡新活力；⑤ 厚植教育文化內涵，多元族群新平等；⑥ 鞏固國家安全力量，國際兩岸新空間。之後各級政府本著財政收支平衡與成本效益的精神進行預算「編制」，於 6 月左右送至財政部與主計處。財政部會進行預算審核，主計處則編列總預算表，由行政院討論議決後，於 8 月底前送至立法院「審議」，聽取行政官員的報告與進行質詢，且由立法院各委員會細部審查，於 11 月底前完成議決，最後由總統在 12 月中前公布實行。隔年再由各級政府的行政單位「執行」預算編列，完成政府規劃的施政方針。以上關於政府施政方針、預算編列細節、歲出歲入金

額與各級政府的收支概況，都可以在行政院主計處網站中的「政府預算」項目中查詢。

如何解讀預算編列的變化

在解讀預算編列時可以從三個原則觀察，分別是「數字」、「配置」與「時間」。「數字」即為預算表中政府規劃的金額，從金額多寡可以預測該財政政策效力與重要性。在不考慮其他因素之下，一政策編列的預算愈多表示政策的效力愈大，預算愈少政策效力愈小。當地方政府編列 20 億的建設計畫，相較於中央編列 5,000 億的擴大景氣建設計畫，其關注順序、效力與重要性必然以中央的 5,000 億項目為優先。

「配置」是指預算表中政府規劃各類型支出的比率，能了解政府本年度的政策主力為何，換言之可從預算結構中觀察政府的施政理念。例如 2017 年政府總預算案中，各項歲出占歲出比重的前三位分別為社會福利 4,773 億元（23.9%）、教育科學文化 4,153 億元（20.8%）、國防 3,102 億元（15.6%），經濟發展 2,677 億元（13.4%）居於第四位。此外，在一般政務、社區發展及環境保護、退休撫卹等方面亦編列支出預算進行施政，並以部分歲出償還債務。

「時間」則是指留意跨年度的預算編列，可以解讀政策的延續性。以中央政府總預算案的經濟發展支出為例，自 2012 年到 2017 年分別占總預算的 14.3%、14.0%、14.6%、13.8%、13.7%、13.4%，會發現經濟發展支出比重差異不大，但自 2014 年達最高支出比重之後逐年下降，其變動隱含政府對 2015 年的經濟情勢持樂觀解讀，因而縮減經濟發展支出的比例。除了政府對經濟前景的判斷外，也可能是受到其他因素影響，例如 2017 年總預算案中經濟發展支出占歲出 13.4%，雖為六年來最低占比，亦顯示出政府在歲入吃緊、債限緊逼下施政策略和預算支出手法

特別預算

根據預算法規定，當國家發生國防或經濟危機，以及重大災變或重大政事時，行政院可以提出獨立於年度總預算外的「特別預算」以應付危機。特別預算的好處是隨機應變因地制宜，且可在立法機關審議前先行支付一部分的金額。例如為解決台灣易淹水地區水患問題，民國 95 ～ 102 年間行政院定了為期八年、編列 1,159 億的「易淹水地區水患治理計畫」特別預算，分階段進行推動。又例如，2018 年台中市預計舉辦世界花卉博覽會，分四年共編列 86 億 7,500 萬元特別預算，中央與地方各負擔一半。

的調整。另外，由於重要的施政方針往往需要數年來達成，假設政府宣布一個擴大就業方案，但內容的預算僅編列一年的話，可解讀此就業方案為效果短期的過渡性政策。

預算編列與財經政策的關係

隨著經濟發展，各年度的歲入逐漸上升，在中央政府總預算案中，2017 年歲入預算 18,456 億相較於 1997 年度歲入預算 12,120 億，增加了 52%，歲入的擴張使政府的歲出預算規劃空間變大，使公共支出同幅成長。可見，政府財經政策的施政空間受到預算編列中的歲入預算限制，與之同向變動。

不過歲入預算的限制並非牢不可破，舉美國為例，自 1950 年至 2016 年只有九個年度出現預算盈餘（歲入大於歲出），有五十八個年度均為預算赤字（歲出大於歲入）；預算赤字的年度固然有七個年度是因投入戰爭需要巨大軍費影響、十七個年度因經濟衰退導致歲入銳減，但即使是一般預算赤字年度，政府也會根據當時的景氣情況增加歲出預算，甚在在經濟衰退時期更加擴大聯邦政府支出，目的是刺激景氣。

台灣也有類似情況，在歲入歲出預算編列不平衡之下，截至 2016 年度止各級政府累積長短期債務已達 6.5 兆。綜上所述，預算編列是財經政策的核心，政策的功效取決於歲出、政策的限制取決於歲入。但在刺激景氣等特殊目的下，政府會編列更多的歲出預算，透過調整稅收政策或是發行公債等方式來彌補原有的歲入不足，以突破歲入預算的限制，保有較大施政彈性，但相對也帶來債務的代價。

目前各國的預算編列主流也是採行赤字政策，為了刺激當下的景氣而以舉債擴充公共支出（歲出）的部分，然而在 2010 年前後接連爆發冰島、韓國、希臘、西班牙與匈牙利等多國的債信危機，都是因為舉債過度導致財政支出浮濫、過度消費，危及國家經濟體質。在面對國家債信問題的一片檢討聲浪中，未來預算編列的趨勢將更注重歲入與歲出均衡的原則，改善財經政策過度擴張的現況。

預算編列的流程與影響

預算編列

包含歲出預算與歲入預算，用來實際分配政府擁有現金流的變動，相當於國家財經政策的企畫書，也是擘劃一國經濟建設的藍圖。

預算編列流程

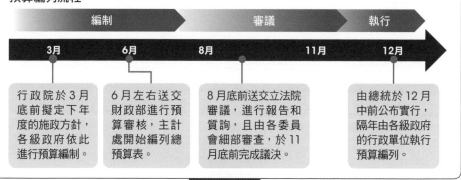

編制		審議		執行
3月	6月	8月	11月	12月

行政院於3月底前擬定下年度的施政方針，各級政府依此進行預算編制。

6月左右送交財政部進行預算審核，主計處開始編列總預算表。

8月底前送交立法院審議，進行報告和質詢，且由各委員會細部審查，於11月底前完成議決。

由總統於12月中前公布實行，隔年由各級政府的行政單位執行預算編列。

解讀預算編列的三原則

①數字

即為預算表中政府規劃的金額，從金額多寡可以預測該財政政策效力與重要性。該政策編列的預算愈多政策效力愈大，預算愈少政策效力愈小。

②配置

從預算結構中可觀察各類型支出的比重，了解政府當年度的施政理念，例如國防支出比重增加，表示政府對國土安全的意識提高，可能增加軍購比例。

③時間

就預算編列的項目進行跨年度比較，可以解讀政策的延續性，若較去年度增加或維持同樣水平，表示政策方向一致；反之較去年度減少，則政策轉向。

預算編列對財經政策的影響

歲入增減影響財經政策的施政空間

歲入增加使得政府的歲出預算規劃空間愈大，進而使財經政策的政策效果可以擴大；反之歲入減少則使得歲出預算縮減，政策效力也就縮小。

歲出預算擴大影響景氣與產生赤字

當經濟情勢不佳，政府為刺激景氣會增加歲出預算，藉由政府的力量帶動經濟發展，然而歲入不足或舉債過高，導致產生赤字，會影響經濟體質的穩定性。

新 聞 範 例 解 讀

2017 年度總預算案公共建設預算較上年度年增加 3.1%

經過立法院審議後，2017 年度的中央政府總預算案出爐，總歲入預算為 1 兆 8,456 億元，總歲出預算達 1 兆 9,979 億元，出現 1,523 億元的差短。總歲出預算裡，經濟發展支出為 2,677 億元（占總預算 13.4%），2016 年度的經濟發展支出預算則為 2,741 億元（占總預算 13.7%）。2017 年度總預算編列公共建設經費為 1,869 億元，較 2016 年度 1,812 億元，增加了 57 億元，約增 3.1%。

解讀重點

從上則新聞可知，2016 年度的總預算案因歲出大於歲入的部分，而產生財政赤字的問題，政府可能會藉由發行公債、調整稅率如增加稅源、提高稅率等方式，以彌補短缺的經費。2017 年的經濟發展支出預算為 2,677 億元，相較於 2016 年度的 2,741 億元，從「數字」看來降低了 64 億元，而從預算的「配置比例」來看，減少了 0.3%。再進一步從「時間」、也就是前後年度的細部資料做比較，2017 年公共建設預算為 1,869 億元，較 2016 年度增加 57 億，約增 3.1%，表示 2017 年經濟建設的經費微幅提升。整體的財經政策歲出預算（經濟發展經費＋公共建設預算）縮減，有以下兩個可能理由：一是政府研判經濟略顯和緩成長，所以不需要如同去年般的強力擴張性財政政策；二是受到歲入的限制，財政赤字問題壓縮政府隔年度的施政空間。

與預算編制相關的新聞重點

新聞媒體報導預算編列的相關消息時，也常提及受到預算編列影響而產生變動的以下概念：

▶ **利率**：預算編列出現歲出大於歲入的短絀時，如果政府透過發行公債來籌措資金，會增加資金市場的需求導致利率上揚。

▶ **物價**：預算編列出現赤字時，如果政府透過貨幣融通，也就是政府向央行借錢，藉由央行發行貨幣的權利，發行新貨幣以應付財政赤字，但貨幣供給增加會促使物價上漲，進一步帶來通貨膨脹的壓力。

▶ **稅收政策**：預算編列出現歲出大於歲入時，代表政府財源不足，短期或可透過舉債因應，但長期時政府會改變稅收政策，透過開辦新稅或調高稅率來消弭預算赤字；反之，則可以剔除舊稅或調降稅率將盈餘歸還民眾。

▶▶貨幣供給

貨幣政策會隨景氣過熱調向緊縮

快速掃描

● 央行實施貨幣政策的重要工具。
● 藉由 M1A、M1B、M2 的變化，可以了解央行的政策態度與資金動向。
● 貨幣供給的變動可控制利率。
● 貨幣供給額增加速度大於 GDP 成長率會造成通貨膨脹壓力。
● 每月 25 日前後由央行公布 M1A、M1B 及 M2 之日平均、月底值及年增率。

　　金融政策中，貨幣供給是中央銀行最主要的貨幣政策之一。解讀貨幣供給的變動可以預期未來景氣與物價的變化，以及了解市場資金的流向。

貨幣供給額的實際內容是什麼

　　貨幣供給指的是一國之間存在的貨幣總數量。隨著定義的不同，經常出現在新聞報導的貨幣供給指標，有以下三種：

1.M1A：為個人與企業持有現金的數量，加上存在銀行的活期存款與支票存款的總和，也就是社會大眾口袋中的錢。

2.M1B：為M1A加上銀行裡的活期儲蓄存款的總和。

3.M2：為M1B加上定期存款及定期儲蓄存款、外幣存款與郵匯局轉存款的總和。

　　M1A內含活期存款（簡稱活存），M1B 則是 M1A 再加上活期儲蓄存款（簡稱活儲）。活存與活儲的差異在於活存的利息較低、變現速度較快，是公司廠商或少數民眾經常選用的存款方式；活儲因利息較高，是變現速度需求較低的一般民眾與非營利組織經常使用的存款方式。所以 M1A 可以代表個人、廠商與法人持有流動速度最快的資金，M1B 則進一步包含民眾的存款，反映整個市場的流動資金。而 M2 除了流動資金外，還包含定存、外幣存款等所有具有貨幣性質的準貨幣，代表總體經濟中的資金總數量。

　　綜合來看，M1A 與 M1B 強調的是以交易功能為主的貨幣總量，其特徵是流動性較高。M2 的定義較廣，包含偏重價值儲存功能的定期存款等，其特徵是流動性較低。由於代表流動資金數量的 M1B 為股市資金動能的來源，而代表資金總數量的 M2 為中央銀行的貨幣政策依據，所以在台灣，M1B 與 M2 廣泛受到投資人的重視。

如何解讀貨幣供給的變化

三大貨幣供給總數量 M1A、M1B、M2 的動向備受媒體關注，有大動作變化時可以在媒體的財經版面得知，平常也可以在中央銀行網站中的「重要指標」公告上觀察到。

貨幣供給的實際運用中，通常轉換為年增率的形式，避免過於龐大的數目令人難以理解。由於 M2 範圍最大，也是央行衡量經濟情勢的主要工具之一，通常用 M2 的年增率來進行分析。解讀 M2 的方式有二：

第一個是將本月年增率與去年同月做比較，藉此了解相對於歷史水準，現在的 M2 是處於寬鬆或是緊縮的狀態。第二個是將最近十二個月來的年增率繪於平面，從年增率線圖的向上或向下趨勢了解央行目前的政策走向，在物價與景氣情勢沒有重大改變時，可以預期央行保持相同的政策操作。當年增率趨勢向上時，表示央行採取了寬鬆性貨幣政策，對總體經濟（大環境）注入資金，此時資金充沛會流竄到各資產標的，導致物價與股票、房市等資產因需求大於供給而價格上漲；當年增率趨勢向下時，表示央行採取了緊縮性貨幣政策，對總體經濟（大環境）抽取資金，此時資金從各資產標的回流，導致物價與股票、

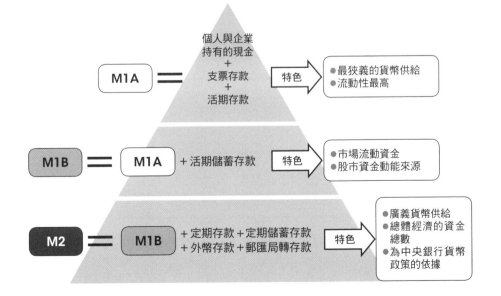

房市等資產價格下跌。

　　由於 M1B 包含流動性強的現金、活存與活儲，可以與 M2 搭配做更深的運用，以解讀市場中流動資金的動能強弱，若干研究報告顯示，M1B 指標的高點與低點，通常領先股市五個月的時間。將 M1B 與 M2 的各月分的年增率繪於同一個平面，當 M1B、M2 持續上揚且 M1B 上揚超過 M2 時，出現交叉稱為「黃金交叉」，表示央行對市場挹注資金，且資金從 M2 定期存款轉向 M1B 中流動性較定期存款高的活期存款。此時市場中的流動資金增加、大環境籌碼充沛，熱錢可能會選擇股市為投資標的，導致股市上漲，又稱「資金行情」，投資者可以順勢而為。

　　而當 M1B、M2 持續下降且 M1B 下降超過 M2 時，出現交叉稱為「死亡交叉」，表示央行對市場抽取資金，且資金從活期存款轉向不輕易動用的定期存款。此時流動資金動能不足難以推升股價，大環境的資金又回流進央行，可能導致資產價格降低，體質不好的公司容易原形畢露股價下跌，適合保守操作，依基本面選股。

央行透過貨幣供給以調控景氣發展

　　中央銀行會透過 GDP 成長率、物價指數、進出口概況等經濟變動指標，判斷目前經濟情勢。若央行認為物價或景氣偏離理想情況時，中央銀行會利用貨幣供給來穩定物價、刺激或減緩景氣。做法有二：第一個方法是發行政府公債，當央行買入公債時，會釋放出貨幣；當央行賣出公債，會回收貨幣，藉此來調節貨幣供給，此舉又稱為「公開市場操作」。第二個方法是調整重貼現率，當央行調降重貼現率，等於銀行多跟央行借錢，使貨幣供給上升；當央行調升重貼現率，等於銀行少跟央行借錢，使貨幣供給下降。

　　無論中央銀行是採取「公開市場操作」或是「重

M1B 與 M2 方向不同時的判讀

　　M1B 與 M2 的連動性很強，一般會同步上漲或下跌，只是幅度有差異，但在例外的情況時，M1B 與 M2 方向可能不同。當 M1B 年增率上漲而 M2 年增率下跌時，雖然市場流動資金增加，但是總體資金減少，屬於短期看好但長期前景未必理想的狀況；當 M1B 年增率下跌而 M2 年增率上漲時，雖然總體資金增加，但資金從活存轉移到低風險的定存，表明市場對前景不安。無論是哪種情況，M1B 與 M2 相反時表示市場方向雜亂，需要加以考量更多因素，方能判斷未來經濟情勢。

解讀貨幣供給變化的方法

解讀方法 ❶ 將本月M2年增率與去年同月做比較 了解目前 M2 相對於過去是處於寬鬆或是緊縮的狀態

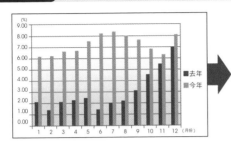

將今年每個月的 M2 與去年相較,可看出現在的 M2 相對於歷史水準的狀態。以 6 月為例,今年的 M2 高於去年甚多,表示相對於歷史水準,此時貨幣政策處於寬鬆的狀態。就總體來看,今年各月 M2 均高於去年,可印證央行正實施寬鬆性貨幣政策,以刺激景氣復甦。

解讀方法 ❷ 觀察M2最近12個月的年增率趨勢 了解央行政策走向是偏寬鬆或是緊縮貨幣政策

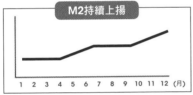

當年增率趨勢向上時,表示央行採取寬鬆貨幣政策,對大環境注入充沛資金,導致物價、股市與房市升溫。

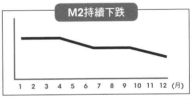

當年增率趨勢向下時,表示央行採取緊縮貨幣政策,使資金從各資產標的回流,導致物價、股市與房市降溫。

進階解讀法 將M2與M1B各月年增率一起觀察 了解判斷市場中流動資金的動能強弱

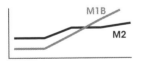

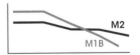

◆特徵:當 M1B、M2 持續上揚且 M1B 上揚幅度超過 M2,即為黃金交叉。
◆意義:M2 上揚表總體經濟資金充沛,M1B 上揚超過 M2 表示市場資金大量從定存轉活存,市場上的資金動能增加。

對股市、房市有利,又稱資金行情

◆特徵:當 M1B、M2 持續下跌且 M1B 下跌幅度超過 M2,即為死亡交叉。
◆意義:M2 下跌表總體經濟資金萎縮;M1B 下跌超過 M2 表示市場資金紛紛從活存轉定存,市場上的資金動能不足。

對股市、房市不利,宜保守操作

貼現政策」，都會影響總體經濟的貨幣供給數量，導致代表貨幣供給的指標 M2 產生變動。而變動的這筆資金，可能流入活存等流動資金，使 M1B 改變，也可能流入定存等具儲存價值的準貨幣使 M2 變化，但 M1B 不變，所以 M2 的變化率不等於 M1B 的變化率。例如央行透過公開市場操作執行寬鬆性貨幣政策，藉由買入政府公債付出貨幣，由於貨幣從央行進入總體經濟體系中，M2 必然上升。如果這筆資金流入活存，除了 M2 上升外，M1B 也會上升；但如果這筆資金流入定存，則 M1B 不變，僅 M2 上升。又例如央行透過公開市場操作執行緊縮性貨幣政策，藉由發行長天期定存單吸引市場資金投資，此時總體經濟體系的資金流回央行手中，M2 必然下降。如果這筆資金是從活存提撥，則 M1B 也會隨之下降；但若這筆資金從定存解約，則 M1B 不變，僅 M2 下降。

M1B 為股市資金動能的來源，M2 為總體經濟的資金總額，將兩者變化率綜合搭配解讀，即可了解央行的政策態度與市場資金動向。當經濟不景氣、民間消費意願低落時，央行會增加貨幣供給，也就是採行寬鬆性貨幣政策，以刺激景氣、活絡市場經濟；相反地，若經濟過熱，央行為避免通貨膨脹的情形發生，會減少貨幣供給，也就是採行緊縮性貨幣政策，使景氣降溫、緩和市場經濟。

新聞範例解讀

M1B 下滑，黃金交叉縮減　適度寬鬆中趨保守

中央銀行發布 2017 年 3 月 M1B 年增率下降為 4.57%，M2 年增率則上升為 3.64%。今年 1 月以來 M1B 已連三個月下滑，出現 2013 年 2 月以來新低，主要係因活期性存款成長減緩所致。M2 則是較 2 月 3.56% 微幅上升，主要受銀行放款與投資成長增加，以及外資持續淨匯入之影響。

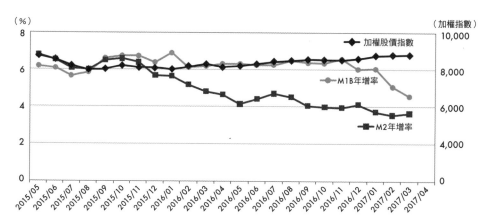

解讀重點

自 2015 年 9 月至 2017 年 3 月連續 18 個月出現「M1B 年增率高於 M2 年增率」的「黃金交叉」，表示總體經濟資金充沛，股市動能無虞。從歷史資料來看，台股指數通常會隨著 M1B 資金行情的推動而爬升。雖然 2017 年 3 月 M1B 下降至 2013 年 2 月以來新低，下跌的 M1B 表示民眾及企業的活存資金部分轉至定存商品，市場熱情轉折。雖然 M1B 下降，但 M2 年增率仍上揚，且 M1B 仍高於 M2、並無出現 M1B 下降超過 M2 的死亡交叉，M2 仍有微幅上升，表示市場資金仍為適度寬鬆。M2 是央行貨幣政策的依據，若重要經濟情勢不變之下，可預期央行將保持相同操作。由於近期國際情勢不穩定、資金變化速度快，加上 M1B 已從高點滑落，使台股指數可能出現轉折或是盤整。雖然 3 月底台股指數來到 9,811 新高點，但可能是上市櫃公司陸續公布股利發放情形吸引散戶進入所導致，投資人宜持平觀望、或預期趨向保守。

與貨幣供給相關的新聞重點

　　新聞媒體報導貨幣供給的相關消息時，也常提及受到貨幣政策影響而產生變動的以下概念：

▶ **物價**：當貨幣供給過量，由於消費者持有較多的錢，對商品的需求增加卻超出廠商的產能，導致供不應求，易造成通貨膨脹，提高物價；反之貨幣供給過少，會使得物價下降。

▶ **利率**：當央行宣布調降重貼現率，表示銀行向央行借款的成本變低，銀行借貸給客戶的利率也隨之下降，使市場資金充沛，導致貨幣供給增加；反之調升重貼現率，借貸的成本變高，利率隨之上升，使市場資金緊縮，導致貨幣供給減少。

▶ **經濟景氣**：貨幣供給量的多寡可調節景氣榮枯，為刺激景氣而增加貨幣供給，促進民間投資及消費活動；景氣逐漸好轉後，便會降低貨幣供給，以避免景氣過熱。

▶物價

物價指數持續增溫，
恐有通膨疑慮

快速掃描

● 物價反映了市場供給需求力道的變動。
● 物價為通貨膨脹與通貨緊縮的指標，而通膨與通縮則牽動貨幣政策的走向。
● 每月 5 日行政院主計處公布物價指數及其年增率。

　　從政府編列的「物價指數」可以了解物價的變化，如果物價持續上揚有可能造成通貨膨脹；反之，物價持續下跌則可能形成通貨緊縮，而政府基於穩定經濟情勢、避免金融體制崩潰的前提下，會施行財經政策以干預物價。

物價是什麼

　　無論是民眾購買柴米油鹽等物品的價格，還是廠商買賣原物料的價格，舉凡交易商品所產生的交易價格，通稱為「物價」。物價的高低起伏會影響人民生活，因為穩定的物價讓經濟體系順利運轉，讓民眾能適度分配所得購買需要的商品，廠商能適度預期適當的產量與獲利；而劇烈的物價波動則導致人民生活痛苦，例如北韓自 2009 年歷經貨幣改革，新舊貨幣以 1：100 兌換，當地市民對北韓失去信心，2013 年北韓圜在黑市大幅貶值，由 30 圜兌 1 美元，跌至 8,500 圜換 1 美元，市民轉而使用美元與人民幣交易，有些商人更拒收北韓圜。新幣不斷貶值、通脹迅速，主導貨幣改革的財政部長朴南基，據稱因為改革失敗，被免職和槍斃，隨後政府禁止外幣流通於市面，但未見成效。非洲國家辛巴威處境更是惡劣，因為連續的經濟政策錯誤，2009 年的物價膨脹率高達百分之兩億以上，為世界上通膨最嚴重的國家。近年辛巴威改用美金與南非貨幣蘭特（Rand）當做流通貨幣，並於 2015 年 6 月正式宣布廢棄舊有的辛巴威幣。由於民眾或廠商僅能感受周遭的物價，無法代表整個經濟體系的情況，所以政府編列「物價指數」，藉此觀察物價的變化。

　　所謂「物價指數」是選定一籃子具代表性之商品與服務的價格，以某一年為基期，換算其物價指數為 100，之後價格變動時會使換算出的物價指數產生改變，藉此了解物價的變動幅度。例如台灣將 2011 年設定為基期 100，調查 370 個查價項目群，2015 年 7 月的消費者物價指數為 103.74，表示 2015 年 7 月

370 個查價項目群漲跌加權平均後，較 2011 年漲了 3.74％。

　　為忠實反映出不同領域的物價指數，以因應不同使用者的需要，物價指數中所選定的一籃子通貨會有所不同。舉台灣為例，政府編列反映民生用品價格的消費者物價指數（CPI）、編列反映生產者出產商品價格的躉售物價指數（WPI）（躉音同「盹」）以及編列進出口物價指數（IPI、EPI）與營造工程物價指數（CCI）等。此外，主計處還會發布核心物價指數，即 CPI 扣除較易受季節或氣候因素波動影響的新鮮蔬果、水產及能源等項目，用以判斷物價的真正走勢。眾多物價指數中，以 CPI 與 WPI 最受到媒體關注，因為 CPI 與 WPI 的變動對民眾影響最大，也是央行決定貨幣政策主要的依據。

如何解讀物價的變化

　　物價指數由行政院主計處編列，每月五日（例假日順延）發布上個月物價變動的新聞稿，並公布於行政院主計處網站及中華民國統計資訊網，此處亦可查閱歷年的物價指數資料。物價指數的實際運用中，通常轉換為年增率（又稱物價膨脹率）的形式，也就是與前一年同月做比較，若將當月物價跟上月物價比較，雖然可能與民間感受較吻合，但易受季節性因素影響，如颱風季節因風災導致農作物價格上揚，而無法了解物價相對變化。

　　解讀物價的角度有二，第一個是藉由供需的角度，判斷當前經濟情勢。物價的變化與供給需求息息相關，當物價指數上漲時，代表市場需求大於供給，會促使廠商增加產能，可研判景氣趨向繁榮；當物價指數下跌時，代表市場的供給大於需求，將使廠商縮小產能，可研判景氣成長趨緩。例如 2017 年 3 月國內 CPI 較去年同月上漲 0.18％，主要是水果價格上漲，以及水產、外食、油價、瓦斯價格、運輸費價格調漲。

INFO

消費者物價指數與躉售物價指數的關聯

　　消費者物價指數（縮寫為 CPI）是站在消費者的立場，衡量民生消費用品的物價，例如食品、服裝、住屋、交通、醫療等日常生活所需購買的財貨與勞務。躉售物價指數（縮寫為 WPI）則以生產者的立場，衡量生產過程中的原料、半成品與最終成品的物價，例如小麥、麵粉與麵包等。由於原物料的價格（即成本）會影響最終成品的售價，所以 WPI 的變動可能會反映到 CPI 上面，間隔約需半年，兩者呈現正向關係，換句話說，WPI 漲跌率是 CPI 漲跌率的先行指標。

蔬菜、蛋類、家庭用電、通訊費及 3C 消費性電子產品價格則是下跌。扣除蔬菜水果，CPI 上漲 1.14%，再扣除能源後的核心 CPI，則上漲 0.95%。所以從物價的升降之中，可以解讀供給需求的力道與確認當前經濟情勢。

　　第二個是觀察物價處於穩定或是通貨膨脹、通貨緊縮的情況，來預測未來的政策走向。經濟學家定義通貨膨脹為「物價水準在某一時期內，連續性地以相當的幅度上漲」，所謂「相當的幅度」各國定義不同，一般以消費者物價指數（CPI）上漲幅度超過 3% 為通貨膨脹，超過 5% 是較嚴重的通貨膨脹。通貨緊縮則是指物價水準不斷下跌的現象，根據國際貨幣基金（IMF）的定義，物價連續兩年下跌才構成通貨緊縮。由於央行的首要職責為穩定物價，所以當通貨膨脹出現時，可預測央行將採取緊縮性貨幣政策對抗通膨，例如升息以回收市場過多資金，促使物價下跌；而通貨緊縮出現時，可預測央行採取寬鬆性貨幣政策對抗通縮，例如降息以釋出資金流入市場，刺激物價上揚。換言之，物價影響貨幣政策，貨幣政策影響貨幣供給量，央行藉由調控貨幣供給的多寡以穩定物價。例如，美國 2017 年 3 月 CPI 年增率達 2.4%，核心 CPI 為 2%，達預期的上漲幅度，因此聯準會（Fed）升息一碼因應。

　　值得注意的是，當供需條件產生變化時，需經歷一段時程才會傳遞到物價，所以物價屬於落後指標之一，用來確認當前而非預測未來的經濟情勢；也就是說，著重的並非預測未來的物價，而是藉由物價預測未來的政策方向。

物價變動對財經政策的影響

　　物價持續出現膨脹時，若政府放任不管的話，廠商會因為預期未來能賣更好的價格而囤積商品，造成供不應求假象，導致物價更進一步地快速上揚，稱為「通貨膨脹加速效果」，可能引發金融體制崩潰，例如辛巴威的物價增漲幅度位居全球之冠，發行一千億面額的紙鈔，卻只夠買一條麵包。而物價持續緊縮時，廠商因為賣不到好價格而傷害獲利，為了縮減成本，導致減產、停止投資計畫與裁員等，使景氣更加萎縮，進一步打擊價格，導致惡性循環。

　　通貨膨脹與通貨緊縮出現時，為了穩定經濟情勢、避免惡性循環，政府會施行財經政策以干預物價，擴張性政策包括增加公共支出、調降利率等將促使物價上揚，可以抑制通貨緊縮；緊縮性政策包括減少公共支出、調升利率等將導致物價下降，可以打擊通貨膨脹。雖然財政政策與貨幣政策對物價皆有影響效果，但財政政策從提案、編列預算到實行，往往較為費時，不如央行能夠針對物價變化迅速調控貨幣供給量。於是現實之中，往往由央行主導物價政策，所以關注物價所引發的政策變動時，宜以央行的動向為主要關注焦點。

物價指數的內容與影響

常見的物價指數

選定一籃子具代表性的商品與服務，成為計算物價指數的內容，基期的指數為 100，之後價格變動會使物價指數產生改變，藉此了解物價的變動幅度。

消費者物價指數（CPI）

衡量一般家庭購買消費性商品及服務價格水準的變動情形，例如食品、服裝、住屋、交通、醫療等日常生活所需購買的財貨與勞務。

進出口物價指數（IPI、EPI）

衡量進出口廠商在國際市場中進出口商品的價格水準，例如外銷的電子產品與引進台灣的新農產品。

躉售物價指數（WPI）

衡量企業間商品交易價格水準的變動情形，包括生產過程中的原料、半成品與最終成品的價格水準，例如小麥、麵粉與麵包等。

營造工程物價指數（CCI）

衡量營造工程中的主要材料、人工及機具租金的價格水準，例如塑膠、瀝青、電線與鋼筋等。

> CPI 與 WPI 的變動對民眾影響最大，也是央行決定貨幣政策主要的依據。

解讀物價指數的方法

為避免季節性因素影響，會將物價指數轉換為年增率（又稱物價膨脹率），與上年同月做比較，以看出物價的相對變化。

解讀方法1 了解供需情形

觀察供給需求的力道與確認當前經濟情勢。

物價上漲→需求＞供給

物價上升時代表市場需求大於供給，所以買家抬高價格以購買商品，同時促使廠商增加產能。

↓

景氣趨向繁榮

物價下跌→供給＞需求

物價下降時代表市場供給大於需求，所以賣家壓低價格以銷售商品，同時促使廠商減少產能。

↓

景氣成長趨緩

解讀方法2 預測未來政策走向

從物價是否平穩可預期政府未來施政方向。

物價持續上揚導致通貨膨脹

確認通貨膨脹出現時，可以預測央行將採取緊縮性貨幣政策，導致未來貨幣供給下降。

↓

緊縮性貨幣政策

物價持續下滑導致通貨緊縮

確認通貨緊縮出現時，可以預測央行將採取寬鬆性貨幣政策，導致未來貨幣供給上升。

↓

寬鬆性貨幣政策

新 聞 範 例 解 讀

11月消費者物價指數年增率上漲0.53% CPI連三月正成長

　　主計處公布2015年11月份的消費者物價指數（CPI）年增率較前一年同期上漲0.53%，主計總處表示，主要是因為食物類價格上漲，食物類價格漲幅已經連續三個月超過5%。躉售物價指數（WPI）年增率較前一年同期下跌7.75%。WPI年增率自2014年9月開始，連續負成長十五個月，主計總處分析，農工原料價格低檔擺盪是主要原因。

解讀重點

2015年的消費者物價指數（CPI）的年增率上漲僅0.53%小於官方設定通膨門檻的3%，表示物價平穩，尚無通貨膨脹壓力，可以預期短期內央行並不會有大動作出現。而躉售物價指數（WPI）年增率跌7.75%，代表廠商購買的大宗原物料價格下跌，未來轉嫁消費者的價格壓力低，顯示無通貨膨脹疑慮。由於WPI已連續三個月以上負成長，表示當時景氣仍低迷，已潛藏通貨緊縮壓力，需注意央行動向。另外，2015年在全球經濟衰退之下，下半年受國際農工原料行情持續疲弱，基本金屬、化學材料、石油等價格持續下探，因此年底WPI到了相對低點，但跌幅連續四月縮減，除了反映基期因素，也有全球需求慢慢回歸正常的跡象。

與物價相關的新聞重點

　　新聞媒體報導物價的相關消息時，也常提及受到物價影響而產生變動的以下概念：

▶ **貨幣供給量**：物價高漲時，引發央行實行緊縮性貨幣政策以抑制物價，導致貨幣供給量下降；反之，央行實行寬鬆性貨幣政策以對抗通貨緊縮，導致貨幣供給量上升。

▶ **財政收支**：嚴重的通貨膨脹出現時，政府會縮減財政支出來降低社會總需求，使得物價隨之下降；反之，政府會增加財政支出使社會總需求增加，促使物價上升對抗通貨緊縮。

▶ **匯率**：本國物價上漲而外國物價不變時，代表本國貨幣的購買力下降，需要較多貨幣才能換得外匯，因此匯率提高；反之，本國物價下跌而外國物價不變時，則代表本國貨幣購買力變高，匯率下降。

▶▶利率
降息有助於資金活絡，
啟動投資動能

利率為經濟與財金領域的重要指標，央行藉由調控利率的升降來決定貨幣供給量，進而形成貨幣政策去影響私人投資與民眾存款意願，達到調節景氣的目的。因此解讀常見利率，可以了解流動資金的鬆緊、貨幣政策的效果以及銀行、民眾和國際間資金的移動情況。

利率是什麼

當民眾到銀行存款的時候，如果存入 100 元，一年後領到 101 元，多領的 1 元稱為「利息」，利息占原本資金的比率就稱為「利率」。由於利息需要隨著時間才能領到，所以利率為資金的時間報酬，也可以視為借貸資金的價格（或成本）。利率升降的變化與市場供需原則相吻合。當供給者如銀行等金融機構的資金過剩時，利率便會降低（類似降低價格），此時借款者付出的成本會下降，藉此促使借款需求活躍，消化多餘資金；相反地，當供給者的資金不足時，利率便會提高（類似提升價格），此時借款者付出的成本會上升，促使借款需求下降，以改善供給者資金不足的情形好轉。由此可知，利率的高低能影響資金的流動。當利率愈高，借出資金者因能獲得較高的報酬，因此較願意借出資金，但借入資金者則因為需付出的成本變高，而降低借入資金的意願；反之，當利率愈低，借出資金者的報酬變少，減少借出資金的意願，但借入資金者付出的成本變低，而提高借款的意願。

隨著本金性質的不同，延伸出各式各樣的利率，最常見的類型為以下三者：存放款利率、重貼現率與隔夜拆款利率。「存款利率」為民眾在金融機構存款時能夠得到的報酬，「放款利率」為民眾與廠商在金融機構貸款（例如房貸、投資）要付出的代價，兩者合稱「存放款利率」，與民眾生活切身相關。「重貼現率」是銀行端因需要資金，而將從民眾或廠商收到的未到期存款票據抵押

給中央銀行換成現金時，所要付出的成本。「隔夜拆款利率」（簡稱隔拆利率）則是銀行彼此之間調度資金時所需付出的成本。簡單來說，重貼現率是銀行向央行借錢，隔拆利率是銀行向銀行借錢。這三個利率直接或間接相關民眾生活（影響資金供應多寡），所以經常出現在財經新聞報導中。

如何解讀利率的變化

隔拆利率與存放款利率會由央行每日公布變動情形，重貼現率則是央行有變化時才公布。欲了解利率的變化，可以在中央銀行網站首頁「貨幣政策與支付系統」中的「利率與準備率」、以及「重要指標」中，查詢常見利率歷史與近期的變化。這三種利率分別反映不同資金流動的狀況，解讀時也需要分別來看。

從隔夜拆款利率可以得知「流動資金的供需情況」。隔拆利率是銀行間彼此融資的途徑，為貨幣市場的短期利率指標。當隔拆利率降低，反映銀行的可動用資金（流動資金）充沛，所以銀行間融資的成本低，而流動資金是帶動股市和房市的動能，有助於股價和資產價格上揚。例如 2016 年 1 月國際大環境不佳，台灣景氣低迷，主計處已宣布全年經濟成長無法保 1，加上新台幣強勁升值不利出口，因此央行於 30 日將金融業隔夜拆款利率從 0.224% 大幅調降至 0.201%，為五年半以來新低，引導新台幣匯率貶值，刺激資金流動以提振景氣。反之，當隔拆利率提高，反映銀行的可動用資金缺乏，所以銀行間融資的成本很高。

例如 2013 年中國為調整市場過度氾濫的流動資金，6 月上海銀行同業拆款利率（SHIBOR）從過去的 5% 左右劇烈上升至 13.44%，形成銀行間短期資金需求遽增、借款成本高卻借不到錢的錢荒現象。又如 1997 年底亞洲金融風延燒至香港，國際著名的金融炒作家索羅斯看準香港金融市場，大量放空港幣，香港政府買入大量港幣存入銀行體系穩定匯率之外，同

銀行的獲利來源

銀行最大的獲利，來自於放款時收取的放款利率，根據金管會的資料顯示，銀行有三成多收入來自於手續費或其他收入，六成多來自於存放款之間的利差收入。

時以銀行間隔夜拆款利率穩定利率。期間，銀行間隔拆利率曾爆增到300％，當下的港幣流動資金幾乎被提領一空，連銀行彼此間都借不到錢。

隔拆利率能與貨幣供給的 M1A 雙重判斷流動資金的寬緊，但 M1A 一個月公布一次，隔拆利率則是每天公布其變動，較 M1A 更加迅速與敏感地反映流動資金市場的變化。

重貼現率則是可以了解貨幣政策的「實質效果」與「宣示效果」。重貼現率為銀行向央行借錢（融資）的成本，與隔拆利率不同的是，當銀行向央行融資時，等於是央行將資金注入或抽離經濟體系，使貨幣供給產生變化。而當重貼現率上升，表示銀行向央行借款的成本提高，連帶使得銀行可貸放給大眾的金額縮減，藉此減少流通的貨幣供給，使經濟景氣緊縮。

反之，當重貼現率下降，表示銀行向央行借款的成本降低，連帶使得銀行有更多的資金可貸放出去，增加貨幣供給之下會使經濟景氣擴張。以上為重貼現率的實質效果。然而實務之中，銀行的融通對象不只央行，還可以向銀行同業間融通；如果隔拆利率較重貼現率低廉，銀行便會選擇與銀行同業融通，降低借款的成本，因此央行重貼現率的變動將不影響真正的貨幣供給。例如2017年 5 月 9 日重貼現率為 1.375%，隔夜拆款利率為 0.173%，此時銀行有資金需求也不會選擇跟央行借錢，重貼現率的變動不會影響貨幣供給，所以重貼現率的實質效果必須與隔拆利率搭配解讀。但不論重貼現率的實質效果為何，其變動代表央行的政策態度，調高重貼現率表示央行認為市場資金氾濫而採行緊縮性貨幣政策；調降重貼現率則表示央行認為市場資金不足而採行寬鬆性貨幣政策。因為市場各金融勢力皆重視央行的政策態度與方向，隨其潮流應變，此即為重貼現率的宣示效果。

存款利率則是可以了解長期「銀行資金流入」、「民眾資金流出」與「國際資金流向」。銀行有資金需求時，可以向央行或銀行間融通，但銀行長期的資金需求，還是得吸取市場資金，也就是透過存款利率來吸引民眾儲蓄；另外受金融全球化的影響，資金會往存款利息高的國家移動以獲得更大的利潤，所以存款利率對於銀行、民眾與國際資金都具有決定性的影響。當存款利率上升時，民眾儲蓄會增加，有助於銀行取得長期資金再貸放出去，並使得一國資本累積，增進對本國的投資，使該國長期生產力增加。例如台灣在六〇年代以「儲蓄是美德」的口號鼓勵民眾大量存款，好處是利用累積大量資本促使產業升級。壞處是存款利率上升時，將促進儲蓄而減少消費，可能抑制短期景氣發展；而且，當存款利率上升到投機客覺得報酬率豐厚時，會吸引國際熱錢，使該國貨幣走強貨幣升值，造成出口商的商品相對變貴，削弱在國際市場的銷售競爭力，

反而不利景氣發展。

相反地，當存款利率下降，甚至接近零利率時，民眾儲蓄會減少，將使銀行長期資金來源枯竭，好處是民眾會不願儲蓄而增加消費、或是將資金投入股市及房市而推升股價和資產價格，短期內具有刺激景氣的作用；壞處是不利長期資本累積，並可能使資產價格過熱形成泡沫化。

而從放款利率可以了解「廠商投資意願」。廠商有資金需求時，除了在股票市場向大眾集資外，便是向銀行借款，此時需付出的成本即是銀行的放款利率。當放款利率上升時，將增加廠商的投資成本，使投資意願變低，而抑制景氣發展；當放款利率下降時，廠商的投資成本降低，促進投資意願，會刺激景氣發展。特別的是，當放款利率下降到投機客覺得借款成本低廉時，可能使投機客前來借款將資金投資到國外報酬率更高的市場，導致資金出走，使該國貨幣走弱貶值。此時出口商的商品則是變得相對便宜，提高在國外市場銷售的競爭力，反而有助於刺激景氣。

政府利用影響利率變動調節經濟景氣

政府可透過央行控制貨幣供給量來制定貨幣政策，而貨幣政策決定了利率調升、調降或是持平的走勢，並藉由利率調節景氣榮枯，以達到平穩景氣的目的。當經濟不景氣時，央行通常會採取實施寬鬆性貨幣政策，藉由公開市場操作買入債券以釋出貨幣，或調降重貼現率減低銀行資金調度成本，使金融體系因資金充沛、可供給的貨幣量充足而得以調降放款利率，藉此提高廠商借款意願來消化多餘資金；同時調降存款利率，降低民眾儲蓄意願，以避免資金過剩。當放款利率下滑時，廠商因資金借貸的成本降低提高投資動機，擴大營運、添購新設備，使社會的總產出提高，刺激經濟成長；另一方面，民眾也因存款利率下降而不想將錢都存在銀行，轉而挪做其他用途，如增加消費、或投入股市等，藉此增加資金的流動性，讓景氣活絡。

反之，當景氣過熱時，央行多會採取緊縮性貨幣政策，透過公開市場操作賣出債券來收回貨幣，或調升重貼現率提高銀行的資金調度成本，使金融體系因為資金緊縮、可供給的貨幣量減少，而提高放款利率，使廠商的借款意願降低，減少資金外流；同時調升存款利率吸引民眾儲蓄，讓貨幣流入金融體系以解決資金枯竭的問題。當放款利率上揚時，廠商會因為資金借貸的成本提高，而降低投資動機，營運趨於保守，使社會的總產出下跌，降低經濟成長的熱度；另一方面，民眾也因存款利率上升而提高儲蓄意願，減少對貨幣的需求，進而抑制消費，使景氣降溫。

三種常見利率的影響與變化

三種常見重要利率

隔夜拆款利率

銀行彼此間資金調度所付出的成本，可以解讀流動資金的供需情況。

重貼現率

銀行以存款票據抵押給中央銀行以取得資金的成本，可以了解貨幣政策的實質效果與宣示效果。

存放款利率

存款利率為人民存款能得到的報酬，可以了解銀行、民眾與國際資金流向。放款利率為人民與廠商貸款要付出的代價，可以了解民間投資意願。

隔拆利率提高→流動資金趨緩

反映銀行的可動用資金缺乏，所以融資成本很高，流動資金因而減少。

隔拆利率降低→流動資金活絡

反映銀行的可動用資金（流動資金）充沛，可帶動股市和房市的動能，有助於資產價格上揚。

提示

可與貨幣供給的 M1A 一起判斷流動資金的寬緊，但每天公布的隔拆利率較為即時與敏感反應流動資金的變化。

重貼現率提高→貨幣供給減少

表示銀行向央行借款的成本提高，使銀行可對大眾貸放的金額減少，導致經濟景氣緊縮。

重貼現率降低→貨幣供給增加

表示銀行向央行借款的成本降低，使銀行可對大眾貸放的金額增加，導致經濟景氣擴張。

提示

若隔夜拆款利率大於重貼現率，銀行會跟同業借錢，而不向央行借貸，因此重貼現率的宣示效果大於實質效果。

存款利率提高→資本累積增加

增加民眾儲蓄意願，但也吸引熱錢湧入，使匯率下降，不利出口。

存款利率降低→資本累積減少

減少民眾儲蓄意願，使資金多投入消費或投資市場，短期可刺激景氣，但也可能造成外資出走。

+

放款利率提高→減少投資

廠商向銀行借款的成本提高，使投資意願變低，可能抑制景氣發展。

放款利率降低→增加投資

廠商向銀行借款的成本降低，使投資意願變高，可能刺激景氣發展。

新聞範例解讀

寬鬆貨幣政策結束 逐步回收市場多餘游資

　　2017 年 4 月 25 日，央行銀行總裁在理監事會議宣布每月標售一次 364 天期長天期定存單，吸取市場資金，5 月標售金額由 1,600 億增至 1,700 億，此為央行升息前兆。貨幣政策基調由原先的「寬鬆」轉為「適度寬鬆」。據央行 5 月 10 日資料顯示，金融業隔夜拆款利率跌破 1.7% 來到 0.169%，創七年來新低。重貼現率仍維持 1.375%。此外，主計處則於同年 2 月中預估，今年經濟成長率為 1.92%，較去年緩步復甦，且通膨展望溫和。

解讀重點

　　對照主計處 2 月中預估，今年經濟成長率為 1.92%，正在緩步復甦中，因此央行開始標售長天期定存單回收市場的資金，並將貨幣政策轉向定調為適度寬鬆。利用長天期定存單回收資金，會讓銀行可動用資金減少，以致短期利率指標的隔夜拆款利率上升，使銀行向銀行同業借貸資金的成本提高。但此處的隔拆利率卻不升反降，甚至創新低，表示央行開始標售長天期定存單的初期，市場資金動能仍相當旺盛。而央行是否進一步宣布升息，則需再觀察國際間重要伙伴如美、日等國的動向，以及國內通膨壓力而定。

與利率相關的新聞重點

　　新聞媒體報導利率的相關消息時，也常提及受到利率影響而產生變動的以下概念：

▶ **投資**：利率上揚代表投資成本增加，會降低投資需求使投資減少，導致景氣下滑；利率下降代表投資成本減少，使投資價值浮現而提高投資意願，促使景氣上升。

▶ **匯率**：本國利率上漲而外國利率不變時，會吸引國際資金前來投資，增加對本國貨幣的需求，使匯率下降、貨幣升值；本國利率下跌而外國利率不變時，國內或國際資金出走，減少對本國貨幣的需求，使匯率上升、貨幣貶值。

▶ **債券價格**：利率與債券價格呈反比，當利率下降時，相對使債券的投資收益較高，導致債券市場的行情看俏；當利率上升時，則吸引資金使資金離開債券市場，使債券價格變低。

▶▶外匯存底

外匯存底愈多
不代表經濟情況愈好

<table>
<tr><td>快速掃描</td><td>●判斷國際收支順逆差的重要參考指標。
●每月 5 日中央銀行定期公布外匯存底金額（億美元）。</td></tr>
</table>

　　外匯存底是國際貿易中重要的經濟指標，同時也是代表一國國際貿易地位及判斷國際收支順逆差的重要參考依據。然而外匯存底持續創新高，不一定代表經濟發展情況良好，也可能導致經濟過熱、物價飆漲的負面影響，如何運用外匯存底並結合政策來達到穩定金融環境的是政府重要的課題之一。

外匯存底是什麼

　　外匯就是外國貨幣，可做為國際交易的支付工具。當國人對外國銷售（出口）貨品、或提供勞務技術時，即會賺得外匯；反之，國人從國外購買（進口）貨品、或接受勞務技術時，便需要支付外匯。由於外匯無法直接在國內使用，因此需向辦理外匯業務的銀行兌換成新台幣（稱為押匯或賣匯），當需要支付外匯時也必須以新台幣向銀行兌換外匯（稱為結匯或買匯），而銀行都是向中央銀行調度資金和外匯，若銀行現有的新台幣數量不足時，會將外匯賣給中央銀行換取新台幣；反之，銀行持有的外匯數量不足時，則會向中央銀行買進外匯。通常各國央行都會保有一定的外匯數量，以因應國內人民所需及國際支付需求，或是做為干預外匯市場以穩定匯率的籌碼。中央銀行所保有的外匯數量即稱為外匯存底，也就是一國官方的外匯準備。

　　一般而言，外匯存底包含現金、存款、支票、匯票等外國貨幣，以及公債、國庫券、股票及公司債等有價證券，這是狹義的外匯存底；至於廣義的外匯存底，還包含了黃金。由於美元是國際通用的儲備貨幣，因此外匯存底通常以美元計價。

如何解讀外匯存底的變動

外匯存底的數量隨經濟環境的變化可能會增加或減少，當我國的外匯存底增加時，代表外國對我國貨品或勞務技術的需求增加，使得我國出口數量大於進口數量，形成「貿易順差」，也就是出口收入大於進口支出，需要將外匯兌換成新台幣的情形變多，因此引起新台幣升值、外匯貶值。反之，當外匯存底減少時，代表我國對外國貨品或勞務技術的需求增加，使得我國進口數量大於出口數量，形成「貿易逆差」，也就是進口支出大於出口收入，需要將新台幣兌換成外匯的情形變多，因此會引起新台幣貶值、外匯升值。

外匯存底的數量能夠反映出一國在國際貿易的支付能力以及頻繁程度，但並不能真正反映出該國的國際地位及經濟能力。以美國為例，就沒有太多的外匯存底，因為美元可在國際間流通，但屬於海島型小國的台灣來看，天然資源較為缺乏，經常需要透過進出口貿易才能取得人民生活所需的基本物資，因此台灣就必須具有一定程度的外匯存底數量，才能供給國人進出口貿易使用。

通常，以出口為主的國家容易形成大量貿易順差，使得外匯存底快速累積；此外，外資對國內的直接或間接投資也會促使外匯存底激增，特別是積極發展經濟的開發中國家易吸引豐沛外資流入。然而外匯存底的數量並非愈多愈好，因為過多的外匯存底數量，會造成國人向銀行賣出大量外匯以換得大量新台幣，這會使得國內市場上充斥太多新台幣，因為當消費者手中的錢愈多，就會提升對貨品的需求，引發物價上漲的通膨問題。

央行如何運用外匯存底穩定金融環境

雖然中央銀行擁有大量的外匯存底，不過無法直接動用這些外匯來進行國內重要建設、或是購買外國高科技商品，因為外匯存底是全體國民向外國進、出口財貨和勞務所換得的收入，是屬於全民的資產，中央銀行只能替人民進行外匯存底的保管及運用。

通常中央銀行運用外匯存底的方式有二：一是供應國人正常的外匯需求，包括滿足一般民眾出國旅遊或留學時的外匯需求，亦可提供投資人或企業各種融通及貸款，做為進口機器設備或技術轉移的資金所需，以提升國家經濟環境發展。二是投資金融商品以孳生利息，運用外匯存底進行投資，例如存放在世界各大銀行、購買有價證券以取得利息收益，這也是包括我國央行在內大部分中央銀行所採行的方式；另外，有些國家的央行也會運用大量外匯存底成立主

權基金，並設立專門投資機構對外投資，以追求報酬極大化，中國、新加坡等國即採取此做法。

　　央行除了以上兩種運用方式外，還可與財經政策結合達到穩定金融環境的目的。其中可分為穩定匯率及穩定物價兩種目的。就穩定匯率而言，因為短時間內過大的匯率波動會造成民眾及企業大量的匯兌損失，對國內經濟產生負面影響。因此當新台幣大幅升值時，我國的出口貨品價格相對於其他國家會變貴而不利出口，此時央行便會買進外匯並賣出新台幣，使外匯市場上的新台幣數量變多，以抑制新台幣升值來維持我國出口競爭力。反之，當新台幣大幅貶值時，我國進口貨品的成本會提高，這時央行會賣出外匯並買入新台幣，使外匯市場上的新台幣數量減少，以促使新台幣升值，避免發生輸入性通膨的情況。

　　就穩定物價而言，當國內出現通貨膨脹壓力時，央行會發行國庫券及可轉讓定期存單（NCD）來收回市場上過多的資金，藉此平抑物價，但央行同樣也要支付利息給國庫券及 NCD 的認購者，此時藉外匯存底進行投資所孳生的利息或利潤，便成為穩定物價政策時需支付利息的來源。

INFO

國際熱錢

　　是指在國際資本市場中尋求短期投資報酬的流動資金。這些資金流動速度極快，遊走於各國之間，一旦投資者（通常是機構投資者）發現短線投資機會，資金就會湧入，一旦獲得預期獲利或者認為投資機會已過，這些資本又會迅速流出，因此稱為「熱錢」。這些國際熱錢因為對於經濟成長沒有助益，反而會炒作房市及外匯價格，使資產泡沫化，因此各國政府都會對熱錢進行政策打擊。

外匯存底的意義與運用方式

外匯存底的意義

由中央銀行所保有的外匯數量,即一國官方的外匯準備。

外匯存底 = **外國貨幣**(現金、存款、支票、匯票) **+** **有價證券**(公債、國庫券、股票、公司債) **+** **黃金**

1.外匯存底 ≠ 國力

外匯存底的多寡不等於國力及經濟發展的強弱,僅代表一國在國際上支付能力的好壞。

2.外匯存底並非愈多愈好

外匯存底愈多表示盈餘愈多,造成貨幣供給迅速擴張,易造成資產價格膨脹,導致經濟過熱。

外匯存底變動的來源

1. 當出口收入>進口支出,產生貿易順差會使外匯存底增加;反之,出口收入<進口支出,產生貿易逆差會使外匯存底減少。
2. 外資對國內的直接或間接投資增加,所構成的資本淨流入會使外匯存底增加,若外資降低對國內的投資,外匯存底也會減少。
3. 外匯存底的利息收入多寡也會影響外匯存底的增減。

央行運用外匯存底的方式

供應國人的外匯所需

民眾有出國旅遊、留學、國際商業交易及投資需求,央行會保留一定數額的外匯存底,以供應國人買匯所需。

投資金融商品以賺取利息或報酬

將外匯存底存放於國際銀行或投資有價證券,以獲得利息收益,部分擁有豐厚外匯存底的國家,會成立主權基金,以追求投資報酬最大化。

配合財經政策的籌碼

◆**穩定匯率的工具**:利用外匯存底干預外匯市場以調節匯率,避免匯率波動過大影響國家經濟發展。
◆**穩定物價的工具**:做為國庫券和定期存單的利息來源,以協助央行平抑物價,從而達到穩定金融的目標。

新 聞 範 例 解 讀

我外匯存底 3,527 億美元 世界第四

　　央行 2017 年 5 月 5 日公布 4 月底外匯存底為 4,384.26 億美元，較上月底增加 9 億美元。增加的原因一為外匯存底投資運用收益。二是歐元等貨幣對美元升值，以持有的歐元等貨幣折成美元後使金額增加。

　　同時，新台幣兌美元匯率、及台股近日均強勢爬升，5 日新台幣匯率來到 30.182，台股則是出現萬點行情。根據央行統計至 4 月，外資持有國內股票、債券及新台幣存款餘額達 3,538 億美元，約當外匯存底八成。金管會統計，今年 1～4 月外資淨匯入達 105.55 億美元，超過去年上半年匯入金額，4 月單月匯入 12.74 億美元，淨買超台股 321 億美元。

解讀重點

以往我國的外匯存底經常排名前三，由於近年來金磚四國的崛起，中國、俄羅斯、印度及巴西急起直追，使得排名常有變換，特別是身為世界工廠及擁有龐大內需市場的中國，因出口量大增及外資大量湧入，使得中國外匯存底自 2006 年 2 月底規模首次超躍日本後，連年蟬連第一位。雖然外匯存底的金額主要受國際收支以及投資效益的影響而變動，但是匯率政策的執行，也是影響外匯存底數量變動的重要因素。5 月新台幣匯率及台股漲勢仍強勁，央行與金管會 4 月統計資料顯示，漲勢主要來自外資，匯入的資金又以投入股市為主。因應國際情勢與景氣緩慢回穩，央行放手新台幣升值，同時防止惡性炒匯，避免泡沫化，一般認為 30 是此波段升值的底線。

與外匯存底相關的新聞重點

　　外匯存底的變動常和匯率的升貶值有關，且外匯存底的多寡也會影響貨幣供給量和反映景氣好壞的端倪，因此新聞媒體報導時也常提及以下概念：

▶ **匯率**：當一國的匯率升值，有利於該國增加進口並減少出口，造成貿易逆差、外匯存底減少；反之當匯率貶值，有利於增加出口並減少進口，造成貿易順差，外匯存底也就增加。

▶ **貨幣供給量**：當外匯存底增加，表示兌換成新台幣的數量增加，因此國內貨幣供給量也增加；反之外匯存底減少，表示兌換成新台幣的數量減少，因此國內貨幣供給量也減少。

▶ **經濟景氣**：對主要出口國而言，因出口增加而導致外匯存底增加時，代表該國景氣繁榮；反之對主要進口國而言，因進口增加而導致外匯存底減少時，反而代表景氣繁榮。

Chapter 4

解讀投資市場

▶▶ 投資活動是經濟發展不可或缺的動能，不但提升個人財富，更能活絡市場資金，對經濟活動產生正面助益。依照投資工具的不同，投資市場可區分為股票市場、債券市場、外匯市場、原物料市場、房地產市場、衍生性金融商品市場與共同基金市場，了解不同市場間的關聯性以及影響市場價格變動的因素，更能精準擬定投資策略。

投資市場有哪些？

正確的投資不僅能夠增加個人財富並提升生活水準，同時可推升國家經濟成長。投資市場的成立提供了投資買賣雙方資金活絡的管道，而政府則是必須提供完善的金融監理制度和良好的投資環境，促使投資活動熱絡，帶動景氣繁榮。

常見的投資市場及其重要性

投資是指將錢財投入可孳息的投資工具（商品）中，以賺取未來更多預期收益的行為。投資市場便是提供賣方賣出持有的投資商品、買方買入商品進行投資，媒合買賣雙方進行交易的場所。透過投資市場媒合交易，使企業可以藉由賣出股票、債券等金融商品順利籌資，擴大經營規模；投資人則有了投資管道，透過買入金融商品讓閒置資金也有獲利的機會。投資市場可分為金融市場及實物市場：金融市場包含股票、債券、外匯、衍生性金融商品及共同基金等，而實物市場則包含原物料及房地產等。

傳統的投資方式是將財富儲蓄在金融機構（如銀行）以賺取利息收益，然而隨著投資市場的發展，許多投資商品孕育而生，並提供給投資人高於儲蓄的投資報酬。其中又以股票、基金等商品為大宗，廣為投資人使用；此外，近來熱門的衍生性金融商品，也因具有低成本高報酬的高度槓桿特性而受到青睞。投資市場的成立除了能提升投資人個人財富以外，最主要是可以活絡資金流動以提升使用效率，亦能敦促企業直接為投資人負責以提升經營績效，對社會經濟發展具有正面助益。然而，投資市場獲利的好處難免吸引投機客炒作，使得資產價格大起大落造成資金流竄，危害經濟發展的穩定性，這時就有賴於政府建構良好的金融體制，以完善的投資商品和金融機構的監理制度，使資金運用發揮最大效能，帶動國家的經濟發展。

重要投資市場 **1** 股票市場

股票市場是指買賣股票的交易市場。企業在股票市場中以首次公開發行新股（IPO）的方式發行公司股票，並自股票投資人手中取得營運所需資金。每張股票包含壹仟股，每股的面額固定為十元，股票持有人除了可享有企業獲利的盈餘分配及董監事選舉權，還可透過出售股票給其他投資人以賺取價差。股票

的出售價格稱為「市場價格」，市場價格可能高於或低於股票面額，其關鍵取決於大多數投資人對於公司經營成果和未來報酬的評價而定。

由於買賣股票所需的資金門檻較低、投資報酬率高，再加上變現性高等特性，因此成為投資人最常選擇的投資商品，台灣股市每天成交量可達一千億元，其中一般散戶交易比率約占 50%、外資交易比率約占 30%、本國法人投資人約占 20%。然而，在投資市場中高報酬同時也伴隨著高風險，因此，為了避免股市漲跌幅過大而引發社會問題，台北股市有當日漲跌幅不得超過 10% 的規定；此外，當股價波動異常而有影響總體經濟之虞時，政府便會適度運用政策或法規限制來穩定股市的波動，例如動用國安基金進場護盤、或是限制漲跌幅比例等。

由於股票的市場價格代表投資人對於經濟景氣及公司營運發展的看法，因此股票市場通常較景氣或公司獲利狀況提前三至六個月反映在股價上。

重要投資市場 2 債券市場

債券市場是指買賣債券的交易市場。政府、金融機構或企業等資金需求者在債券市場上透過發行有價證券，同意在未來特定時日定期且無條件支付利息，並於到期日償還本金給資金供給者（即投資人）。依照資金需求者的不同，債券又可分為政府公債、金融債券及公司債三種。一般來說，因為政府公債的違約率較低、風險不高，所以利率較低，投資人可以獲得的利息收益相對也較低；反之公司債的違約率較高，必須支付較高的利息才能吸引投資人，所以投資人可以獲得的利息收益相對較高。

對投資人而言，債券是屬於固定配息的投資商品，收益率不高但風險較低，一般多做為資產配置中的防禦部位。個人持有的公債、公司債及金融債券於出售時獲得的價差收益（即利息所得），需按所得扣繳 10% 稅款。由於債券購買的面額至少需十萬元以上，直接買賣債券的資金門檻高，因此參與者多為機構法人及高資產族群，一般民眾則會選擇購買連結標的為債券的共同基金進行投資。

此外，對政府而言，發行公債也是調節經濟景氣及貨幣供給量的重要工具，當景氣繁榮時，政府可利用發行債券將多餘的資金收回，使貨幣供給量減少，避免經濟景氣過熱；反之當景氣衰退時，政府可透過收回債券以釋出資金，使貨幣供給量增加，刺激經濟景氣。

重要投資市場 **3** 外匯市場

外匯市場是指不同國家之間在商品或資金交易時，依照匯率進行貨幣兌換的場所。當本國向外國進口貨品、接受勞務技術或提供資金時，會將本國貨幣經由外匯市場兌換成外國貨幣，以支付需支出的金額；反之，當本國向外國出口貨品、提供勞務技術或借入資金時，也會將收到的外國貨幣經由外匯市場兌換成本國貨幣。由於匯率的變動會影響進出口商的獲利，因此進出口商多會透過購買遠期外匯的方式，先行約定好未來履約交易時的匯率，避免未來匯率波動造成匯兌損失。由於匯率的變動幅度通常都不大，除非購買外匯的金額夠大，否則投資外匯的長期收益性不如其他種類的投資商品。因此，除了有避險需求的進出口商以外，外匯市場上的投資人多以投機性質為主，透過短期買賣大額貨幣的方式來賺取匯差收益，例如當預期本國貨幣未來將升值，投資人會把目前持有的外幣兌換為本國貨幣，以獲得較多的本國貨幣；反之，當預期本國貨幣未來將貶值，投資人會拋售本國貨幣，以獲取較多、且未來更有價值的外國貨幣。

重要投資市場 **4** 原物料市場

原物料市場是針對金屬（黃金、銅、鐵等）、能源（原油、天然氣等）及農作物（小麥、玉米等）等商品的供給與需求進行交易的市場，也稱為商品市場。當景氣繁榮增加了對原物料的需求，以及當金屬、能源等開採不利、農作物欠收等原物料供不應求時，均會使得原物料價格上漲。反之，當景氣衰退減少對原物料的需求，以及金屬、能源等開採順利、農作物豐收等供過於求時，原物料價格則會下跌。

為了避免原物料價格波動造成商品供給者與需求者的損失，因此發明了期貨來確保商品的未來價格，而成為原物料市場中常見的交易方式。由於原物料市場包含的商品範圍廣泛、且多屬於企業生產產品時的原料或半成品，因此一般非原物料期貨的投資人較不會特別留意其價格漲跌，只有黃金及原油因與民生消費息息相關，因此成為投資人經常關注的焦點。

由於黃金視同準貨幣，同時也是廣義的外匯存底，重要性僅次於國際主要貨幣美元，因此具有避險的性質。而原油則因供給量有限，又是世界經濟發展不可或缺的能源，所以原油也等於國家資產，擁有龐大原油儲量的國家就能夠賺取巨額的收益。當原油價格上漲時會造成物價膨脹，具有保值功能的黃金就成為投資人青睞的標的，進而推升黃金價格上漲；反之，當原油價格下跌時會造成物價下滑，投資人對抗通膨的需求減低，連帶使得黃金價格下跌。

投資市場的架構

投資市場

提供投資者買賣投資商品來賺取差價或利息收益的場所。透過投資市場的交易平台，企業可以藉由股票、債券等金融工具順利籌資，擴大經營規模；投資人則有了投資管道，減少資金閒置的浪費。活絡投資市場可促進資金流動，帶動景氣與經濟發展。

金融市場

股票市場
- 買賣股票的交易市場。
- 企業透過發行公司股票取得營運所需資金，因投資股票門檻低、變現高而成為最常見的投資商品。

債券市場
- 買賣債券的交易市場。
- 政府、金融機構或企業等資金需求者可透過發行公債、金融債券及公司債給投資人以籌資。

外匯市場
- 買賣各國貨幣的交易市場。
- 主要為從事進出口貿易者需要兌換對方國家貨幣以支付貨款，及持有外幣者藉由匯率波動賺取差價。

衍生性金融商品市場
- 買賣以各種新金融商品的交易市場。
- 衍生性金融商品的價值會隨著附屬的投資標的波動，具高槓桿特性，小額投資獲利高，相對風險也高。

共同基金市場
- 買賣共同基金的市場。
- 共同資金具有投資標的及地區多樣化的特性，且交由專業經理人管理，可降低許多價格波動的風險。

實物市場

原物料市場
- 買賣金屬、能源、農作物等商品的交易市場。
- 原物料商品範圍廣泛，多以期貨方式交易，其中原油和黃金影響民生甚大而最受關注。

房地產市場
- 買賣房屋或土地的交易市場。
- 投資房地產的金額相當高，但收益高兼具保值性，是企業、金融機構或投資人熱衷的投資管道。

重要投資市場 5　房地產市場

　　房地產市場是針對房屋或土地的供需進行交易的市場。由於買賣房地產需投入的金額甚高，因此房地產價格上漲所帶來的收益遠勝於其他的投資商品；若房地產價格下跌時，投資人如果不急於脫售，也可將購置的房產供商業辦公、居住或出租之用，不必擔心變賣時所帶來的跌價損失。因此房地產兼具保值的功能。當通貨膨脹發生時，貨幣的購買力會下降，此時投資人會選擇持有房地產而放棄持有貨幣，因此房地產成為許多企業、金融機構或投資人首選的投資標的。不過，由於投資房地產的投入金額大，並非一般投資人皆有能力購買，因此房地產需求者多以企業或富商為主。有鑑於此，資產證券化商品孕育而生，也就是以房地產的有形資產做為擔保，透過將房地產投資包裝為有價證券的形式分割銷售給一般投資人，讓投資人持有將房地產的直接物權轉化為具證券性質的權益憑證，可使一般資金不豐的投資人也能以小額資金投資房地產，促進房地產市場的投資活動更加活絡。

重要投資市場 6　其他市場

　　除了上述的五種投資市場外，共同基金市場和衍生性金融商品市場亦相當熱門。共同基金市場是指進行基金交易買賣的市場，透過集合眾多投資人的資金交由一位或多位的專業基金經理人進行投資，加上投資標的及投資地區的多樣化，因此讓價格波動的風險降低了許多。相對於多數投資商品對個別投資人來說，直接購買的價格都較昂貴，而共同基金卻能讓個別投資人只以小額就能投資、獲取多樣化投資商品的收益報酬，因此共同基金成為投資人最常選擇的投資商品。

　　衍生性金融商品市場是針對以投資商品做為連結標的，而衍生出以「具有價值的契約」進行交易的市場。因此衍生性金融商品是一種附屬性的金融合約，其價值是依附在所屬的投資標的物上，如股價、匯率、利率等，並隨著標的物價格而波動。原本推出衍生性金融商品的目的是為了避險，也就是用來降低買賣雙方對於所投資的標的物未來價格變動而造成損失，因而事先簽訂契約來保證未來商品的履約價格。由於衍生性金融商品具有高度槓桿操作的特性，只要支付小額保證金就能參與，並享有契約價值的損益，因此受到眾多投機客的喜愛，活絡了交易市場。但也因為衍生性金融商品槓桿比例過大，且交易行為多屬短期投機性質，一旦遭遇標的價格急速反向飆走時，容易造成回補資金不足而被迫退出交易市場，造成衍生性金融商品價格的崩盤。

影響市場價格變動的因素

　　投資市場的商品價格變動來自於投資人的供需結構變化，受交易商品本身的基本面、外在總體經濟環境、市場消息行情…等因素的影響；此外，不同投資市場之間也會因其他市場的價格波動而產生連帶的變化。

市場價格為什麼會變動

　　根據經濟學原理，價格變動來自於供給與需求的關係，投資市場也是如此。投資市場中想買進有價憑證（例如股票、債券）或實質商品（外匯）者，即為需求者，想賣出所持有的有價憑證或實質商品者便是供給者，當想買進的需求大於想賣出的供給時，價格會上漲；反之當需求小於供給時，價格會下跌。而影響投資人執行買進、賣出的判斷，除了已達到投資人設定的損益點（一般多以金融機構一年期定存利率為比較基準設定希望獲得的報酬率，或是以個人可接受的損失金額設定損失點），還包括了該金融商品本身的基本面表現、外在總體經濟環境、市場消息行情…等，這些因素影響投資人對投資商品未來表現的預期心理，而形成市場價格波動。

　　在基本面表現方面，以股票而言，股票市場裡的每一張股票代表著每一家上市公司向投資人籌資的憑證，股票的市價表現出投資人對該上市公司經營績效表現的肯定和信心。當該上市公司的經營績效良好，投資人對該公司營運前景看好，便會引起許多人想買進該公司股票，因此在需求提高之下使該公司股價上漲；反之，若該公司經營不善，導致投資人不看好公司營運前景，便會引起許多投資人拋售該公司股票，因供給增加而使該公司股價下跌。

　　債券市場的價格基本上也是受到債券發行機構的信用好壞所影響，信用評等愈高、違約風險愈低、實質報酬率（又稱為殖利率）愈高的債券，愈受投資人青睞。一般而言，政府發行的公債和銀行發行的金融債券信用度較高，但票面利率較低；一般公司所發行的債券隨著營運體質的影響，違約風險普遍較高，通常會以較高的票面利率以吸引投資人。因此，當投資人將買入價格與到期時依照票面利率計算出實質可得的利息（即實質報酬率，又稱殖利率）愈高，而且該債券債信亦佳的話，想買入此債券的需求愈高，促使債券價格上漲；但如果是報酬率佳、債信卻不佳之下，投資人便會觀望以進一步判斷是否值得買進，此時價格也會呈現混亂狀態。相對地，實質報酬率低、但債信佳，倘若此時景

氣不佳,而債券報酬率高於一般金融機構的利率,便會吸引大量投資人的需求,債券價格亦會上漲;若景氣佳、債券實質報酬率不如一般金融機構的利率,債券價格便會走低。此外,若是該債券的實質報酬率低、且債信亦不良的話,該債券市價自然走低,甚至成為不值錢的垃圾債券。

在外匯市場中,由於外匯表現一國貨幣的購買力,購買力愈高的貨幣愈有價值,因此影響外匯市場價格(又稱匯率)的因素包含了代表一國經濟實力的國民所得、物價及利率。當本國國民所得增加、物價上漲或利率下跌時,便會增加外匯需求滿足消費慾望,以相對較便宜的價格出國觀光或向外國購買同樣的商品,或是賺取外幣較高的利息,如此一來便會進而使外匯升值、本國貨幣貶值。反之當國民所得減少、物價下跌或利率上升時,則會增加對本國貨幣的需求,使得外匯貶值、本國貨幣升值。

而房地產市場及原物料市場的價格主要由景氣來決定。當景氣繁榮時,自住的投資人因預期未來工作和財務收入穩定,而投資客亦看準景氣攀升的投資報酬,而提高購屋需求,帶動房價上漲。企業則會增加生產原料及廠房設備的投資,促使原物料上漲,同時助漲房地產的價格。反之房地產與原物料市場則會因需求減低而價格下跌。

至於衍生性金融商品及共同基金都是連結投資商品等標的,因此其市場價格通常隨著連結標的的漲跌同向變動,也就是標的價格上漲時,衍生性金融商品及共同基金的價格也會上漲;反之則下跌。

除了個別投資市場的基本面造成的供需變化產生價格變動外,總體經濟環境的變化也會影響投資人的預期心理,對市場價格造成波動。當總體環境情況良好,包括經濟繁榮、產業發展良好、物價穩定、失業率下降及政治環境安定時,投資人對於投資商品的預期報酬會增加,使得想買入商品的需求增加,市場價格會上漲;反之,當總體環境情況惡化,包括經濟衰退、產業發展不佳、物價波動、失業率上升及政治環境惡化時,投資人對於所投資商品的預期報酬會減少,使得想賣出商品的供給增加,市場價格也會下跌。

此外,投資人的預期心理也會受到市場消息面的左右,而改變對於投資商品預期報酬的看法,尤其在股票市場最為常見。例如法人大戶為了操盤炒作價格而釋出利多與利空消息,影響投資人判斷而使得獲利不佳的公司股價上漲,獲利成長的公司股價反而下跌,造成投資人忽略基本面的表現,而掉入追漲殺跌的陷阱;又或者政府啟動國安基金護盤的消息,也會激勵投資人預期股價將上漲而積極買入股票。雖然市場消息面會影響投資商品短期的漲跌,導致價格

未能即時反映基本面的優劣情形；不過長期而言，這些消息的干擾因素將會隨著時間淡化影響力，使商品價格更能如實反映出供需之間的關係。

五大投資市場的關聯性

除了衍生性金融商品與共同基金市場以外，其他的股票、債券、外匯、原物料及房地產等五大投資市場，彼此之間常會在價格變動時出現連帶影響而呈現出某種經常關係。例如股票市場與債券市場的價格變化常會呈現反向關係。當預期景氣繁榮時，投資人認為股票市場的獲利收益將比債券市場的固定利息來得高，因此投資人會將資金由債券移往股市，使得二者呈現股票價格上漲、債券價格下跌的反向關係。反之，當預期景氣衰退時，投資人認為股票市場的獲利收益比債券市場的固定利息來得低，因此投資人會將資金由股市移往債券，形成股票價格下跌、債券價格上漲的關係。

股票市場與外匯市場同時受到國際資金行情影響，常會呈現正向關係。當股票市場看漲時，外國資金會移入本國股市，增加對於本國貨幣的需求，因而促使本國貨幣升值；反之當股票市場看跌時，外國資金會移出本國股市，減少對於本國貨幣的需求，促使本國貨幣貶值。從另一方面來看，當預期本國貨幣將升值，外國資金會移入本國股市，以獲取升值收益；反之，當預期本國貨幣將貶值，外國資金會移出本國股市，以避免貶值損失。

受到國際資金行情影響的還有房地產市場，並且也和外匯市場經常呈現正向關係。當房地產市場看漲時，會吸引國際熱錢流入炒作房價，因而增加對於本國貨幣的需求，促使本國貨幣升值；反之，當房地產市場看跌時，常會使國際熱錢流出，因而減少對於本國貨幣的需求，促使本國貨幣貶值。同樣地，從另一方來看，當預期本國貨幣將升值，外國資金會移入本國房市，以獲取升值收益；反之，當預期本國貨幣將貶值，外國資金會移出本國房市，以避免貶值損失。

此外，原物料市場中的原油及黃金也會牽動股票市場的變化。由於原油的漲跌會影響到許多商品的成本，因此常與股市呈現正向關係。當原油價格上漲時，會增加許多商品生產的購料成本，使得銷售價格調漲提高獲利，進而帶動原油相關的股票價格上漲；反之當原油價格下跌時，會減少許多商品生產的購料成本，使得銷售價格調降減少獲利，進而拖累原油相關的股票價格下跌。而黃金則具有準貨幣性質，保值性極佳，可以做為避險的資產，因此黃金常與股市呈現反向關係。當股票價格看跌時，投資人會將部分資金轉購黃金，除了保

影響投資市場價格變動的因素

總體大環境的影響

總體大環境情況會影響整個投資市場的價格變動,包括經濟景氣榮枯、企業營運獲利好壞、物價穩定性、失業率高低及政治環境安定性等方面。

●總體大環境復甦、情況良好
→投資人對投資商品的預期報酬會增加,市場價格會上揚。

○總體大環境衰退、情況惡化
→投資人對投資商品的預期報酬會減少,市場價格會下跌。

股票市場

從股價漲跌反映出投資人對公司前景及經濟景氣的看法。

●投資人對於景氣前景保持樂觀、看好公司發展
→股票價格上漲

○投資人對於景氣前景保持悲觀、看壞公司發展
→股票價格下跌

- ●與**原油**呈現正向關係,由於原油是許多產業的購料成本,原油上漲時,相關股票也會上漲。
- ●與**黃金**呈現負向關係,因黃金具有保值性,當股市下跌時,黃金因避險功能顯現而上漲。

反向關係 **正向關係**

債券市場

債券為固定收益的投資商品,且受信用評等影響,殖利率的漲跌則與債券需求成反比。

●殖利率上升,債信差
→債券價格下跌

○殖利率下降,債信佳
→債券價格上漲

外匯市場

匯率的波動反映國家間進出口貿易的消長、經濟實力的強弱。

●本國所得增加、物價上升或利率下降
→外匯升值、本國貨幣貶值

○本國所得減少、物價下跌或利率上升
→外匯貶值、本國貨幣升值

原物料市場

受原物料供給和需求的變化使價格產生波動。

●對原物料需求>供給
→原物料價格上漲

○對原物料供給>需求
→原物料價格下跌

正向關係

房地產市場

受房地產供給和需求的變化使價格產生波動。

●對房地產需求>供給
→房地產價格上漲

○對房地產的供給>需求
→房地產價格下跌

衍生性金融商品與共同基金市場

衍金商品與共同基金的價格受所連結的投資標的價格漲跌而影響,其投資標的範圍廣泛,包括:股價、匯率、利率、債券、大宗物資等等。

●投資標的價格上漲
→衍生性金融商品及共同基金的價格上漲

○投資標的價格下跌
→衍生性金融商品及共同基金的價格下跌

值以外還可賺取黃金漲價時的差價收益;反之,當股票價格看漲時,投資人會將資金移出黃金,以獲取更高收益。

　　至於衍生性金融商品與共同基金則因受到連結標的的價格影響,因此連結標的所屬市場的漲跌會牽動到衍生性金融商品與共同基金市場的價格變化。當股票、債券、外匯、原物料及房地產價格上漲時,與這些標的相連結的衍生性金融商品與共同基金的價格也會上漲;反之,當股票、債券、外匯、原物料及房地產價格下跌時,與其相連結的衍生性金融商品與共同基金的價格也會下跌。

▶股價指數
景氣樂觀帶動股價指數持續攀升

快速掃描
- 衡量股票市場變化的重要數據。
- 代表投資人對景氣前景的看法。
- 台股每日開盤時間為上午九點,下午一點半收盤。

股價指數代表投資人對於景氣前景的看法,也是對於經濟發展的信心指數。當大多數投資人認為景氣繁榮、前景看好,就會帶動股價指數上漲;反之,當大多數投資人認為景氣衰退、前景不樂觀,就會帶動股價指數下跌。因此股價指數已逐漸成為國際間判斷一國未來景氣發展走勢的重要指標。

股價指數是什麼

各國證券交易所每天進行交易的股票數量相當多,而各種股票每天漲跌不一,為了讓投資人能夠對整體股票市場有概括性的了解,以掌握價格波動的趨勢,因此編製股價指數來反映整體市場股票價格變動的情形。常見的編製的方式有「市值加權股價指數」、「價格加權股價指數」以及「等權值股價指數」三種。

「市值加權股價指數」是以公司的市值規模(股價 × 股票總發行量)經過加權平均的股價指數,特色是市價愈高且股本(發行量)愈大的股票(又稱權值股)對股價指數的影響愈大,採用這類指數的有台灣股價加權指數、標準普爾500 指數(簡稱標普、S&P 500)等。「價格加權股價指數」則是依個別股票的市價加權平均的股價指數,因此不考慮股本的情況下,只要市價愈高,對股價指數的影響就愈大,採用這類指數的有道瓊工業指數(簡稱道指)、日經 225 指數等。「等權值股價指數」是指各採樣股票權重均相同,因此每支股票對股價指數的影響性都一樣,採用這類股價指數的有英國金融時報指數(簡稱 FTSE 100)。

台灣證券交易所(簡稱證交所)於民國六十年編製加權股價指數,並以民國五十五年做為基期,所有上市股票除全額交割股外皆納入採樣股票,是台灣最具代表性的股票指數,其他主要的台灣股價指數還有上櫃指數、台灣 50 指數、台灣中型 100 指數、電子指數及金融指數等。因為證交所對於上櫃公司在股本及獲利能力等方面的認定較上市公司寬鬆,所以上櫃公司多為股本較小的中小

型企業，上櫃指數也主要反映國內中小型企業的股價表現。台灣 50 指數及台灣中型 100 指數則是挑選總市值分別為前五十大及前一百大的上市公司，這些公司的特色是股本較大且經營能力佳，所以指數變動較穩定。由於國內電子股數量多，而金融股股本大，因此這兩類股票的漲跌容易影響台灣加權股價指數的表現，因此另行編製電子指數及金融指數以便了解這些類股的股價表現。

國際間與台灣股市關係較密切的股價指數分別有美國四大工業指數、亞洲國家指數及歐洲國家指數。在美國四大工業指數的部分，道瓊工業指數採樣股價前三十大的公司，做為判斷美國股市表現的重要指標；標普 500 指數則依市值及產業別挑選五百大公司，因涵蓋範圍較廣，更能真實反映美國股市現況；那斯達克指數（NASDAQ）及費城半導體指數則是以高科技產業以及半導體公司為主，主要反映科技業的股價表現，和台灣的產業性質相似，因此可做為判斷台灣股價指數表現的參考指標。

亞洲國家指數主要有上海綜合指數、香港恆生指數、日經 225 指數及南韓綜合指數等，因為與台灣同處亞洲地區且交易時間相近，因此在盤中會相互影響。至於歐洲國家指數主要有英國金融時報指數、德國法蘭克福指數（又稱德國 DAX 30）及法國巴黎證商公會指數（又稱法國 CAC40）等，由於歐洲多為先進國家，因此指數的表現將反映出投資人對於全球景氣的展望。

如何解讀股價指數的變動

由於股價指數的變動代表投資人對景氣前景的看法，因此會較經濟狀況提前三至六個月反映在股價上，且投資人容易受經濟狀況變動而影響其投資信心。當國內經濟出現國內生產毛額（GDP）成長、失

INFO

全額交割股

全額交割股是指營運發生問題的公司股票。一般正常買賣交易在兩日後進行交割扣款即可，但是因為全額交割股投資風險較高，在買入時須先繳交全額款項、賣出時也須先交付全數股票才能進行交易。

業率降低、物價穩定、公司獲利、出口量增加等現象時，通常會使投資人對於景氣前景保持樂觀的期待，因而增加投資，使股價指數呈現上漲趨勢；反之當國內生產毛額（GDP）衰退、失業率提高、物價波動大、公司虧損、出口量減少等經濟現象發生時，通常會讓投資人對於景氣前景保持悲觀的看法，因而減少投資，使股價指數呈現下跌趨勢。

在分析股價指數漲跌的同時也要看實際成交量大小，以確實反映投資人對經濟發展的信心。當投資人認為經濟景氣將由谷底反轉進入復甦期時，會產生高度追價意願，此時股價指數上漲伴隨成交量放大；當投資人認為經濟景氣將由復甦期進入繁榮期時，因擔心景氣過熱產生追價反被套牢的危機，而會伺機售出，此時股價指數上漲伴隨成交量縮小；當投資人認為經濟景氣將由繁榮期反轉進入衰退期時，會紛紛出售手中持股，此時股價指數下跌伴隨成交量縮小；當投資人認為經濟景氣將由衰退期進入蕭條期時，認為股價已充分下跌，開始逢低承接股票，此時股價指數下跌伴隨成交量放大。

政府如何應用政策穩定提升股價指數

台灣股市每天成交量可達 1 千億元，過往其中俗稱散戶的投資人交易占比曾高達九成以上，如今下降至約占五成，外資約占三成、本國法人約二成，顯示台股結構有所改變。外資對台灣股市的影響日益顯著，且散戶結構已多為專事投資的自然人大戶。為與國際股市接軌，加上各國主要股市漲跌幅都高於台灣，台股自 2015 年 6 月 1 日起，漲跌幅度將由原本的 7% 放寬至 10%。

當股價漲至 10% 最高限額時，稱為「漲停板」，將停止交易；若股價跌至負 10% 最高限額時，稱為「跌停板」，也會停止交易。經由政府適度介入股市，目

INFO

台灣股市的特性

台灣股市具有規模小、周轉率高、波動大（風險高）的特性，屬於淺碟型的市場，易受國內外重大事件、市場消息的影響而波動。例如 2015 年 4 月 28 日，台股凸破十五年來的新高，在外資流入的情況創下萬點行情。2015 年上半，外資曾於單日買超台股 464 億元，為史上外資控盤第三大紀錄。但同年 8 月，因中國經濟力道減弱造成全球股價下跌，台股亦受到影響，創下單日跌幅高達 7.5% 的紀錄。此外，近年來俗稱「菜籃族」的散戶投資人交易比率從九成縮減至五成左右，外資交易比率日益增加，外資的進出對台股漲跌影響顯著。一旦發生國際重大事件，如希臘退出歐元區、ISIS 擴大軍事地緣等，外資進出動向都會造成台股的震盪。

的避免股市重挫或過熱引發社會問題。

　　當股市重挫時，政府可能採行以下政策拉抬股價指數：一、國安基金護盤：由於台灣股價指數是採市值加權，因此政府透過國安基金買入股本大且價格高的股票，以提升股價指數。二、禁止放空：一般來說，看多股市可買入現股或融資，而看空股市可賣出現股或融券，但當股價指數位於平盤以下，也就是當今日成交價比昨日收盤價低時，政府可禁止賣出現股或停止融券交易，避免股市持續下跌。三、調降證券交易稅：投資人賣出股票時須繳交 0.3% 的證券交易稅，調降稅率有助於吸引投資人進入股市並提高交易量。四、調降存款準備率：政府調降銀行存款準備率，鼓勵投資人借入低利率的資金來投入股市。

　　當股市過熱時，政府會採行以下政策避免股價指數持續攀升：一、信用管制：管制融資行為（參見133 頁），避免投資人槓桿操作股票。二、調升證券交易稅：藉由提高投資人交易成本的方式來減少股市交易量。三、調升存款準備率：政府調升銀行存款準備率，以高利率的資金降低投資人透過借貸進入股市的意願。

　　上述的政府政策在於因應短期股價指數大幅波動造成股市的不安定，然而政府過度介入股市將會影響股價指數反映真實市場價格的功能，進而阻礙投資市場的發展。因此長期而言，政府除了建構有利於企業發展的良好經濟環境，以實質帶動上市櫃公司的股價成長外，也應當參考金融發展較完善、證券交易蓬勃的歐美主要投資市場，透過取消漲跌幅限制或降低證券交易稅等措施，打造更具效率的交易市場，進而吸引外國資金進駐並活絡國內投資市場。

INFO

國安基金

　　國安基金依據「國家金融安定基金設置及管理條例」而設置，用以維持金融市場穩定，是政府為股市護盤時最常使用的方式。國安基金總金額為新台幣 5,000 億元，來源包含「以國庫所持有的公民營事業股票為擔保，向金融機借款，借款最高額度為新台幣 2,000 億元」、「借用四大基金（勞退基金、勞保基金、公務人員退撫基金、郵政儲金及郵政壽險積存金）可供證券投資而尚未投資的資金，最額度為新台幣 3,000 億元」，以及其他經主管機關核定的資金來源。

股價指數的意義與景氣的關連性

股價指數

反映某一天股票市場整體證券的價值,與基準日的價值相較,可看出其漲跌變化。

市值加權股價指數	價格加權股價指數	等權值股價指數
●依公司的市值規模(股價×總股本)加權平均的股價指數。 ●市價愈高且股本愈大的股票對股價指數的影響愈大。	●依個別股票的市價加權平均的股價指數。 ●只要市價愈高,對股價指數的影響就愈大。	●各採樣股票的權重計算均相同的股價指數。 ●每支股票對股價指數的影響性都一樣。
例 台灣股價加權指數、標準普爾500(S&P 500)	**例** 道瓊工業指數、日經225	**例** 英國金融時報指數(FTSE 100)

從股價指數變化觀察投資人對景氣前景的看法

 股價指數上漲↑、成交量放大↑ ➡ 投資人認為經濟景氣將由谷底反轉進入復甦期,是進場投資好時機。

 股價指數上漲↑、成交量縮小↓ ➡ 投資人認為經濟景氣將由復甦期進入繁榮期,未來可能過熱,減少進場。

 股價指數下跌↓、成交量縮小↓ ➡ 投資人認為經濟景氣將由繁榮期反轉進入衰退期,利多將盡,出脫持股。

 股價指數下跌↓、成交量放大↑ ➡ 投資人認為經濟景氣將由衰退期進入蕭條期,是逢低承接股票的好時機。

政府因應股價劇烈變化時的措施

股市重挫

股市跌幅過大,易使投資人產生嚴重虧損,不利經濟成長,也易引發社會問題,政府會採取以下政策穩定股市:
1. 國安基金進場護盤,拉抬股市。
2. 禁止放空,避免股市持續下跌。
3. 調降證券交易稅,提高投資意願。
4. 調降存款準備率,鼓勵投資人借款投資。

股市過熱

股市漲幅過大,吸引投資人積極進場,使得投機風氣盛行有害金融發展,政府會採取以下政策穩定股市:
1. 信用管制,避免投資人過度融資、槓桿操作股票。
2. 調升證券交易稅,降低投資意願。
3. 調升存款準備率,抑制投資人借款投資。

新 聞 範 例 解 讀

美股崩跌台股政策利多失靈暴跌百點

　　2015 年 8 月，受中國經濟疲軟人民幣重貶、及 Fed 升息不確定等因素持續影響，消費類股低迷以及蘋果因中國市場降溫而遭到降評，打擊投資人信心，引發全球股匯市震盪。20 日美股持續重挫收黑，道瓊工業指數收盤大跌 358 點，跌破 1 萬 7 千點大關，跌幅 2.06%，創十個月新低。S&P 500 指數下跌 2.11%，NASDAQ 指數更大跌 2.82%，創下十六個月以來最大跌幅。受到美股持續崩跌影響，21 日台股開盤暴跌兩百點，跌破 8 千點收在 7786.92 點，新台幣貶破 32.7 元，類股跌幅以汽車股跌 4.4%、電子股跌 3.35%、營建股跌 3.4% 較多，多檔科技股跌停做收，包括宏達電最低來到 46.3 元，收在 44.5 元，持續改寫歷史新低紀錄。

解讀重點

由於美股為國際股市重要指標，往往影響投資人信心，成為投資人判斷台股開盤表現的依據。當三大美國股市道瓊工業指數、S&P 500 指數、NASDAQ（那斯達克）指數同時持續下跌，並屢創下跌幅紀錄，使得台股與全球股市一樣受到影響，出現劇烈波動。台股中因電子股及金融股股本比較大，對台股整體具有關鍵性影響，因此盤中表現備受關注，新聞經常會進而聚焦在這兩類股的報導。此外，由於一國匯率升貶攸關貨幣流向，報導中新台幣貶值，呼應股價大跌、新台幣被拋售，資金流向國外。

與股價指數相關的新聞重點

　　股價指數的表現會因利率的調整而有所變動，且股價指數的漲跌也會影響匯率升貶及反應景氣興衰，因此新聞媒體報導時也常提及以下概念：

▶ **利率**：當利率上升時，意謂政府擔憂景氣過熱，因此將市場流動的資金引導入金融體系，進而影響股價指數下跌；反之當利率下跌時，代表政府積極刺激景氣，將資金從金融體系釋出到資本市場中，以帶動股價指數上漲。

▶ **匯率**：當股價指數上漲時，外資湧入股市買進大量新台幣，造成匯率升值；反之當股價指數下跌時，外資撤出股市賣出新台幣，造成匯率貶值。

▶ **經濟景氣**：當股價指數上漲時，代表經濟數據好轉，景氣繁榮；反之當股價指數下跌時，代表經濟數據惡化，景氣衰退。

▶▶法人大戶

法人大戶連續買賣超
易使股價波動不斷

快速掃描

● 三大法人同步買超時個股易上漲，同步賣超時個股易下跌。
● 法人連續賣超轉為連續買超，或連續買超轉為連續賣超，常帶動股價波段走勢。
● 證交所、期交所於每日盤後公布三大法人及十大交易人等相關資訊。

　　法人大戶是資訊最快最完整、且資金最龐大的一群投資者，觀察法人大戶動向，分析市場上最有影響力的人在想什麼，是解讀股市趨勢的重要途徑。法人大戶買賣股票常搭配期貨、選擇權操作，輔以發布利多、利空消息等手法，只要熟悉其操作規律及習性，就可以有效掌握市場趨勢。

法人大戶是什麼

　　市場上會將資金部位龐大、對市場有影響力的個人（自然人）投資者稱為「大戶」，但對市場最有影響力的還是以「法人大戶」為主。所謂法人大戶指的是資金龐大且握有眾多市場研究資訊的機構投資者，如國安基金管理委員會、三大法人、保險公司等，其中在股市最常聽到三大法人是指外資、自營商、投信。外資（簡稱 QFII）即為受中央銀行監管的合格境外機構投資者，包括華僑、外國人、大陸地區投資人；自營商則包含證券自營商、證券承銷商、證券經紀商；投信是指證券投資信託公司、證券投資顧問公司，即向投資人募集資金（稱為共同基金）交由專業經理人操盤的專門投資機構。三大法人當日買進金額大於賣出金額，稱為「買超」，若賣出大於買進則為「賣超」。除了證交所盤後公布三大法人等的交易資訊；另外，由於上市櫃公司的董監事及大股東熟稔並掌握著公司營運狀態，其動向往往能操控公司股價藉以獲利，俗稱「公司派」，因此台灣期貨交易所（期交所）盤後也會公布市場上期貨部位最大的前十位交易人。

　　就個股操作優劣勢而言，公司派對於公司營運最熟悉，消息知道得最早，可以發布利多或利空消息給一般投資人以操控股價，在個股操作占有相當大的優勢。而機構投資者擁有許多專業研究員及操盤手，往往能在消息公開前先行

法人大戶的類型

法人大戶

法人大戶是指資金龐大且握有眾多市場研究資訊的機構投資者，對證券市場深具影響力。

國安基金

由公股金融機構及郵政儲金與郵政壽險積存金、勞保基金、勞退基金、公務員退撫基金等四大基金組成，為政府護盤以穩定金融市場的單位。

投資特徵 常在危機入市達到穩定股市的作用。

保險公司

保險公司將自保戶收取的保險資金運用在投資上，以獲得收益。投資資訊不公開，對市場的影響力不若其他法人單位大，因此受重視程度不高。

投資特徵 為確保其保單未來的清償能力，以低風險的長期投資為主。

公司派

對公司營運具有影響力且掌握內部一手消息的公司董監事及大股東，能藉由操控公司股價而獲利，因此對個股的漲跌有所影響。

投資特徵 操控個股，檯面下操作不易觀察。

三大法人

外資

即合格的外國機構投資者，受中央銀行監管，如：摩根大通、美商高盛、德意志證券。

投資特徵 資金最為雄厚，易影響大盤走勢。

自營商

即自行操作股票以牟利的證券自營商，如寶來、元大等大型綜合券商皆設有自營商。

投資特徵 短線操作為主，可能助漲助跌但趨勢參考性較小。

投信

即證券投資信託公司、證券投資顧問公司，向投資大眾募集資金，交由專業經理人操盤。

投資特徵 對大盤較無影響力，但足以影響個股表現。

探詢公司以得知內情，輔以龐大的資金和分析師適時發布消息以操控大盤及個股股價，同樣在市場上都有一般投資人無法達到的優勢。

如何解讀法人大戶動向

要解讀法人大戶的動向首先必須熟悉不同機構投資者操作的習性與規律。國安基金進場的主要作用為穩定股市，通常於跌勢中危機入市買進，等到股市恢復穩定，開始上漲一段時間後賣出，每次進出場雖然不見得就是最低點跟最高點，但根據統計通常能帶動一段不小的漲幅，同時也能藉此了解政府對股市多空的態度。

三大法人中外資的資金最為雄厚，對市場的影響力最大。由於資金龐大，外資要建立及出清部位（投資標的）需要數週甚至數月才能完成，常在市場上形成連續買超或賣超，外資也很常搭配期貨與選擇權進行操作。投信對大盤較無影響力，但足以影響個股表現，同時投信基金有績效壓力，季底可能會為結算而拉抬個股，以創造較亮眼的投資績效，稱為「結算行情」。自營商多是短線操作為主，可能助漲助跌但趨勢參考性較小。

三大法人若同步買超個股，往往代表該個股非常有潛力，後續上漲可期，反之若同步賣超，後續往往看跌。若三大法人個股買賣超不同步，表示看法混亂，後勢難以判斷，此外，法人買賣股票的股性和持股水位（即持股比例）高低，也會與後續走勢有關。一般而言，由於權植股的股本大、市值高、股性較為穩定，法人通常對權值股的持股水位較高，目的是藉著買賣權值股來操控大盤指數，不一定代表投資人真的看好股市前景而大漲，所以當法人買超權值股時，不一定能引起投資人跟進意願，是否能帶動大幅漲勢則有待觀察。反之，中小型股因為股本小、股性較易

如何獲得法人大戶的資訊

國安基金管理委員會及保險公司由於無公開資訊的義務，投資人無法主動查詢其進出資訊，只能由新聞稿中得知。三大法人則是每日證交所、期交所都會公布證券、期貨選擇權進出的資訊，十大交易人方面也是由每日由期交所公布；在公司派動向方面，上市櫃公司董監事若有進出買賣股票都需申報，而且若公司執行庫藏股交易也必須公告。不過，如果公司派在檯面下的進出，一般投資人就必須先熟知公司與券商間的往來，再從主力進出明細表中觀察各券商進出狀況加以分析，沒有辦法直接得到相關資訊。

解讀法人大戶動向

從法人動向觀察股市走勢：

國安基金

股市有過熱或暴跌的可能時，是否有危機入市的動作

- ●有，於跌勢中買進→股市看漲
- ○無，或出清持股→股市保守以對

公司派

1. 董監事持股產生變動

- ●持股增加
- →看好公司股價，後市樂觀可期

- ○持股減少
- →看壞公司股價，後市保守以對

2. 是否實施買進庫藏股

- ●有→後市樂觀可期
- ○無→後市保守以對

3. 留意檯面下操作

- ●檯面下買進
- →推升公司股價，後市樂觀可期

- ○檯面下賣出
- →壓低公司股價，後市保守以對

三大法人

1. 持股水位的狀況

- ●持股水位偏低→股市可能看漲
- ○持股水位偏高→股市保守以對

2. 連續買超或賣超及是否轉向

- ●連續買超或由賣轉買→股市看漲
- ○連續賣超或由買轉賣→股市看跌

3. 所操作股票的股性

- ●股性穩定的權值股→被操作的風險低
- ○股性活潑的中小型股→被操作的風險高

十大交易人

觀察期貨布局的走勢

- ●做多→市場後續看漲
- ○做空→市場後續看跌

法人單位發布新聞訊息

1. 具誠信之發言人發布的新聞消息

- ●利多消息→後市樂觀可期
- ○利空消息→後市可能看跌

2. 發言人言論與操作方向經常不一致

- ●利空消息→後市可能樂觀
- ○利多消息→後市保守以對

受到大筆資金操控而波動，且法人對中小型股的原有持股可能較少，法人買盤一旦持續進駐就容易帶動漲勢，但若法人持續賣出，崩跌可能性也大。

另外，三大法人連續賣超轉為連續買超，或連續買超轉為連續賣超，常形成大盤或個股的漲勢或跌勢，搭配持股水位的考量，是相當值得注意的指標。證交所每日公布三大法人買賣超金額及個股買賣超彙總表，投資人可從中觀察法人最近的標的是哪一種類型的股票，再分析法人對該股票數月以來買賣超的情形及持股水位，以了解法人近期操作心態。

期交所每日公布三大法人及十大交易人期貨交易情形，亦是股市波段走勢重要的參考指標。若三大法人同步持續布局期貨多單（期貨買進稱多單，賣出則為空單），代表法人心態偏多，認為市場後續看漲明確，反之則偏空或是避險空單。十大交易人統計則是公布期貨市場部位最大交易人的倉位（留置在市場中尚未結清的期貨合約），顯示最大交易人的多空操作心態。根據統計期貨市場只有百分之五的交易者獲勝，而三大法人中的外資及十大交易人獲勝機率高，為市場的長期贏家，值得投資人參考判斷大盤多空走勢。

公司派方面，董監事持股變動代表公司大股東對公司股價的看法，一般而言大股東買進股票代表認為公司股價偏低，而賣出股票有可能是正常資金調度，也有可能是看壞公司股價。另外公司宣布買進庫藏股，代表認為股價目前偏低，公司為了要維持股價，將已發行的股票重新買回，以減少市場上已發行股票的總數，有助於提升公司未來股價，通常可視為利多。但投資人也應注意公司的誠信狀況，是否常宣布要執行庫藏股卻遲遲未買進，或是有大股東實際是看壞公司股價而放出模糊消息、趁機賣出股票降低虧損

法人可能透過媒體操控股價

敏銳的投資人都知道應該觀察法人或公司實際的操作部位是否與其發表的看法一致，若分析師或發言人發表利空消息，但實際操作上卻是買進股票，便可視之為利用媒體操控股價。但也有公司發言人或分析師重視誠信，為維護投資人權益而發布消息，若投資人長期觀察其言論可信且有所憑，可視為操作的重要參考。公司或政府方面亦有相似邏輯可循，投資人可觀察不同首長的發言習慣，有些長官發布消息乃為政策辯護，其新聞行銷宣傳意味較濃，若發言首長的言行一貫誠信獲各界信賴，投資人可以做為國家金融政策重要的參考依據。

的可能性，以避免誤判。

政府有何因應法人大戶的政策

　　由於法人大戶在市場上占有資金及資訊上的優勢，政府為了避免其龐大資金過度操控股市，影響投資人權益，除了規定三大法人、十大交易人及董監事要公布其交易外，也會監控法人大戶的市場交易狀況，查證是否有涉及內線交易，若有觸犯《證券交易法》者則依法辦理。另外若無內線交易，但針對資金部位大、意圖透過交易影響股市牟利者，政府也會以行政手段加以勸導，例如外資經常在新加坡交易所布局摩根台灣指數期貨，配合台灣股市尾盤的情況，大量買進股票以拉抬行情或大量賣出股票以壓低行情，藉著操控現貨賺取與期貨之間的價差，倘若在股市買賣動作過大足以影響股市安定，政府會加以勸阻以維護投資人權益。政府也會針對國際法人投機性資金（俗稱熱錢）進出匯市及股市的部分做適當管控，避免大量國際資金進出造成股匯市動盪損及投資人權益。

新加坡摩根台指期貨

　　新加坡國際金融交易所（SIMEX）於1997年1月9日正式掛牌交易摩根台股指數期貨，其交易時間分為8時45分~13時45分的人工盤與14時15分~次日4時45分的電子盤，即使發生重大事件也有機會即時調整部位，加上新加坡金融交易開放程度高，投資標的在新加坡交易有不受台灣政府管控等優點，是法人相當倚重的交易商品，交易也以法人居多。但國內一般交易人則仍以台指期貨為主。

新聞範例解讀

宏達電買回庫藏股護盤 重擊融券與外資放空

2015 年 8 月 24 日，受全球股災影響，台灣股市一度創下史上最大跌幅，其中，HTC 宏達電（2498）股價下跌 9.43%，股價從 8 月 6 日的 70 元一路跌到 40.35 元的新低。融券餘額仍高達 12,253 張、借券賣出餘額達 52,457 張。24 日傍晚，宏達電宣布為期兩個月的買入庫藏股護盤計畫，預計買回上限為每股 60 元 5 萬張，最高總金額為 30 億元。10 月 24 日執行結束時，宏達電共買回 4,110 張，花費 2 億元。

解讀重點

宏達電為台灣智慧型手機廠商，曾多次登上股王，然因不敵競爭對手蘋果公司推出新產品，導致全球市占下降，2015 年上半年財報出現嚴重虧損。受全球股災以及本身財報不良的雙重狀況，24 日代表散戶看空心態的融券餘額持續居高不下，高量不下，外資加碼看壞賣超達 2,644 張，進一步查對證交所資料發現，外資甚至於 20 日賣出 5 千張以上，賣超達 3,796 張，欲使宏達電空頭賣出形成股價下跌的局勢。宏達電於是利用買回庫藏股以維護公司信用和股東權益，由於融券交易和借券交易之後都有買回股票回補的壓力，此舉將形成大量買氣。宏達電於 10 月 24 日執行到期時，僅買回 4,110 張，便使股價回升到 77.5 元，成功護盤。（融券交易、借券交易，參照第 134 頁）

與法人大戶相關的新聞重點

新聞媒體報導法人大戶的相關消息時，常提及受到法人大戶動向影響的以下概念：

▶ **匯率**：匯率升值除了受經濟因素影響外，也可能是國際投機資金（熱錢）大舉進駐台灣時造成。國際投機大戶的操作模式是資金進入台灣形成升值，再進入股市炒股，待股市大漲後獲利了結，再退出台灣賺走升值匯差。投機資金進出造成股匯市波動，政府必要時會打擊熱錢以避免波動過於劇烈。

▶ **經營權**：法人大戶在董監事改選時，為了爭奪經營權而買賣股票。不僅公司派與市場派，官股與民股也會相互競爭，爭奪經營權方式除了買股，亦可能是爭取股東委託書或談判，甚至也有惡意併購。當兩家公司合併、或被私募基金併購下市時，不願參與合併或併購的大戶賣出持股，而認為有利可圖的大戶則買進或進行套利。

▶ **法說會**：公司會在股東會時向散戶投資人說明營運成果，但對法人大戶通常每季都有法人說明會。法人大戶不僅會對公司經營有疑慮的部分提問，也會藉此觀察公司誠信，若不信任公司法說會可能毫不留情地賣出持股。

▶融資融券

從資券消長解讀股市榮枯的變化

快速掃描
- 股市走向多頭時融資可能隨之增加；股市接近底部時融券可能增加。
- 散戶是股市資金分散、資訊落後的投資人，觀察融資融券餘額可窺見散戶動向，判斷股市可能走勢。
- 台灣證券交易所每日公布融資融券餘額。

　　股市為經濟脈動的櫥窗，更是企業募集資金的重要管道，為了使股市交易更為活絡、資金更為流通，而有融資融券的制度。由於股市投資人包括了法人（如投信、外資、自營商）和散戶，融資融券多為散戶使用，觀察其變化可了解散戶的資金動向對股市的影響，預測未來走勢。

融資、融券是什麼

　　「融資」是借錢買入的制度，當投資人看好未來的股價上揚，但手邊資金不足，因而跟券商借錢買股票，只要支付部分價款做為自備款，其餘向券商借貸，就能買進股票，之後伺機高價賣出，以賺取買低賣高的利潤，而未來售出股票後所獲得的價款則需扣除借款還給券商，這種操作方式也稱為「做多」。「融券」則是借股票（有價證券）先賣出再買回的制度，當投資人看壞未來的股價下跌，可先支付保證金跟券商借股票以逢高賣出，未來再趁市場低價時把股票買回來還給券商並且拿回保證金，此操作模式又稱為「放空」（或稱做空）。

　　透過這種信用交易的方式比現股買賣更為靈活，投資人得以用更少的自有資金來購得股票，同時不管手中是否實際握有股票都可以在股市上賣出，藉此讓股市的成交量更大，有助於活絡資金。但也因為擴大了財務槓桿，投資人若押錯股市漲跌的方向，虧損也將比現股買賣要更大，例如預期股價會下跌而利用融券放空，之後股價不跌反漲，投資人就必須以高價買回股票，不但沒獲利還得倒貼其中的價差。

如何解讀融資融券的變化

　　觀察融資融券餘額也就是資券消長的變化可以解讀散戶在股市的動向。如果出現「資增券減」的情形，表示散戶看好未來股價、借錢買股票的人變多，看壞未來股價、借股票賣出的人則變少。不過融資買進的投資人背負未來要還

款的壓力，即使買進股票也不會持有太久。通常股市上漲一段時間後，融資餘額（尚未賣掉融資持股還給券商的金額加總）跟著水漲船高是屬正常現象，一旦融資餘額增加太快，或是股價已開始下跌但融資餘額卻不減反增，則代表散戶買股票的風潮過熱，大戶可能已經脫手變現，後市有續跌疑慮。

　　當跌勢所產生的損失把投資人的自備款虧損至規定額度時，券商會要求投資人補足虧損的部分，如果投資人在限期內沒有補足，券商就會強制賣出股票並取回融資借款，若有剩餘款項才退還給投資人，此即為「斷頭」。而台股在漲跌停板制度下，股票一旦跌停鎖死當天就無法賣出，若不幸遇到融資買進的個股接連數天一直鎖在跌停板，即使投資人想認賠也賣不掉，只能坐看股票繼續下跌並擴大損失，導致其他持股人預期該股票會繼續下跌而持續賣出，更加深跌勢，造成更多投資人壓低價格出脫持股的「多殺多」現象，使得股價全面崩跌。

　　如果出現「資減券增」的情形，表示看好未來股價、借錢買股票的人變少，看壞未來股價、借股票賣出的人卻變多。由於融券代表投資人放空股票，股票跌愈多就賺愈多，但股票漲愈多就賠愈多，通常在股市低點時融券餘額（尚未買進融券股票還給券商的金額加總）會增加。如果融券餘額過高，表示有更多投資人必須買回股票還給券商（即回補），反而可能推升股價行情，尤其是股價不跌反漲，使得投資人的保證金不斷虧損至規定額度時，券商會要求投資人補足虧損的金額，若投資人無法在限期內補足，券商就會強制買回股票並將剩餘款項歸還給投資人。因此，當券商執行買回股票或遇到上市公司的強制回補日都會造成強大買氣，推動股價急速上漲，稱為「軋空行情」。

　　如果出現「資增券增」或「資減券減」的情形，較難看出股價走勢，但可以反應出股市人氣的興衰程

INFO

融券與借券

　　「融券」是投資人向授信機構借入股票的同時，委託券商賣出該股票，兩動作一步到位。「借券」則是單純是出借股票者與借入股票者之間的借貸關係，目的不一定為了賣出放空，還包括避險、套利等，而且借入的股票不需即時賣出，可以等到合宜時機再出手。一般來說，融券交易因規定嚴格，多為資金有限的散戶採用，從證交所每日公布的「融資餘額」情形，可以了解散戶的做空看法。相對的，借券可靈活應用，多為資金豐沛的外資、主力、法人放空時採用，需注意的是，證交所公布的「借券餘額」僅表示借出股票的總額，無關多空；「借券賣出餘額」則僅代表實際將借來股票賣出、且尚未還券的總額，也不能視為主力做空的指標，但由於借券和融券一樣都有到期買回股票的回補壓力，因此借券賣出總額愈高，表示未來回補的買氣愈大。

度，若是資增券增表示股市熱絡，投資人氣攀升，反之資減券減反應出股市冷清，投資人氣退潮。

另一種解讀方式是將融資餘額增減幅與股市漲跌幅做比較，若融資增幅超過股市漲幅，則代表股市高點已近；若融資減幅超過股市跌幅，則代表離股市低點不遠。另外也可使用「券資比」（融券餘額除以融資餘額的比率）來衡量軋空行情的可能性，券資比愈高，代表放空的人愈多，通常比率在 10 ～ 20％屬正常，20 ～ 50％則偏高，超過 50％以上表示股票被市場大量放空，可能出現軋空行情。

融資融券的相關規定

活絡且穩定的股票市場是政府追求的目標，當市場短期出現過度劇烈波動、股權過度集中及成交量過度異常時，為避免影響整體股市安定及信心，同時保護投資人不會遭受無謂損失，國內證券市場的主管機關金融監督管理委員會會針對融資融券的使用情形制訂相關政策因應。

金管會除了訂定個股融資券的額度、期限、融資比率及融券保證金成數，並規定單股融資、融券限額最高各為 3 千萬，單戶最高融資限額 8 千萬、融券限額 6 千萬等，若該檔股票、或單戶投資人融資融券已達到使用限額，證交所會暫停該股票或該戶投資人融資融券交易，等到使用率降至一定比率以下時再恢復交易。此外，當股票變為全額交割股（指營運出現問題而必須以現股、現款買賣的公司股票），或被停止買賣、終止上市、每股淨值低於票面價值、或出現鉅額違約情事且融資或融券餘額達一定比率、股價波動過度劇烈、股權過度集中、成交量過度異常等情況時，也會暫停融資融券交易，或是調整融資比率、融券保證金成數，當暫停或調整原因消滅後，再由證交所公告恢復，並報主管機關備查。

什麼時候可以放空？

台灣股市有平盤以下不得放空的規定，也就是當日收盤價如為跌停、或無收盤價者當日收盤時最低賣出申報價格為跌停價時，次一交易日暫停融券及借券賣出，但部分個股可豁免而准予盤下放空（個股查詢詳見證交所網站 www.twse.com.tw「交易資訊」→「融資融券與可借券賣出額度」→「平盤下得融（借）券賣出之證券名單」）。另外政府亦得於非常時期，例如股市持續深跌時，規定所有個股平盤以下皆不得放空。

開放融資融券交易及強制回補日會推動股價上漲

新上市公司股票上市滿六個月後開放融資融券交易，操作變靈活可使個股買盤增加，股價容易上漲。另外上市公司每年依規定都必須至少召開一次股東會，通常強制回補日會訂在股東會前兩個月＋約四、五個交易日時，所以一年至少有一次融券強制回補。此外，除權、除息前融券也需強制回補，如有突發重大事項，需召開臨時股東會時，亦需回補。

解讀資券消長的變化

融資

融資代表投資人看好個股的未來表現，先向券商借錢買股票，以期獲得買低賣高的利潤，此操作方式也稱為「做多」。

▲ 融資餘額增加	代表投資人有買進股票的意願，後續買盤可期。
▼ 融資餘額減少	代表投資人觀望，對買進意願不高，推動後市上漲的力道不強。

融券

融券代表投資人看壞個股的未來表現，先借券以逢高賣出，再趁市場低價時買回還給券商，此操作模式稱為「放空」（做空）。

▲ 融券餘額增加	代表投資人看壞後市，後續的賣盤可期。
▼ 融券餘額減少	代表後市看壞的投資人減少，未來繼續走跌的可能性變小。

從資券變化觀察散戶的買賣動向與心理變化

融資融券餘額跟股市波動息息相關，可以解讀散戶在股市的動向，必須將融資與融券兩者搭配股市走勢加以研判，才不致誤讀變化，錯判行情。若以股市上漲或下跌，搭配融資融券增減，可粗分為八種情況：

股市上漲

資增券增	買盤增強，後續有軋空行情，後勢看好。
資增券減	買盤強勁但缺乏軋空力道，有待觀察。
資減券增	買盤減弱，但未來可能「軋空」而看漲。
資減券減	人氣退潮，保守看待。

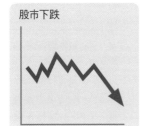

股市下跌

資增券增	氣氛熱絡，但多空分歧，下跌可能大。
資增券減	大戶出場而散戶進場承接，後市看壞。
資減券增	買盤減弱，是否形成軋空值得觀察。
資減券減	人氣退潮，後勢走跌。

新聞範例解讀

融券強制回補　增添軋空行情的想像

　　近期上市櫃公司密集公布股東會日期，依時程推算，計有 190 檔個股、6 萬張融券，須在清明連假前強制回補，本週將由融券餘額較高的彩晶、台積電等，領銜展開軋空回補行情。根據法令規定，股東會前兩個月融券須強制回補。以此推算，高達 6 萬張融券，須在 3 月 31 日前回補，占目前台股整體融券張數 37.5 萬張約 16%，在中多格局未變下，高融券市況有機會成為軋空助力，可望增添後市表現的想像空間。

　　觀察本周將回補融券的個股，以彩晶（6116）仍有 6,574 張融券最多，中石化（1314）6,149 張、台積電（2330）3,350 張，排名第二與第三；另外，亞光、亞泰、精材、宏捷科、威剛（3260）、達欣工（2535）2,146 張等，融券也都超過 2,000 張。進一步分析這些個股的券資比，以達欣工的 64.2% 最高，亞泰 44.6%、台積電 35.7%。

【新聞來源：《經濟日報》2017.3.27】

解讀重點

台灣上市公司多半在 6 月舉辦股東會，3 月底起為許多公司的強制回補日，投資人必須陸續回補融券。但是否會出現股價急速升漲的軋空行情呢？先從大盤來看，雖然仍看好為中多格局，還有上漲空間，但經察看大盤行情發現近期已經漲過一波，再漲題材有限，且融券張數亦走低，而軋空行情需要融券使用率高搭配股市上漲走勢才有機會，因此全面軋空行情的條件不足，大盤指數較難出現軋空飆漲。再以個股而言，券資比高過 50% 的個股，若股價處於上漲走勢，也有可能出現軋空行情，此時大盤上漲空間較少，股市關注重點應以個股表現為主。

與融資融券相關的新聞重點

　　新聞媒體報導融資融券的相關消息時，常提及受到融資融券變動影響的以下概念：

▶ **籌碼**：籌碼指的是股票握在誰手上，當股市上漲時融資若增加太快，或是股市下跌融資不減反增，代表股票可能握在散戶手上，此時籌碼凌亂，將不利後市上漲。反之，若股票握在大戶手上，則籌碼穩定有利後市。

▶ **大戶**：個股的融資融券突然大增或大減，代表可能已經有知道消息的大戶進場，該股票可能有突發利多或利空，因此造成融資融券變化異常。

▶ **當日沖銷**：當日沖銷是指以當天融資買進隨後融券賣出，或是融券賣出隨後融資買進，這種交易只需支付手續費及稅金，因此可以用很少的資金創造出高交易量。當個股因各種因素暫停融資融券時就無法進行當沖交易，股市的成交量將因此萎縮，而不利於後市上漲。

▶▶**債券**

違約風險提高，債券遭降評等

快速掃描

● 債券的殖利率曲線變化反映資金借貸市場的供需情形。
● 債券價格與殖利率成反向變動關係。
● 債券為政府調節貨幣供給量的重要工具，透過買入債券釋出資金以刺激景氣；反之賣出債券回收資金以緩和過熱景氣。
● 政府公債殖利率每月 24 日左右由中央銀行公布。

　　債券為政府調節經濟景氣及貨幣供給量的重要工具，當景氣繁榮時，政府透過金融市場發行債券，吸收部分在市面上流通的、過度充沛的資金，以減少貨幣供給量避免經濟景氣過熱；反之，當景氣衰退時，政府則會透過金融市場收回債券，以釋放更多的資金給資金需求者，增加貨幣供給量刺激經濟景氣。

債券是什麼

　　債券是指資金需求者（即債券發行人）在金融市場所發行的有價證券，同意在未來特定時日定期且無條件支付利息，並於到期日償還本金給資金供給者（即債券持有人）。債券上會明訂發行人與持有人之間的權利義務，其中包含面額、票面利率、到期日等。面額是指發行人為債券所設定的價值，表示在到期日要償還給持有人的金額；票面利率是決定發行人定期要支付給持有人的利息，因此面額乘上票面利率和持有期間，就是投資人買入債券後可得的利息金額；到期日代表權利義務關係的結束，也就是發行人歸還債券面額予持有人的時間，通常五年期以下屬於短天期債券，十年期與二十年期為長天期債券。由於債券為有價證券，因此在債券到期日前，債券持有人和有意願的投資人均可在債券市場中買賣交易。

　　債券的信用評等是依照違約的可能性來決定債券等級，信用等級較高的債券，因到期收益及違約機率較低，也稱為投資級債券；反之，信用等級較低的債券，到期收益及違約機率則較高，又稱為投機級債券，甚至被視為垃圾債券。國際間著名的信用評等機構包括：穆迪投資服務公司（Moody's）、標準普爾公司（S&P）與惠譽（Fitch IBCA）國際信用評等公司。台灣具公信力的信用評等機構則為中華信用評等公司（中華信評）。

債券依發行人的不同可分為政府公債、金融債券及公司債。政府公債由中央或地方政府所發行，發行期間在一年以內的稱為「國庫券」，通常是政府為調節國庫收支或穩定金融而發行的短期債券；發行期間在一年以上的稱為「中央政府建設公債」。由於政府公債的評等最佳但收益性最差，多半適合穩健的投資人購買。金融債券由商業銀行、專業銀行或票券金融公司所發行，其短期債券稱為「可轉讓定期存單」，中長期則稱為「金融債券」，金融債券的評等及收益性則介於公債及公司債之間。公司債則是由一般民間公司發行，其短期債券稱為「商業本票」，中長期則稱為「普通公司債」或「可轉換公司債」。因為公司債的評等較不穩定，所以發行債券的公司通常會提供較高的票面利率吸引投資人購買，因此收益性最佳，又稱為高收益公司債。當經濟景氣轉好時，公司經營不易虧損，此時違約風險會降低，高收益公司債也較容易受到投資人青睞；然而，當經濟景氣惡化時，違約風險將提高，此時高收益公司債也可能淪落為垃圾債券。

相較於美國、歐盟等，台灣的債券市場並不發達，發行的債券以政府公債為主。而政府公債發行面額以十萬元為單位，對資金不充裕的投資人而言不易購買，通常是專業機構與法人資產配置的重要項目。對投資債券有興趣的一般投資人，通常會考慮購買債券型基金，以小額的資金就能享有定期領取利息的好處。

如何解讀債券價格的變動

債券是債務人（債券發行人）發給債權人（債券持有人）的有價憑證。由於債券持有人不一定得持有至到期日，期間亦可進行交易，交易時的債券價格與市場利率、以及投資人買入後可得的實際報酬（又

零息債券

債券不全然需要由發行人支付利息給持有人，零息債券即為如此。零息債券為不需支付利息的債券，發行人通常以低於面額的價格發行，只需於到期日時償還面額給持有人，中間的差價即為持有人的獲利。

折價、平價及溢價發行債券

由於債券價格會受到殖利率變動的影響，因此新發行的債券不一定會按照面額來銷售。當發行銷售的債券價格小於債券面額價格，稱為「折價債券」；當發行時的銷售價格大於債券面額價格，稱為「溢價債券」；若債券價格與面額價格相等，稱為「平價債券」。

稱為殖利率）息息相關。當市場利率低於債券票面利率時，有多餘資金的人更樂於把資金用來買債券，以利獲取更高的利息，因此會使債券價格上漲；反之，當市場利率高於債券票面利率時，有多餘資金的人更樂於將錢存入銀行，因此債券價格便會下跌。再者，雖然債券的票面利率是債券發行人定期要支付給債券持有人的利率，決定了持有人將可得到的利息金額。但由於絕大多數投資人都是在不同的時間點，以不同的債券價格買入債券，而買入債券的時間點關係著到期日時可取得的利息多寡，買進的債券價格高低，也會影響到期時可取回的本金盈虧，因此，投資人買入債券後至到期日可得的實際報酬率，並不等於票面利率。可獲取的實質投資報酬率便稱為「殖利率」。

殖利率則是指持有人買入債券至到期日為止，平均每年可預期的實質投資報酬率。殖利率與債券價格的關係可以簡單如下表示：

$$殖利率＝\frac{〔（票面利率×面額）＋面額〕－債券價格}{債券價格}$$

殖利率和債券價格呈反向關係。當買入的債券價格高，而票面利率、面額都是固定的，扣除買入價格後，實質可獲得的殖利率便會縮減；相對地，買入債券價格低，殖利率便高。例如，投資人買入的債券價格高於票面價格，到期時取回持有期間的票面固定利息，在扣除高於票面價格的買入成本後，實際所得的利息收入將小於票面固定利息，其實質報酬率（即殖利率）便會低於票面利率。

因此，掌握了殖利率與債券價格的反向關係，透過觀察債券市場各天期公債，尤其是長天期公債殖利率於到期日之前所呈現的曲線圖變化，便可了解專業投資機構和法人對貨幣政策、以及長短期借貸資金市

INFO

**附買回債券及
附賣回債券**

票面利率對債券發行人而言是借入資金的成本，對債券持有人而言則是利息，當票面利率高於市場利率（如銀行定存利率）時，表示發行人未來要支付資金成本提高，不利於資金需求者；反之，當票面利率低於市場利率時，表示持有人未來能得到的利息收益相對較少，不利於資金提供者。為了避免市場利率變動而影響發行人及持有人的權益，而有了附買回債券（RP）及附賣回債券（RS）兩種附帶條件的交易方式。當預期未來市場利率會下跌，債券發行人（資金需求者）可發行附買回債券，於利率下跌時執行買回債券的權利，避免支付高於市場利率的資金成本；反之，當預期未來市場利率會上升，債券持有人（資金供給者）可選擇購買附賣回債券，於利率上升時執行賣回債券的權利，以獲取高於票面利率的利息收益。

場供需情形的預期，通常能比股市的大盤指數更敏銳地反應出景氣循環的動向。殖利率曲線圖的縱軸為殖利率，橫軸為各天期公債到期時間，當殖利率曲線呈現左低右高的正斜率、長天期公債殖利率高於短天期公債殖利率，表示投資人認為這時景氣已經從原來的低迷緊縮進入復甦擴張，預期央行將終止目前的低利率、接下來會以升息帶動金融機構的市場利率調升，所以追求有更高利率水準的長天期公債，以補貼未來升息、債券利息收益縮減的風險。當未來市場利率調升，長天期債券價格將會下跌，這時多傾向賣出長天期債券，改持有短天期債券，以便之後將資金做更高收益的投資。反之，當殖利率曲線為右低左高的負斜率、長天期公債殖利率低於短天期公債殖利率，則是反應出專業投資機構和法人預期這波景氣將反轉進入衰退，預期央行將終止升息、改以降息釋出貨幣增加市場的資金數量以刺激景氣，帶動金融機構的市場利率調降。如此一來，長天期債券價格將會上漲，所以傾向賣出短天期、改持有長天期債券，以獲得更高的利息收益。

政府如何應用公開市場操作穩定經濟景氣

　　債券不僅為資金需求、供給者在金融市場中借貸資金的工具，同時也是政府穩定經濟景氣的重要手段。政府在金融市場上買賣債券的行為稱做「公開市場操作」，發行的債券種類包括了到期日為一年以下的債券（稱為國庫券），和到期日超過一年的債券（又稱為中央政府建設公債或政府公債）等，依照長短期景氣政策的不同搭配不同到期期間的債券操作。

　　當景氣過熱時，政府透過金融機構發行（賣出）債券，將市場流通的過多資金收回以減少貨幣供給量，冷卻過熱的投資需求，使景氣降溫；反之當景氣衰退時，政府透過金融機構收回（買入）債券，以釋出更多的流通資金，刺激民間投資需求，促使景氣回溫。另外，債券收入也是政府重要的籌資來源，當政府為了提振經濟景氣，會擴大公共支出提升民間對商品、服務與勞動力的需求，但眾多公共建設需要龐大的資金，此時政府會透過發行債券，向大眾借入資金來擴大公共建設，用來創造更多的就業機會，進而提升消費需求，以利經濟成長。

債券的種類與變動影響

債券

資金需求者（債券發行人）在金融市場所發行的有價證券，同意在未來特定時日定期且無條件支付利息，並於到期日償還本金予資金供給者（債券持有人），因此債券市場即為資金供需市場。

政府公債
- 由中央或地方政府發行，債券評等最佳但收益性最差。
- 發行期間在一年以內的稱為國庫券，一年以上的稱為中央政府建設公債。

金融債券
- 由金融機構發行，債券評等及收益性次之。
- 短期債券稱為可轉讓定期存單，中長期則稱為金融債券。

公司債
- 由民間公司發行，債券評等最差但收益性最佳。
- 短期債券稱為商業本票，中長期則稱為普通公司債或可轉換公司債。

債券價格與殖利率的關係

$$殖利率 = \frac{〔（票面利率 \times 面額）+面額〕- 債券價格}{債券價格}$$

判斷方式

①票面利率：發行人定期要支付持有人的利率，乘以面額即持有人的固定利息收入。
②面額：發行人為債券所設定的價值，表示在到期日要償還給持有人的金額。
③殖利率：持有債券至到期日賣出期間，平均每年可預期的實質投資報酬率。
④殖利率和價格呈反向關係，當殖利率愈高則債券價格愈低；殖利率愈低則債券價格愈高。

從殖利率曲線判斷長短期資金供需及景氣變化

殖利率曲線為正斜率

表示長天期公債殖利率高於短天期公債殖利率，此時景氣進入擴張復甦，政府可能採取升息政策，投資人也預期未來債券價格下跌，而賣出長天期債券，改持有短天期債券。

殖利率曲線為負斜率

表示長天期公債殖利率低於短天期公債殖利率，此時景氣出現反轉進入衰退，政府可能會採取降息政策，投資人也預期未來債券價格上漲，增加持有長天期債券，而減少短天期債券。

新 聞 範 例 解 讀

希臘危機暫緩 標準普爾（S&P）上調該國主權評級至 B

　　2017 年 1 月 20 日國際信用評等機構標準普爾公司（S&P）將希臘長期、短期國內外貨幣信用評等從 CCC ＋調升至 B －，未來展望穩定（Stable）。希臘基本上符合了 860 億歐元第三次金融援助計畫條款。認為 2017 至 2020 年透過觀光業帶動，希臘將逐步改善就業市場，經濟成長平均可達 3%。比較值得擔憂的是，退休金制度造成的高額赤字逼近 GDP 的 11%，然而這項金額龐大的財政支出卻被視為可導向健康、教育和失業者的主要機會成本，整體經濟仍顯脆弱，金融業的調整仍令人擔憂。

解讀重點

依據標準普爾公司的信用評等方式，從高到低依序為 AAA、AA ＋（最高），AA、AA －、A ＋（優良），A、A －、BBB ＋（好），BBB、BBB －（中等），BB ＋、BB、BB －（不確定），B ＋、B、B －（差），CCC ＋、CCC、CCC －（非常差），CC（極差），C（最低）。信評未達中等的債券列為投機級債券，又稱垃圾債券。由於希臘政府長期舉債過度，且國內經濟成長不足，財政赤字高築，償債能力備受質疑，政府公債已多年遭標準普爾公司評定為垃圾債券等級，表示該債券的違約風險高，不值得投資。隨著希臘的經濟、財務重整，國際信評機構逐步上調希臘的信評等級，從原本的 CCC（非常差）調升至 B（差）的等級，前景展望穩定。但實際上希臘財政仍存在諸多隱憂，仍屬於高風險的投機級債券。由於高違約風險降低了投資人購買的意願，債券價格低，儘管殖利率高，投資人宜審慎觀察再做判斷。

與債券相關的新聞重點

　　債券價格會受到市場利率與景氣好壞的影響而變動，此外，政府於市場上買賣債券也會影響貨幣供給量，因此新聞媒體報導時也常提及以下概念：

▶ **利率**：當利率上升時，表示固定利息收入的債券對投資人不具吸引力，會使債券價格下跌；反之當利率下跌時，固定利息收入的債券可避免跌價風險而更獲得投資人青睞，使得債券價格上升。

▶ **貨幣供給量**：政府於公開市場上發行（賣出）債券並回收資金，將減少市場的貨幣供給量；反之政府於公開市場上回收（買入）債券並釋出資金，會增加市場的貨幣供給量。

▶ **經濟景氣**：當經濟景氣好轉時，債券的違約風險降低，債券價格上升；反之，當經濟景氣惡化時，債券的違約風險提高，債券價格下跌。

▶️匯率
匯率持續攀升創新高，
不利於出口競爭力

快速掃描

● 匯率為一國貨幣在外匯市場上的價格。
● 本國貨幣升值，有利於進口；本國貨幣貶值，有利於出口。
● 匯率為央行調整國際收支的重要工具。

　　匯率代表一國貨幣在國際匯兌市場上的價格，由於匯率價格每天都會波動，因此對於進出口商及外匯投資人會產生匯兌損益。由於貨幣價格波動會影響該國進出口競爭力，因此，如何維持一國的匯率穩定、並且反應該國貨幣的真實價格，成為各國央行執行匯率政策的重點。

匯率是什麼

　　每個國家均有法定貨幣，相對於本國貨幣而言，其他國家的貨幣即統稱為外匯。當國與國進行商品交易時，由於不同國家的貨幣價值並不相同，因此必須制定貨幣兌換比例，這就是匯率。國際上常用的匯率表示方法分為以下三種，分別為直接報價、間接報價及交叉匯率報價。

　　直接報價是將外國貨幣視為商品，以本國貨幣報價商品價格，顯示一單位外國貨幣可兌換成多少本國貨幣，例如 2017 年 6 月 13 日央行顯示銀行間收盤匯率，1 美元可兌換 30.227 元新台幣，美元兌新台幣匯率為 30.227（或新台幣／美元＝ 30.227）。這也是國際外匯市場上最常見的報價方式。

　　間接報價是將本國貨幣視為商品、外國貨幣視為商品價格，顯示一單位本國貨幣可兌換成多少外國貨幣，例如 1 元新台幣可兌換 0.0331 美元，新台幣兌美元匯率為 0.0331 美元（或美元／新台幣＝ 0.331）。目前只有歐盟區、英國、南非、澳洲、紐西蘭等國家採取間接報價方式。

　　交叉匯率報價則是指非使用美元的兩國貨幣透過兌換成美元的報價方式，例如 1 英鎊可兌換 1.2701 美元，而 1 美元可兌換 110.13 日圓，因此 1 英鎊可兌換 139.8761 日圓（1.2701×110.13），所以英鎊兌日圓匯率為 139.8761（或日圓／英鎊＝ 139.8761）。

從美元兌新台幣的匯率（假設原先匯率為新台幣／美元＝30.227）來看，當美元可兌換的新台幣數量變多時，匯率上升（如新台幣／美元＝31），表示新台幣貶值；反之，當美元可兌換的新台幣數量變少時，匯率下降（如新台幣／美元＝29），表示新台幣升值。

由於匯率會隨著市場供需而波動，影響匯率變動的主要因素包含該國國民所得、物價及利率。一國國民所得的增減與該國貨幣升貶值呈負相關，由於國民所得是衡量一國總體經濟活動水準的指標，當一國的國民所得增加、人民消費能力提升，民眾或企業買進更多外國貨品或進口更多原物料及設備，這時便需要賣出本國貨幣換得更多外匯來支付貨款，因而造成外匯因需求增加而升值，本國貨幣則相對貶值。

一國物價的漲跌與該國貨幣升貶值也呈負相關，例如當一國物價下跌、同一商品在該國的價格相較於外國便宜時，便會吸引民眾拋售手中的外匯來換得該國貨幣，以便以較低價格購買該商品，因而造成該國貨幣因需求增加而升值，而被拋售的外匯則是相對貶值。

一國利率的升降則與該國貨幣升貶值呈正相關，當一國利率上升時，會吸引持有外匯的投資人進入投資以賺取較高的存款利息，造成對該國貨幣的需求增加而升值，外匯則相對貶值。此外，其他因素如該國經濟及政治環境良好時，會因看好投資該國的未來效益而帶動本國貨幣的需求，使該國貨幣升值；反之，當該國經濟及政治環境惡化時則會使得該國貶值。

解讀匯率走勢的意義

一國貨幣的升值主要來自於外國對本國商品的需求增加，或對本國經濟發展前景樂觀。當本國貨幣升值，表示國人可以較少的錢買入等值的物品，有助於降低進口原料和設備的成本，也能吸引外資投資本國，促進產業升級。但是相對地卻會使出口商收取的外匯貨款可換得本國貨幣的數量減少，而且在成本提高之下，不論是調高出口貨品售價或是縮減企業利潤都會對出口產業造成不利。

當外國減少對本國商品的需求，或是對本國經濟發展前景悲觀不願進駐投資，而降低對本國貨幣需求時，便會造成本國貨幣貶值。此時出口商收得的貨款可以較貶值前換得更多的本國貨幣，使得成本降低而得以調降出口商品的售價，提高出口產業的競爭力。但本國貨幣貶值同樣也會導致進口原料、設備成本的提高，使從事進口的廠商商品成本大幅提升，而調高對本國販售的商品售價，產生輸入性通膨等經濟問題。此外，長期維持貨幣貶值，雖有助於一國出口，

但同時也會造成國內經營效率不彰、毛利極低的企業，只要靠著穩定匯率便能夠存活，長期來看將拉低該國薪資水平，以及不利產業升級。

除了一國匯率升貶值對該國進出口產生影響外，美元匯率的變動也備受各國重視。由於二次大戰以來美國一直都是世界最大經濟體與貿易國，大多數國家都與美國有貿易往來，為求貿易方便，美元便成為國際貿易的主要使用貨幣，使得美元匯率的升貶值直接影響到與其往來貿易國的進出口產業。其次，由於美國金融環境健全且經濟發展穩定，相較於歐元、英鎊、日圓等其他國際主要貨幣，美元匯率長期以來都是處於較為穩定的狀態，因此對於金融市場發展未趨健全的新興國家而言，會選擇以釘住美元的方式建立該國的匯率制度，避免承擔過度的外匯波動風險。

此外，國際間黃金及石油也都是以美元計價，由於黃金是兼具商品價值（飾金和工業用途）和金融價值（保值性的投資商品）的貴金屬，石油則是發展經濟不可或缺的重要能源，因此黃金和石油被視為最重要的原物料。當美元升值時，表示用較少的美元就可以購得同等價值的黃金及石油，使得黃金及石油的價格下跌；反之，當美元貶值時，表示要用較多的美元才可以購得同等價值的黃金及石油，使得黃金及石油的價格上漲。由此可知，美元匯率的變動往往會牽動黃金及石油的價格，更加重美元的國際地位。

雖然美元為國際強勢貨幣，但隨著歐盟的成立及中國經濟的成長，歐元以及人民幣對於國際貿易的影響也日漸重要，逐漸使得美元的國際地位有所動搖。由於歐元體系中多以經濟發展健全的工業國家為主，如德國、法國及義大利等，在如此強勁的經濟體質做為後盾之下，歐元的國際地位備受關注，然而隨著歐債事件的爆發，歐元匯率一度大幅貶值到 1 歐元兌 1.105 美元之後，國際間重新質疑並審思成立共同貨幣的弊端，也使得歐元的未來發展受到嚴厲的考驗。而中國近年來的經濟成長迅速，使得人民幣逐漸躍升為國際主流貨幣，隨著人民幣的升值預期，也帶動其他亞洲國家貨幣的升值，讓國際資金紛紛抽離歐美等國，轉而匯入亞洲國家，預期這波資金行情將持續支撐亞洲股市及房地產價格的攀升。

此外，由於一國匯率關係著該國的出口產業競爭力，因此，出口競爭對手國的匯率變化，也會影響該國出口產業優勢。例如台灣是以出口為導向的國家，因此當台灣的競爭對手如中國人民幣及韓國韓圓匯率相對於新台幣升值時，表示台灣的出口商可在新台幣貶值之下換得更多新台幣而降低成本，有助提升台灣的出口競爭力。而一國的進口來源國的匯率變動，則會關係該國人民生活水準及產業發展。例如台灣主要進口商品及產業技術大多來自於日本，當日圓相

對新台幣貶值時，本國人民對日本進口商品的購買力會提高，得以提升生活水準以外，同時會降低台灣向日本進口原料及電機設備、技術的支出成本，有助於提升台灣內部的產業環境。

央行應用匯率政策的目的與方法

由於匯率的升值與貶值對經濟的影響沒有絕對的好或壞，但是短時間內匯率過度的波動卻會對進出口商及投資人產生匯兌損失，因此央行最主要的匯率政策並非在於主導匯率的升值與貶值，而是在於穩定匯率。台灣的匯率政策採取管理浮動匯率制，也就是在限定的匯率區間內，匯率可由市場供需直接反映，一旦觸及限定的匯率界線時，央行便會採取匯率管制措施，避免匯率過度的波動。

央行的匯率管制措施是透過外匯市場進行外匯買賣及道德勸說。前者是指當新台幣升值匯率觸及上限時，央行會大量買入外匯並賣出新台幣，使市場上的新台幣供給量變多，以阻止匯率繼續升值；反之，當新台幣貶值匯率觸及下限時，央行則會賣出大量外匯並買入新台幣，使市場上的新台幣供給量變少，以阻止匯率繼續貶值。而所謂的「道德勸說」則是透過公開喊話，勸阻外資過度買進或賣出新台幣造成匯率過度升值或貶值。

央行實施穩定匯率作為時，實際上需同時考量維持出口競爭力以及避免輸入性通膨。當台灣的出口競爭對手的貨幣如人民幣及韓圜貶值時，央行會採取讓匯率適度貶值的政策，以維持我國的出口競爭力；反之，當新台幣匯率過度貶值時，會使得進口物資的成本提升，央行便會採取讓匯率適度升值的方式，提高新台幣匯率避免輸入性通膨的發生。讓出口、進口產業維持良好發展，著實考驗著央行拿捏匯率分際的智慧與手腕。

匯率制度的種類

匯率制度種類依照國際資金流動的自由度由大到小，大致可區分為浮動匯率、管理浮動匯率及固定匯率三種。浮動匯率制度以美國、英國及日本等先進國家為主，特色是匯率由市場供需決定。管理浮動匯率制度則為台灣、新加坡等所採用，特色是匯率在央行所制定的某一區間內波動可由市場供需決定，一旦超過所規定的波動範圍時，央行便會出手干預。固定匯率制度則是釘住主要貿易國的匯率，以開發中國家如沙烏地阿拉伯等為主。

匯率變動的因素與影響

匯率

即不同國家貨幣的兌換比率，也代表一國貨幣在外匯市場的價格。

直接報價

- 將外國貨幣視為商品，本國貨幣視為商品價格，顯示一單位外國貨幣可兌換成多少本國貨幣。
- 國際間最常用的匯率報價方法。

例 1美元可兌換30.227元新台幣（新台幣／美元＝30.227）

間接報價

- 將本國貨幣視為商品、外國貨幣視為商品價格，顯示一單位本國貨幣可兌換成多少外國貨幣。
- 歐盟區、英國、南非、澳洲、紐西蘭等國家採用。

例 1元新台幣可兌換0.0331美元（或美元／新台幣＝0.331）

交叉報價

非使用美元的兩國貨幣之間的報價方法。

例 1英鎊可兌換1.2701美元；
1美元可兌換110.13日圓
→1英鎊可兌換139.8761日圓（1.2701×110.13）
（日圓／英鎊＝139.8761）

影響匯率變動的因素

1. 本國所得增加
2. 本國物價下跌
3. 本國利率上升
4. 經濟狀況良好
5. 政治環境良好

1. 本國所得減少
2. 本國物價上漲
3. 本國利率下跌
4. 經濟狀況惡化
5. 政治環境惡化

本國匯率升值

好處 降低進口原料及設備成本，吸引外資進駐，有助於本國產業更新。

壞處
1. 不利出口產業競爭
2. 加重外債負擔

本國匯率貶值

好處
1. 改善貿易收支逆差
2. 減輕外債負擔

壞處
1. 提高進口原料及設備成本
2. 產生輸入性通膨

央行實施匯率政策的目的與方法

匯率過度升值

1. 買入外匯並賣出新台幣，阻止匯率繼續升值。
2. 透過公開喊話，勸阻外資過度買進新台幣。
→穩定匯率並維持我國出口競爭力

匯率過度貶值

1. 賣出外匯並買入新台幣，阻止匯率繼續貶值。
2. 透過公開喊話，勸阻外資過度賣出新台幣。
→穩定匯率並避免輸入性通膨發生

新 聞 範 例 解 讀

新台幣升值達 7% 未來動向備受關注

　　2017 年 5 月 19 日美元兌新台幣收在 30.21 元，升值 1.5 分，終止連續 2 日貶值。受到外資匯出力道減弱、以及出口商拋售外匯力道減弱影響，盤中呈現盤整格局，開盤價為 30.285 元，最高 30.17 元，最低 30.29 元，終場收在 30.21 元，升值 1.5 分。合計台北與元太外匯經紀公司總成交量達 10.03 億美元。今年以來，美元兌新台幣升值幅度超過 7%，對此央行副總裁楊金龍表示，根據資料去年 12 月 30 日至今年 5 月 17 日，台股漲幅達 8.2%，美元兌新台幣升幅達 7.1%，由此可知二者的關連。而截至今年 4 月底，外資持有國內股、債，加上台幣存款餘額，占外匯存底比重高達 81%，顯示外資對台灣資本市場舉足輕重，為影響新台幣匯率的主因。

解讀重點

新台幣升值會對出口商造成匯兌損失而不利於出口產業，而台灣又是一個出口導向的國家，因此近來升值幅度超過 7%、連兩日貶值、以及未來匯率走勢會如何，都受到相當大的關注。且由於台灣的投資市場日趨健全，外資占台股交易比重有上升趨勢，使得外資淨流入對台股漲幅、並使新台幣升值的影響力日增。外資進出台灣股市、債市、與銀行存款賺取較優利息時，都需要將外匯兌成新台幣，因此匯入匯出成了影響新台幣匯率的重要因素之一。台北與元太外匯經紀公司則是台灣兩大外匯經紀商，專司外匯交易仲介工作；新台幣外匯市場的基本交易量在 10 億美元左右，從交易量變化可以觀察交易市場活絡程度。

與匯率相關的新聞重點

　　匯率的變動會影響一國的外匯存底和貿易收支平衡，此外經濟景氣的變化也會影響匯率的升貶值，因此新聞媒體報導時也常提及以下概念：

▶ **外匯存底**：即中央銀行所保有的外匯數量，主要用來因應國內民眾所需與國際支付需求，或是做為穩定匯率的籌碼。當匯率上升（貨幣貶值）時，會使出口收入增加、進口支出減少，有助於提高外匯存底；反之，當匯率下降（貨幣升值）時，會使進口支出增加、出口收入減少，使外匯存底減少。

▶ **貿易收支**：當匯率上升（貨幣貶值）時會增加出口收入並減少進口支出，形成貿易順差，使得貿易收支盈餘；反之當匯率下降（貨幣升值）時，會增加進口支出並減少出口收入，形成貿易逆差，使得貿易收支赤字。

▶ **經濟景氣**：當國家景氣繁榮時，吸引外國資金湧入，造成本國貨幣升值；反之，當國家景氣蕭條時，使外國資金退出，造成本國貨幣貶值。

▶衍生性金融商品

衍生性金融商品違約風險疑慮導致股市重挫

快速掃描

● 衍生性金融商品屬於高獲利高風險的投資工具，受連結標的價格變動的影響。

● 具有預期未來標的價格變動的功能。

　　金融商品不斷推陳出新，經過與傳統金融商品重新組合與包裝後的衍生性金融商品，運用的財務概念複雜、槓桿比例大且多屬短期投機性質，高獲利的背後隱含大幅度價格波動的風險。為了避免金融機構銷售含有不良資產的衍生性金融商品造成投資人的虧損，有賴政府提供完善的風險管制政策。

衍生性金融商品是什麼

　　近年來興起的衍生性金融商品是從傳統金融商品（股票、債券、外匯等）或原物料（黃金、石油等）做為連結標的所衍生出來、具有價值的契約商品。傳統金融商品的價格由商品本身決定，而衍生性金融商品的價格則是由該衍生出的契約價值來決定。原本發明衍生性金融商品的目的是為了避險，也就是用來降低標的物買賣雙方對於未來價格變動的不確定，因而利用與標的物反向操作的方式，以減低標的物未來價格大幅波動的損失風險。由於衍生性金融商品具有槓桿操作的特性，只要支付小額保證金就能交易高價值的衍生性金融商品契約，因此受到投機客的喜愛，交易市場相當活絡。

　　衍生性金融商品種類繁多，大致可區分為遠期契約、期貨、選擇權及交換契約四種。「期貨」的概念源自「遠期契約」，皆是由買賣雙方於契約上明訂未來特定時日，有義務依照約定的價格及數量履行付款或交割的交易行為。兩者的差別在於遠期契約是由買賣雙方協議契約內容，無標準規格，而期貨則是具有標準規格的遠期契約。「選擇權」的交易者則是可以選擇做為買方或賣方。買方有權於約定期間，依履約價格向賣方執行買入或賣出約定數量的商品，買方為權利享有者，若未執行契約時，僅需支付權利金於賣方即可；賣方則為義務履行者，必須事先繳交保證金以確保義務的履行。「交換契約」是指交易雙

方每隔一段期間進行一連串現金流量的交換，例如利率交換、股權交換等。

　　衍生性金融商品經過創新包裝與組合後，還有認購（售）權證、可轉換公司債、資產證券化、結構式商品等。「認購（售）權證」與選擇權的概念大致相同，差別在於認購（售）權證是透過證交所交易，由投資人擔任買方，券商擔任賣方；選擇權是透過期交所交易，投資人可擔任買方或賣方。「可轉換公司債」是賦予公司債持有人可於一定期間內，履行轉換成公司股票的權利，因為可轉換公司債可享有轉換前固定領息、以及轉換後股價上漲的好處，因此發行價格較一般公司債高。「資產證券化商品」是由金融機構將房屋貸款、汽車貸款及信用卡貸款等債權包裝成證券，銷售給投資人，將債務人繳納的利息提供一部分做為投資人的獲利來源，以分攤債權將來無法回收的風險。「結構式商品」是將存款或債券的利息所得及部分本金投資於連結標的為利率、股價或匯率的選擇權，以固定收益換取高額收益。

　　由於金融商品不斷推陳出新，利用新興的財務工程技術（運用電腦及計量方法，融合財務理論，用以輔助交易與避險策略的技術），將傳統金融商品與衍生性金融商品不斷地包裝與組合，不僅使用的財務概念複雜且槓桿比例大、交易目的多為投機，因此為了保護國內投資人，目前台灣引進的衍生性金融商品種類不多，主要以指數及股票的期貨及選擇權、還有認購（售）權證為市場主流。

解讀衍生性金融商品的價格變動

　　由於衍生性金融商品是以傳統金融商品為連結標的，因此連結標的價格變動會對衍生性金融商品的價格產生影響。例如以股價、利率、匯率等金融指數為連結標的，當經濟成長與公司獲利帶來股價指數上

INFO

2008 年次貸危機
如何演變成金融海嘯

　　次貸危機（Subprime mortgage crisis），又稱次級房貸危機。在美國申請房屋貸款時，房貸機構會以「費寇分數」評估借款人的信用評等，分數愈高信用愈好。其中，低於 620 分的借款人，因貸款的風險高，必須申請利率較高的次級房貸。房貸金融公司（如房利美〔Fannie Mae〕、房地美〔Freddie Mae〕）從房貸機構購入次級房貸債權後，以未來次級房貸債權償還的現金流做為抵押擔保，包裝成不動產抵押債券（MBS），為了美化債權評等，透過財務工程技術與汽車或信用卡等信用貸款結合起來成為抵押債務證券（CDO），出售給投資人。尤其利率高，受到許多投資人、共同基金、避險基金、投資銀行（如雷曼兄弟）、保險公司的青睞。其中，投資銀行又將抵押債務證券包裝成各種衍生性商品銷售。之後因美國景氣過熱，聯準會（FED）持續升息（調升利率），使得次級房貸戶繳不起利息，同時房市資產價值又縮水，次級房貸違約率大增，資產價值下降，抵押債務證券價格

（接續下頁）

漲、資本市場資金充沛而升息（利率調升）、或出口量增加帶來貨幣升值時，代表經濟景氣繁榮，此時衍生性金融商品的價格會上漲；反之，當經濟衰退與公司虧損導致股價指數下跌、資本市場資金欠缺而降息（利率調降）、或出口量減少帶來貨幣貶值等，代表經濟景氣蕭條，此時衍生性金融商品的價格會下跌。由於連結標的通常不只是單一金融商品，可能同時連結多樣傳統或其他衍生性金融商品，而各項標的或金融商品之間的價格也會相互影響，造成衍生性金融商品的價格變動幅度遠超過標的價格的變動，甚至有可能損失時大於當初投入的本金。

由於相互連結的關係，加上市場日趨成熟，衍生性金融商品的價格通常也反映出對未來標的價格變動的看法，而具有發現標的價格的功能。當投資人預期未來經濟景氣繁榮或蕭條時，可能先反映在衍生性金融商品的價格上，連帶影響標的物投資人的判斷進而在標的價格上呈現出來。由於衍生性金融商品每天會比連結的標的更早開市交易，所以也成為投資人交易傳統金融商品決策的重要參考指標。雖然衍生性金融商品與標的價格是相互影響，而且衍生性金融商品可以預測並影響連結標的未來價格的走向，但衍生性金融商品到期時的價格最後還是會與連結標的的市價趨向一致。

政府對於衍生性金融商品的管制政策

由於衍生性金融商品槓桿比例過大，且交易行為多屬短期投機性質，一旦遭遇標的價格急速下跌時，容易造成回補資金不足而被迫退出交易市場，加上投機行為多屬短期資金，當前景看壞時也會一窩蜂退出，造成衍生性金融商品價格的崩盤。為了避免這樣的情況發生，政府對於衍生性金融商品必須要有完善的管制政策。

大幅下滑。發行抵押債務證券的房貸金融公司出現嚴重財務危機，將抵押債務證券再包裝成衍生性商品的投資銀行也受到波及，投資次貸相關商品的投資機構產生巨大損失、投資相關商品的基金資產價值大幅下滑，全球金融機構出現財務危機，引起投資人信心崩盤，將資金大量撤出股市，全球股市大跌，造成全球金融市場大震盪。〔資料來源：《圖解金融增訂版》，易博士出版〕

中小企業中標、延燒多年的 TRF

過去很長一段期間人民幣升值趨勢明確，投資市場出現連結匯率的選擇權商品——「目標可贖回遠期契約」（TRF，Target Redemption Forward）。TRF 透過銀行等通路銷售給客戶，交易方式是銀行與客戶對人民幣未來匯率走勢進行押注，若客戶押對方向，獲利為「本金×匯差」，押錯方向，虧損將是「本金×匯差×槓桿倍數（多為兩倍）」。由於產品本身複雜到難以理解、而且隱藏著對投資人不公平的設計，是一個「獲利有限、

（接續下頁）

自 2008 年投資銀行雷曼兄弟倒閉所引發全球金融海嘯，使國內陸續爆發連動債銷售風波，為預防此類事件重演，政府在 2009 年接連訂定及增修相關的規定，包括《境外結構型商品管理規則》、《銀行辦理衍生性金融商品業務應注意事項》等相關法規，同時也引進商品審查等制度，更加強風險監理機制及金融教育訓練。

就強化金融業務監管而言，由於銀行收取的是民眾存款，若將這筆資金投入衍生性金融商品的交易，勢必會對民眾的存款權益造成風險，因此政府限制銀行不得以不當銷售的方式讓民眾將定存解約進行這類高風險性的交易，同時政府也要求銀行必須了解銷售的衍生性金融商品本身是否包含不良資產，避免違約風險的產生造成價格崩落。就金融教育訓練而言，政府要求各金融機構必須提供商品銷售人員完整的教育訓練，確保對商品本身有充分的了解，在銷售商品的同時，也能善盡告知民眾相關投資風險的責任。

另外，在事後補救的部分，由於衍生性金融商品價格的崩盤會造成投資人虧損，政府除了建立金融消費糾紛的評議機制、全力協助投資人針對金融機構不當銷售的行為進行合理範圍的求償以外，也因應全球央行採取的量化寬鬆政策，調降利率，讓投資人以低利率取得資金，供短期調度之用。政府若能針對金融機構銷售商品之行為善盡管理之責，才可避免銀行因不當銷售造成投資人虧損所引發的社會問題。

風險無限」的高風險商品，但操作方法卻包裝得很簡單，加上普遍認定人民幣升值態勢明確，吸引許多在中國經商的中小企業、台商、及一般投資人用來避險或投機獲利。

不過自 2014 年第一季人民幣大貶，導致投資人慘賠，累積龐大虧損仍無法停損，小型企業倒閉，引發銀行銷售不當的爭議。估計企業戶的實際損失超過 1 億美元（約 30.25 億新台幣），潛在損失更高達 3 億美元（約 90.75 億新台幣）。為避免呆帳擴大成為金融問題，金管開始介入調查。

這項原本應該是設計給機構、法人等專業投資人的產品，因銀行為了提升業績而銷售給專業知識不足的投資人，銀行銷售人員又不具說明產品特性與風險的能力，自 2014 年 4 月爆發延燒至今，三年來金管會五度對銀行銷售 TRF 缺失做出裁罰，受罰銀行多達 20 家，包括不當話術銷售、未充分揭露風險、賣給沒有外匯避險需求的客戶、甚至協助客戶設立境外公司、編製財報等，總罰鍰金額達 1 億 400 萬元，並陸續採取三波強化管理措施，而本國銀行針對 TRF 造成的呆帳損失金額累計將近 150 億元。

衍生性金融商品的定義與價格變動因素

衍生性金融商品

以傳統金融商品（股票、債券、外匯等）或原物料（黃金、石油等）做為連結標的，而衍生出一具有價值的契約。

遠期契約	期貨	選擇權	交換契約	其他
買賣雙方於契約上明訂未來特定時日，有義務依照約定的價格及數量來履行付款或交割的交易行為。	同遠期契約，但有標準化格式。	買方有權利於約定期間前依履約價格向賣方執行買入或賣出約定數量的商品。	雙方每隔一段期間進行一連串現金流量的交換。	認購（售）權證、可轉換公司債、資產證券化、結構式商品等。

解讀衍生性金融商品的價格變動

1.受標的價格變動影響

經濟景氣繁榮	經濟景氣蕭條
經濟成長與公司獲利帶來股價指數上漲、金融市場資金充沛帶來利率調升、或出口量增加帶來匯率升值。 →衍生性金融商品價格上升	經濟衰退與公司虧損導致股價指數下跌、金融市場資金欠缺帶來利率調降、或出口量減少帶來匯率貶值。 →衍生性金融商品價格下跌

2.反映對未來標的價格變動的看法

預期未來經濟景氣繁榮或蕭條時，衍生性金融商品的價格先行反映，連帶影響標的價格。

政府對於衍生性金融商品的管制政策

事前預防機制	事後預防機制
1.訂定相關法規及商品審查，加強風險監理機制 2.加強金融教育訓練	1.挹注資金收購不良資產 2.寬鬆貨幣政策提供資金週轉

新 聞 範 例 解 讀

台指選擇權買方布局 台股多頭強勁

　　2017 年 2 月 20 日報導，18 日台股加權股價指數開高，期間在 9,780 點震盪，終場收小紅在 9,779.2 點。台指期自 15 日結算以來，一直領先現貨呈現正價差。從台指選擇權合約序列未平倉量來看，週選擇權買權以及 3 月全月的買權，壓力落在 10,000 點。近期選擇權的籌碼布局上，週選擇權買權的萬點未平倉達 2.36 萬口，多於 9,800 點到 9,950 點之間的 1 萬多口。3 月選擇權買權萬點未平倉高達 3.49 萬口，10,200 點與 10,400 點分別都有超過 2.2 萬口未平倉。估計台股短期遭逢獲利回吐賣壓，經盤整後將有機會挑戰攻上萬點。

解讀重點

衍生性金融商品的價格變動，一方面受連結標的影響，另一方面也具有發現標的未來價格的功能。台指選擇權的連結標的為台灣加權股價指數，台指期貨則是以台灣加權股價指數為現貨，因此在股市相關的新聞中，經常會同時觀察三者表現以確認未來行情。台股從 2016 年底以來至 2017 年 2 月，先是終結低迷呈現偏多走勢，二度出現明顯上升波段，能否上攻萬點眾所關注。台指期貨是許多法人投資台股現貨、尤其是當台股多空不明時的避險工具，在避險目的上與現貨呈逆價差為正常，目前期貨與現貨則是維持著正價差，表示內外資法人對台股多頭走升看法一致。在選擇權方面，買權是做多、預期行情大漲的指標，從「未平倉」、也就是投資人未反向操作出場的部位口數和點數區間，反映出投資人的心理預期，上述報導指出上萬點的未平倉口數大幅超過萬點以下的未平倉口數。報導中從台指期貨與台指選擇權交易資料分析走勢、籌碼等，均顯示台股有萬點多頭的實力，但需經過一段區間整理，才能再度上攻。

與衍生性金融商品相關的新聞重點

　　衍生性金融商品價格會因連結標的價格變動及經濟景氣好壞而有所影響，而市場健全程度也反映在衍生性金融商品的交易種類及數量多寡，因此新聞媒體報導時也經常提及以下概念：

▶ **市場健全程度**：當市場健全程度愈高，也就是流動性佳，財務透明且投機資金比例較小，衍生性金融商品可交易的種類及數量愈多；反之，當市場健全程度愈低，也就是流動性差，財務不透明且投機資金比例較大，衍生性金融商品可交易的種類及數量則愈少。

▶ **連結標的價格**：當連結標的價格上升時，衍生性金融商品價格會上升；反之，當連結標的價格下跌時，衍生性金融商品價格會下跌。

▶ **經濟景氣**：由於衍生性金融商品具有預期連結標的未來價格的功能，當預期景氣轉好時，衍生性金融商品價格會上升；反之，當預期景氣轉壞時，衍生性金融商品價格會下跌。

▶黃金
經濟動盪下國際金價看漲

快速掃描

● 黃金為典型抗通膨保值工具，通膨高漲會助漲金價。
● 黃金也是極佳的避險工具，戰爭、金融風暴的發生都會刺激金價上揚。
● 國際市場上以往有著美元漲則金價跌，美元跌則金價漲的規律，但逐漸已有脫鉤的跡象。
● 黃金可做為外匯儲備，目前全球官方部門共計握有約五分之一的已開採黃金儲量，為黃金最大持有者。黃金亦是各國央行實現外匯儲備多元化的最佳投資選項。

　　根據世界黃金協會（World Gold Council）資料，目前人類有史以來約開採了 183,600 公噸黃金，地面以下尚未開採的庫存量依美國地質調查局（USGS）的估計大約在 56,000 公噸左右。由於探戡、開採不易，地面上所有的黃金量三分之二都是在 1950 年以後開採。黃金的稀有性，使得黃金深具保值與避險的功能，無論在通貨膨脹或是通貨緊縮時期都能保有購買力，特別是在金融動盪之際，黃金更成為炙手可熱的投資商品。

什麼是黃金

　　黃金為一種貴金屬，由於探勘開採費時甚長，新的金礦脈通常需費時十年以上才能出產黃金，幾十年來雖然供給黃金的產區幾乎遍及全球，但受開採成本壓力、以及未發現質精量足的大型金礦床，近來開採量大約維持在 2,500 到 3,200 公噸，產量欠缺成長性。加上黃金本身對熱、濕氣、氧化及大部分侵蝕劑都具有高抵抗性，較一般金屬更耐儲藏，而且即使回收後再重鑄也不太會減損原價值，因而深具保值性。

　　由於黃金具有可儲藏、回收保值與高單價的特性，使得黃金除了具備做為飾金及工業用途的商品價值外，還具備金融資產的特性，在三千多年前就被當做交易貨幣的一種，現今仍是全球公認的國際準備資產。有些國家央行會儲備部分黃金，做為發行法定貨幣時的準備金，黃金儲備可用來彌補國際收支赤字，也是衡量一國貨幣的信用和償付能力的證明。

　　相對於各國政府或銀行持有金條或金幣資產做為官方黃金儲備，一般私人持有黃金的方式分別是實體黃金買賣、黃金基金、黃金存摺、以及黃金期貨。實體黃金的買賣包括金條、金幣和金飾等現貨的交易，以盎司做為通用的計量單位。但直接買賣金條與金幣有著攜帶不便與儲存不易的缺點，所以投資人也可透過開

辦黃金存摺來簡易買賣黃金，或透過投資黃金指數股票型基金（ETF）、以及以黃金類股做為標的的共同基金，達到間接投資黃金的目的。對於專業的投資人而言，還有黃金期貨及黃金選擇權兩種風險較高、相對也較複雜的投資方式。目前台灣期貨交易所也有新台幣計價的黃金期貨與黃金選擇權上市可供交易。

解讀影響金價變動的因素

　　黃金的生產國依序為中國、澳洲、俄羅斯、美國、印尼、加拿大、祕魯、南非、墨西哥等。中國 2016 年黃金產量達 253.5 公噸，已連續十年超越美國和俄羅斯，成為全球最大黃金生產國。以往，黃金的年產量穩定維持在 2,500 噸上下，近年來開採量增加，2013 年首度超越 3,000 公噸，2016 年達到 3,222 公噸高峰，新開採的黃金加上回收再使用的黃金供應量為 4,511 噸。

　　目前已開採出的黃金總量中，官方部門（包括各國央行、及國際貨幣基金組織）約持有 31,400 公噸做為官方黃金儲備、占地面上黃金總量的 16.8%。因此各國央行買賣黃金的一舉一動都會影響金價走勢，成為媒體報導焦點。例如央行拋售黃金會增加黃金市場的供應量，對金市通常是短期利空的消息；而央行的買金消息帶動對黃金的需求，將有利推升金價。

　　從使用層面來看，約有 88,000 公噸製成金飾，占總需求量達 47.1% 將近一半。印度和中國是全球最大黃金消費國，中國傳統上就偏愛黃金與金飾，印度民間則有嫁女兒要用金飾當嫁妝的習俗，加上中印兩國近年來經濟大幅成長，合計占全球總需求量高達 53%。若合計東亞、印度及中東共占全球總需求量，約達 71%。此外，做為投資用途如金條金幣的需求量、以及黃金 ETF 等類似商品約有 38,100 公噸、占 20.4%。

　　其中，黃金指數股票型基金（黃金 ETF）於 2003 年登場後，為投資大眾提供了一個十分便捷的

黃金存摺

　　黃金存摺是指投資人向銀行開立黃金買賣帳戶、用來登錄黃金交易資料的存摺。黃金存摺可選擇單筆和定期定額的方式交易。買賣黃金的方式有以重量為單位，和最低金額 200 元兩種方式，可採台幣、美元、人民幣的幣別計價。以重量單位的方式是以新台幣、人民幣計價最低買進單位為 1 公克，美元計價為 1 英兩（31.1 公克）。此外，也可以最低金額 200 元買賣黃金，也就是不論是以台幣、美元、或人民幣計價，最低買賣金額都是各幣別的 200 元，大幅降低投資門檻。開立黃金存摺帳戶後，投資人可按銀行揭示的黃金牌告價格委託銀行買進黃金存入存摺，也可將黃金出售給銀行，或依銀行規定方式提領黃金條塊現貨。

黃金投資管道，吸引了市場上許多投機性資金或大戶參與，大大刺激了黃金的需求，使得黃金 ETF 成為支撐金價的主力買盤，不僅推升了金價，對黃金價格的影響也愈來愈大。2016 年黃金 ETF 及類似產品全年需求量達 524 公噸，是有史以來的第二高，總資產規模從 2003 年剛上市時黃金持有量不到 100 公噸到 2017 第一季達到 2,251.8 公噸，其投機性對金價有相當大的推升作用，對金價的影響愈來愈大。

長久以來，黃金一直被視為抗通膨工具。每當有通膨發生，或是市場預期未來會出現通膨時，投資人青睞的眼光就會投射至黃金，期望能藉由持有黃金來維持資產購買力。黃金同時也是絕佳的避險工具，所以只要有戰爭危機或是有金融危機爆發，皆會引發黃金的投資搶購熱潮。

除了供需、價格面外，黃金還有一個為人所知的特色是，價格與美元匯率有著此消彼長、反向牽動的關係。這是基於美元與黃金同為重要的國際準備資產，彼此有著替代性質，加上國際上黃金價格是以美元計價，美元貶值代表需要花更多美元去買同等價值的黃金量，所以美元走貶會導致國際金價隨之上漲。但近年來產金國家變多、供給量增加，投資黃金的方式多元化，投機性大增對金價影響顯著，黃金與美元的連動關係已有削弱甚至脫鉤的跡象。

黃金與央行外匯儲備多元化的關係

各國央行一向就是金市的主要角色。在 19 世紀、20 世紀初的金本位時代裡，貨幣的發行是根據央行手中握有的黃金儲備數量來發行，央行手中需要握有充足的黃金準備，讓貨幣紙鈔持有者得以隨時按固定比例向央行兌換等值的黃金，這也是造成當今各國央行會握有如此大量黃金的原因。目前的國際金融制度已改採信用本位制，憑各國央行的信用做為貨幣發行基礎，取消了金本位時代黃金與鈔票的兌換關係，但

INFO

國際準備資產

國際準備資產是指一國政府所持有，可用來融通國際收支赤字、清償國際債務、維持本國匯率穩定而持有的流動性外國資產。國際準備產資的項目包括黃金、外匯存底（包括外國貨幣、外幣存款、國外票據、國外有價證券等金融資產）、在國際貨幣基金組織（IMF）的特別提款權（SDR）與準備部位。台灣因為非國際貨幣基金組織會員，所以國際準備資產中不包含後兩項。國際準備資產提供給央行干預匯市的必要籌碼，其多寡也是國際金融市場評估一國信用風險的主要指標。

黃金仍舊做為重要的國際儲備資產。

　　過去各國央行多處於黃金的淨賣方地位，但2009年以來開始出現轉變，各國央行開始增加黃金儲備量，從賣方轉為買家。肇因於金融海嘯發生後，美國實行量化寬鬆政策，大幅增加美元的供應量，加上美國債台高築，各國對美元的信心下降，美元貶值的壓力浮現，而當時各國的外匯儲備資產主要投資於美元資產，一旦美元貶值，勢必使得各國美元外匯儲備資產的價值大幅虧損。

　　有鑒於此，累積握有龐大外匯儲備的央行體認到需要減持美元，實現外匯儲備的多元化，以規避美元貶值的風險。而黃金在歷史上向來就是最具公信力的儲備資產，只是因產量過少，流通性不足，無法支應全球經濟擴張下的需求，所以沒有成為主要國際儲備資產，但以保值性和避險功而言，仍不失為外匯儲備多元化的最佳投資管道。

　　因此，各國央行都開始增持其外匯儲備資產中的黃金儲備比例，從世界黃金協會（WGC）的統計資料可見，2010年各國央行及其他機構的需求量為79.2公噸，2011年需求量暴增為480.8公噸，2013年來到顛峰達623.8公噸。2016年才開始趨緩，雖然減少購金，但已是連續七年淨買入、而且不太售出。而央行對黃金儲備的運用方式除了透過國際黃金市場，採取現貨、期貨及選擇權的方式交易外，還可藉由發行、經銷各種金幣，提高黃金儲備的收益。

　　目前的黃金大多持有在歐美央行手中，根據世界黃金協會截至2017年3月統計資料，官方公布的黃金持有量尤其以美國持有8,133.5公噸居首位，黃金占外匯儲備資產75%；德國3,377.9公噸、占外匯儲備量69%；國際貨幣基金組織2,814公噸，分居二、三名。中國1,842.6公噸第六名，占外匯儲備量68%；俄羅斯1,680.1公噸第七名，占外匯儲備量17%。台灣423.6公噸第十四名，占外匯儲備量4%。

黃金 ETF

　　黃金指數股票型基金（黃金 ETF）是一種以黃金做為基礎資產，追蹤現貨黃金價格波動的金融衍生商品，在證券市場上市交易，買賣方式如同基金。黃金 ETF 每股的價格報價一般是以十分之一盎司黃金的價格為基準，相較於實體黃金買賣以一盎司為單位，黃金 ETF 可小面額交易，使投資人進入門檻降低，並免去投資實體黃金所需的儲存及運輸成本，交易成本低廉，在推出後深受即市場喜愛。

影響黃金價格波動的因素

供給面因素

回收黃金

黃金可從市場上回收，經過熔金、再煉製，將二手黃金還原後再利用，回收黃金約占年供應量的 3 成。

新採金礦

黃金金礦的探勘與開採費時甚長，新礦場雖然能用來取代舊礦場，但對產量影響的變動不大。

通膨或通縮

黃金的保值性強，被視為抗通膨的投資工具，通膨或通膨預期發生時，黃金價格也會看漲。

避險需求

戰爭或金融風暴發生時，投資人會傾向持有黃金避險，使金價上升。

助漲

影響

黃金價格

影響

負相關

美元匯率

由於美元與黃金同為國際準備貨幣，彼此互有替代性，當美元走強，金價看跌；美元走弱，金價看漲，兩者呈負相關。

需求面因素

工業、醫療應用

黃金有極高抗腐蝕穩定性、及良好導電性和導熱性等，廣泛使用於電子、通訊、航太、化工、及醫療技術。此部分約占 8%。

製成金飾

為黃金的主要用途，開採出的黃金總量中約有五成製成了金飾，特別受到華人、印度社會的喜愛，需求量穩定。

投資需求

如金條和金幣、黃金ETF。因為不論通貨膨脹或通貨緊縮均保有購買力，投資黃金具有資產保值、避險的功能。

新 聞 範 例 解 讀

中國人行罕見公布黃金儲備數據

　　為了推進人民幣於全球使用，中國人民銀行（中國央行）宣布自 2015 年 6 月起定期公布外匯儲備、黃金儲備等數據。並於 2015 年 8 月 14 日公布截至 7 月底黃金儲備 5,393 萬盎司（約 1,528.89 公噸），較 6 月底增加 61 萬盎司（約 17.3 公噸）。

　　世界黃金協會的數據顯示，雖然中國的黃金儲備在全球名列第五，但黃金在其外匯存底中所占比重僅 1.6%，世界黃金協會的報告指出，中國應該將黃金儲備增加到 5%，估計中國 2015 年內會增加黃金儲備 400 公噸到 500 公噸。外國市場分析多認為，中國將進一步增加黃金儲備比例。

　　此外，國際貨幣基金組織（IMF）在 2015 年 11 月 30 日會議上討論將人民幣納入特別提款權（SDR）的議題，並宣布人民幣成為該組織的國際儲備貨幣之一，為特別提款權（SDR）「貨幣籃」中第三大貨幣，自 2016 年 10 月 1 日生效。結合中國黃金儲備的增加，有助於推廣人民幣國際化的過程。

解讀重點

中國躍升為全球第二大經濟體，力推人民幣躋身國際貨幣行列。報導中提到的特別提款權（SDR）是 IMF 在 1969 年設立的一種儲備資產和記帳單位，目前有美元、日圓、歐元、英鎊四大貨幣，可以與黃金、自由兌換貨幣一樣做為國際儲備貨幣，用來支付國與國之間的收支逆差。每五年 IMF 會對特別提款權（SDR）「貨幣籃」的構成進行評估。

中國從 2014 年開始即積極促使人民幣成為國際儲備貨幣，人民銀行並搶先在 IMF 召開關於 SDR 的會議之前公布黃金儲備量，在美元世界貨幣儲備地位漸受到挑戰的此時，公布提高黃金儲備，一來緩解外界對中國政府操縱人民幣匯率的疑慮，二來是以擁有並且將繼續增加黃金儲備量，做為人民幣的堅強後盾。雖然中國 2015 年黃金儲備在全球排行第五，不及美國的第一，但中國大規模買入黃金已是不爭的事實，這將使中國在全球金融市場的地位和影響力愈來愈大。

黃金相關的新聞重點

　　新聞媒體報導黃金的相關消息時，也常提及與金價波動相互影響的以下概念：

▶ **美元**：通常與金價呈負相關。美元升值使購金成本增加，導致金價跌，反之，美元跌則金價升，但非定律。

▶ **通膨**：黃金有抗通膨的功能，當通膨發生，或預期未來將出現通膨之時，金價就會隨之走揚。

▶ **原物料價格**：貴金屬、商品、原物料需求和價格上漲的情形與通膨程度息息相關，進而影響金價。

▶ **國際油價**：與金價呈正相關。國際油價飆升易引發通膨，此時具避險保值的黃金易受青睞，帶動金價上漲。

▶原油
油價上漲反映利率低美元貶值

快速掃描
● 油價目前以北美市場的西德州中級原油（WTI）價格最有影響力。
● 影響油價的因素有供需調整、美元走勢、國際利率、資金炒作、新興需求等。
● 油價高漲影響地緣政治以及替代能源的開發。

原油是各項油製品的最初產品，經濟價值高，是現代工業最重要的基礎能源和原料，從原油的供需與油價漲跌，可以了解經濟成長的基本條件和成本。影響油價的主要因素包括了地緣政治因素的影響、美國為首的產油大國及石油輸出國家組織（OPEC）的態度、替代性能源的發展與使用，以及市場供需的變化與季節性需求等；另外原油也是投資商品的一種，因此也受期貨市場、外匯市場、貨幣市場運作的影響。

認識原油與原油市場情勢

原油是一種化石燃料，又稱為「黑金」，從 1859 年人們開始利用原油生產燈油至今，原油大規模商業開發利用已有一百五十年歷史，原油經過煉油廠的精煉裝置處理後，就是所謂的石油。石油產品可做為動力燃料，是汽車、拖拉機、飛機、輪船等交通工具的汽油燃料。石油用途在二戰後凸破燃料階段進入合成產品，經由化學反應產製石油產品與化學產品的加工工業，簡稱石化工業。石化產品可直接應用或做為間接材料，如塑膠、合成樹脂、合成纖維、溶劑及黏著劑等，再將這些材料加工製成鞋子、輪胎、衣服、油漆等商品，使得原油成為民生用品不可或缺的原料，更帶動經濟成長而成為商品。

目前全球最大的產油國為沙烏地阿拉伯、美國、和俄羅斯，三國合計約總產量 30% 以上。近年來，美國因成功開採頁岩油，產油量激增，被看好未來成為最大產油國；沙烏地阿拉伯是 OPEC（石油輸出組織）首要會員國，也是長久以來全球最大產油國，石油出口占總出口值 75%；俄羅斯則是高度仰賴能源出口、占總出口值 60% 的大國，三國可開採的原油蘊藏量占全球前三位，產量因成本、技術、政策考量而消長。

OPEC（石油輸出組織）成立於 1960 年 9 月，起初由沙烏地阿拉伯、伊拉克、伊朗、科威特和委內瑞拉 5 個會員國組成，目前有 14 個成員國（6 個中東國家、6 個非洲國家、2 個南美國家），產油量占全球達 40%，石油輸出收入成為政府

財政的重要來源。上世紀初以來，中東一直是可開採的原油蘊藏量及生產量最多的地區，部分石油生產國為了對付西方國家的石油公司跨國壟斷和哄抬價格牟取超額利潤，因此聯合成立 OPEC，透過協調成員國之間的政策和價格，以維護產油國的利益，避免不當的油價波動。成立以來，OPEC 始終是原油供給的關鍵角色，具有調控產量和影響油價的能力。

美國頁岩油原本不受重視，在成功應用頁岩氣技術凸破開採瓶頸後，2009年開始商業化開採，產量大增。雖然開採成本仍高於每桶 40 美元，遠高於 OPEC 每桶 10 餘美元的成本，因蘊藏量豐富、開採技術不斷提升，加上美國的戰略和地緣政治因素，對未來原油市場版圖造成震撼。由於美國一向是全球最大原油消費國、OPEC 最大的客戶，但頁岩油不斷增加產量，大幅降低對外的依存度，雖然仍有 40% 原油仰賴進口，卻已直接衝擊 OPEC，尤其是沙烏地阿拉伯。

俄羅斯是美國以外、非 OPEC 產油國之首，經濟高度依賴石油和天然氣的出口，出口占比高達 60%，產油成本每桶約 17 美元。。

原油對經濟的重要性不言而喻，然而近十年來油價卻是劇烈起落屢次探底。2008 年受美國金融海嘯以後，由新興國家帶動的全球經濟急速冷凍，對原油需求減少，油價雖一度因美元貶值、炒作、區域政治緊張而大幅攀升，但在短短數月內，美國西德州中級原油（WTI）現貨價格從 2008 年 6 月的月均價每桶 133.93 美元，崩跌 70.76% 至 2009 年 2 月的 39.16 美元，雖然 OPEC 不斷減產，但美國經濟不振全球景氣蕭條，油價難以激勵。此後油價緩步上漲，從 2010 年 10 月起到 2014 年 10 月，油價大抵在月均價每桶 80 美元到 105 美元間來回震盪，期間最高 2011 年 4 月曾來到 110.06 美元。

2009 年美國頁岩油開始量產，因低油價遭受嚴重財政赤字的沙烏地阿拉伯一方面為增加收益、一方面為壓制美國頁岩油的利潤，在 2011 年 6 月油價來到月均價每桶 96.26 美元時，一反 OPEC 減產態度改採增加原油產量以抑制油價上漲的策略，使油市情勢變得愈發詭譎。但總體上，利多因素薄弱，不利因素層出迭起，需求基本面仍陷入緊縮中。

2014 年 6 月油價攀上月均價每桶 105.2 美元，之後便在經歷美國頁岩油產量暴增、沙烏地調降原油出口報價、OPEC 再度維持產量、美國原油庫存增加、沙烏地阿拉伯與伊拉克持續降價促銷、OPEC 繼續保持產量目標不變、第二大原油消費國中國進口量大幅下降、OPEC 產量居高不下、伊朗加速增產、OPEC 會員國缺乏產量共識、美國廢止原油出口禁令、沙烏地阿拉伯與俄羅斯原油產量持續維持高點、伊朗石油禁運鬆綁……等諸多利空因素，全球原油市場陷入嚴重供給過剩，油價溜滑梯下墜到 2016 年 2 月每桶 30.35 美元新低價位，崩跌

原油的重要性及影響油價變動的因素

原油

是一種化石燃料，又稱為黑金，經過精煉處理後就是石油。石油產品可做為交通工具的汽油燃料，或經由加工工業製成石化產品，可直接應用或做為多項民生用品的間接材料。

發展工業的 重要能源	運輸工具的 汽油燃料	民生用品的 必備原料

主要產地與交易市場

原油產地

世界四大產油國目前分別是俄羅斯、沙烏地阿拉伯、美國和中國；伊拉克、伊朗、科威特、沙烏地阿拉伯和委內瑞拉代表成立「石油輸出國組織」（OPEC），現在有 14 個成員國，占全球產油量的 40%。

原油市場

北美市場的西德州中級原油（WTI）價格、歐洲市場的北海布蘭特原油（Brent）價格，以及亞洲市場的中東生產原油（杜拜和阿曼原油）價格為全球主要原油市場，其中以 WTI 最有影響力。

影響油價變動的因素

市場供需

供給大於需求，使油價下跌；需求大於供給，使油價上漲。2008 年來全球經濟成長趨緩、需求減少，供給過剩之下價格持續低迷。

OPEC 與非 OPEC 的競合

OPEC 供給全球 40% 左右的原油，非 OPEC 如俄羅斯供給量亦達 10%以上，雙方成本均低，其競合關係影響實際的供給量。

美國頁岩油的開採

美國躍升為全球第一產油國，並從最大消費國減少進口量，大幅衝擊原油市場版圖與供需結構。

市場炒作

握有龐大資金的對沖基金和主權基金進入原油期貨市場炒作，哄抬油價，推動油價飆升。

美元

原油以美元計價，通常都隨著美元幣值變動，所以美元若相對其他主要貨幣貶值，將會造成原油價格上漲。

利率

利率愈高，會抑制從事原油期貨交易的投機行為，國際油價就愈穩定；反之利率愈低，會鼓勵投機，油價會攀高。

71.43%。

此一結果卻意外促成俄羅斯為首的非 OPEC 產油國與沙烏地阿拉伯為首的 OPEC 會員國一致同意減產，經過一連串談判，終於在 2016 年 11 月底達成減產協定，2017 年開始實施，不過實際上雙方各有盤算。產量達俄羅斯 40% 的俄羅斯國家石油公司（Rosneft）聲稱不會減產，同時也懷疑 OPEC 成員國是否會進行減產，另一方面也顧忌油價若漲到每桶 50 美元，將會使美國頁岩油有利可圖。而 OPEC 方面，初期減產目標達成率高，但不僅不受減產約束的成員國如奈及利亞、利比亞大力增量出口，包括沙烏地阿拉伯等國的總體出口量也都增加，使得這份協定看起來是 OPEC 對美國、俄羅斯確認主導地位的意義，更大於實質意義。十年來油價的劇烈震盪持續探底，讓投資人開始對原油市場失去信心，只要是全球景氣經濟復甦的基本面仍脆弱，未來仍是普遍看空長期油價走勢。

如何解讀原油的價格變動

原油現貨交易的價格，稱為油價，以「桶」為單位，一桶原油相當於 158.9873 公升、或 42 美制加侖、34.9723 英制加侖。油價最具代表性的有北美市場的西德州中級原油（WTI, West Texas Intermediate）價格、代表歐洲市場的北海布蘭特原油（Brent Crude）價格，以及亞洲市場的杜拜原油（Dubai Crude）價格。

西德州中級原油（WTI）是在北美生產、提煉、消費的原油，輕質低硫容易提煉，相對品質較佳，WTI 的現貨價格主導美國市場，是國際間最具影響力的油價指標，也是紐約期貨交易所（NYME）交易原油期貨合約的標的商品。北海布蘭特原油（Brent）主要來自英國、挪威、丹麥、荷蘭和德國，約有三分之二銷往全球，品質稍差於 WTI，其現貨價格是歐洲、非洲和中東的原油銷往西方時的定價基準，也是倫敦

INFO

三次石油危機

第一次石油危機發生於 1973 年以阿戰爭，因 OPEC（石油輸出國組織）成員長期與以色列的領土和宗教糾紛，對支持以色列的美國等盟國不滿而實施石油禁運，並調漲油價高達四倍，造成西方國家的經濟衰退。第二次則發生在 1979 年伊朗革命，因石油出口航線受阻導致油價飆漲。第三次是 1990 年伊拉克入侵科威特的波斯灣戰爭，導致產油大國沙烏地阿拉伯受到威脅。三次危機皆源於產油地區政局不穩而非產量不足，受戰爭威脅影響到石油的生產和輸出，導致油價飆漲。

國際原油交易所原油期貨合約的標的商品。杜拜原油（Dubai）主要銷往亞洲市場，較西德州原油與布蘭特原油重質、硫含量也更高，因杜拜產油量較少，因此現貨價格是取杜拜和阿曼兩地的均價做成基準價格，是波斯灣原油銷往亞洲市場的參考指標，在杜拜期貨交易所原油期貨合約的標的商品。

油價就像其他商品價格一樣受供需關係驅動，當經濟景氣好轉，對原油的需求量也會提升，帶動油價上漲，使供給量增加；反之景氣蕭條，對原油的需求量便會降低，促使油價下跌，減少供給量。年度中的季節性需求也會反映在油價上，旺季多落在 6 月到 9 月夏季需求、以及 11 月到隔年 1 月冬季需求，帶動油價上漲；此外，天災人禍等因素如夏季的墨西哥灣熱帶風暴、區域動亂等，也會造成短期的油價上漲。

另外，國際匯率市場尤其是美元匯率，以及國際期貨市場的運作也會影響油價。若美元相對於其他貨幣貶值，等於需要花費更多的美元才能購買等量價值的原油，所以油價會上漲。加上近年來大量投資基金透過期貨交易炒作油價，例如以高風險投機為手段並以盈利為目的的對沖基金，和以國家財富為基礎、受政府控制的主權基金，均以龐大資金介入國際原油期貨市場的運作，被認為是影響油價的一大主因。

在股市方面，油價漲跌除了直接牽動塑化、石化中上游產業相關類股之外，多半是影響投資人的信心。過去，油價和股市的直接關連不大，間接反映為油價上漲不利經濟發展的心理預期，促使股市下跌；反之，油價下跌形成有利帶動經濟的預期，促使股市榮景。近兩年來原油嚴重供給過剩，油價持續走低，卻無法讓投資人視為有利因素，同樣引起信心危機。由於原油是經濟成長的基礎原料，長期處於低油價將延緩物價的推升，穩定適度的通膨是帶動景氣的必要條件之一。當適度的通膨目標無法達成，表示景氣未復甦到擴張期，將影響央行採取升息政策的時機，投資人的信心也將隨之波動，例如出現不尋常的油價與股價高度同方向連動的關係。

因應油價漲跌的政府對策

油價上漲對各產業總產值的影響以運輸業的影響最大，其次為水電燃氣業、礦業、農業和製造業。製造業中，總產值成長受影響最大的為石油及煤製品、基本金屬業、非金屬礦物製品業、化學及塑膠業與木竹製品業。由於油價上漲，影響到民生工業的成本隨之上漲，而帶動物價上漲。如果呈現溫和穩定上升的通貨膨脹、且失業率低，將有助於景氣推升。倘若油價飆漲形成嚴重通膨、且失業率高，政府可能採取短期因應措施以減輕衝擊，例如短期油價「凍漲」，

但不宜長期實施，以免阻礙市場正常運作。

　　油價下跌，基本上與上漲相反，運輸業得以降低燃料成本，相關製造業和民生工業也得以降低原料和基本成本。當企業營運成本降低，也是相關產業創新轉型升級的好時機。並且有利於政府能源政策轉型，以低廉油價儲備較高存量，一來確保國內能穩定供應油價，二來有利於政府爭研發轉型替代能源，打好未來油價回升時穩定物價的基礎。

新 聞 範 例 解 讀

油價短期波動上漲，長期仍保持熊市

　　紐約期交所（NYMEX）8 月西德州中級原油（WTI）期貨收盤價格上漲 50 美分，收在每桶 44.74 美元，漲幅 1.1％，為連續五個交易日上漲。主要是美國能源情報署（EIA）6 月 28 日公布最新公布數據顯示上週美國國內原油產量明顯下滑、且庫存量降幅大於預期所致。雖然油價可能漲回 49 美元，但長期仍將保持在熊市。

解讀重點

紐約油價經過 2015、2016 年的削價競爭，長期供給大於需求。從報導中可知油價連五日上漲的原因，是美國產油量減少、且庫存比預期減少的幅度更大，反映在 8 月到期的 WTI 期貨價格上。此前，OPEC（石油輸出國組織）與非 OPEC 俄羅斯為首的產油國達成減產協定，但成效不彰，油價長期仍為穩定下跌。雖然美國原油產量與庫存均下降，使油價數日獲得激勵上漲。但減產協定的實際結果是雙方各有盤算，減產效益不易達成，近日上漲一陣子後，恐怕支撐有限。全球經濟復甦的基本面並未改變，需求動能不足，未來價格普遍認為走低，原油市場仍處於熊市。所謂「熊市」即是空頭市場，相對於代表多頭的「牛市」。

與原油相關的新聞重點

　　油價常與利率、股市及美元價格密切相關，新聞報導中也常提及以下概念：

▶ **利率**：當利率愈高時，會對投資及消費產生抑制作用，投資基金進行原油期貨交易資金的成本也會提高，因而降低原油期貨交易的投機行為，國際油價會趨於穩定。反之，當國際出現超低利率及資金環境充裕時，就會持續支撐石油期貨炒作及國際油價上漲。

▶ **股票市場**：若油價上漲是因為經濟成長導致的需求增加，便可帶動股市的同步上揚，若高油價開始造成高通膨問題，股市就有下跌的危機。

▶ **美元**：世界原油價均以美元計價，通常會隨著美元幣值變動，若美元相對其他主要貨幣貶值，因需要更多美元才能購得等量價值的原油，而促使油價上漲，反之美元升值，油價則下跌。

▶▶房地產
經濟成長趨緩房價出現下跌空間

快速掃描	●房地產市場的價格波動受景氣循環和供需變動的影響。 ●房貸利率上漲會抑制房價;房貸利率下跌會推升房價。 ●內政部統整轄下單位經管的各類住宅及不動產相關資訊,整併建立為單一入口網「內政部不動產資訊平台」,將台灣不動產各項資訊統計與調查資料、實價登錄、待拍待標售物件等訊息整合在同一網站上供民眾查詢使用。

　　網路世代興起,政府資訊公開的腳步愈來愈快,房地產交易資訊也逐步朝開放透明的方向發展。儘管影響房地產市場價格的因素很多,對投資人來說,善用各種資訊並學習從不同角度綜合研判整體房地產市場現況,是投資房地產不可或缺的能力;對政府來說,研擬合宜的住宅政策並打造即時透明的房地產市場交易資訊平台,維持公平合理的交易市場機制,則是讓房地產市場健全發展的正確措施。

什麼是房地產

　　房地產是房屋和土地兩種財產的合稱,就字面解釋,「房」指房屋建築物,「地」指土地,「產」指財產權屬。而房屋建築物包括興建完成可以使用的「成屋」,及未興建或尚未興建完成的「預售屋」兩類。房地產市場依需求可分為住宅建築、商業建築和工業建築市場,住宅市場又可以分為社區、獨立住宅如透天厝和集合式住宅如公寓大廈,另外也有一些特殊住宅的市場如國宅和農舍;商業建築市場分為辦公大樓、店面和百貨商場;工業建築則分為工廠廠房和廠辦大樓。按屋齡區分則可分為預售屋、新成屋和中古屋市場,按交易方式也可以分為買賣市場和租賃市場。

　　房地產交易市場的特徵為地區性市場、建商起造成本與訂價資訊不透明、市場供需調整緩慢和公共性因素影響程度高;且因為房地產的不可移動性(也稱不動產),房地產市場的供需與價格受所在地區位的影響很大;而房地產的土地取得及興建都需要時間,因此短期供給較無彈性。另外,房地產交易市場受到都市發展、公共建設、都市計畫法規及稅賦等金融政策影響,像是政府於2016年實施房地合一課徵所得稅制度,使房地交易所得按房屋、土地全部實際獲利課稅,目的為抑制房價不當高漲,因此房地產交易市場也常受到公共政策力量影響。

對房地產投資者來說，最關心的三點，分別是「時機」、「區位」與「類型」。「時機」是考量目前房市景氣狀況是否適合進入市場；另外是「區位」，對於不同地區的房地產，有不同的法令規範影響其建物使用價值，因此考量也不同；最後為「類型」，房地產的不同類型也影響其投資價格。

解讀房地產的價格變動

影響房地產價格漲跌的因素，包括房地產市場供給與需求兩者的消長，以及房地產產業景氣循環的週期。房地產景氣循環又與一國總體經濟變化相關連，週期往往長達數年。

當國家整體經濟活動呈現擴張，國民所得及就業水準相對提高，欲購屋需求隨之增加，交易量也因需求增加而逐漸提升，帶動房地產景氣自谷底開始復甦，但起初因市場空屋的供給量仍多，價格不會立即上升，而是逐漸攀升日趨穩定。此時因建商在樂觀預期下會陸續推動新建案，帶動房地產產業加溫，釋出更多的生產與就業，促使經濟景氣邁向高峰期，房市這時也會出現價漲量漲的情形。此時以房市為主的投資性買盤進場，市場空屋數量逐漸被消化，此時建商在利潤增加下會推出更多預售個案，因此預售屋供給量亦會達到高峰，建造面積將大量增加。然而，在建商過度樂觀預期下，可能造成供過於求的現象，同時政府為避免經濟景氣過熱引發通貨膨脹現象，亦會採取緊縮貨幣供給，使經濟活動降溫，房地產投資者此時縮手退場，加速房地產交易量下滑，空屋量增加，房地產產業景氣也由高峰逐漸下滑。

在房地產產業景氣步入衰退階段，房地產市場價格不再上漲，且交易量逐漸減少，此時業者會減少預售供給，投資者亦陸續脫手使成屋的供給量增加。另一方面，政府則會提供低利優惠貸款或是建商

INFO

房地產投資的工具

房地產投資除了直接投資房地產外，也可嘗試其他投資工具，如投資營建類股、不動產投資信託（REITs）或全球不動產基金。若直接投資房地產，收益來源為租金收入或買賣價差，報酬不固定且差異大；REITs 則是將房地產包裝成基金，讓投資人小額認購即可享有房地產租金收入的分配及買賣交易的價差利得；全球不動產基金則以投資海外不動產證券商品的配息收入為主。

提供購屋送裝潢、家具以刺激買氣,縮減房價在短期內的降幅;整體而言,市場呈現價格小幅下跌或是議價空間加大的狀態。若景氣進入蕭條的谷底階段,房市需求下滑,不但投資或自住型購屋需求都會減少,此時在房市景氣階段所推動的建案已陸續完工,但在供給過多的情況下會使價格下跌的壓力更為擴大,交易量亦因缺乏需求、及消費者預期房價會再下跌而持續萎縮。空屋數明顯增加,蕭條時期的長短可能視超額供給何時被消化而定。

從供需面衡量房地產景氣概況,可參考幾項調查報告:首先是由內政部營建署每半年所做的「住宅需求動向調查」,調查方式多半運用電話訪問或問卷,以 2016 年下半年所做報告為例,即針對台灣六直轄市的欲購置住宅者、以及已租用住宅者、欲租用住宅者進行調查。從欲購置住宅者的購屋動機、欲購屋類型、決定購屋因素、可負擔價位及搜尋管道、購屋偏好、與政府政策(例如多個縣市調整或檢討公告地價或房屋標準單價、房地合一課徵所得稅制度)對於房價影響、房價趨勢等面向彙集意見。將調查結果統計後,以欲購置住宅者的中間傾向為指數基準點 100,針對欲購置住宅者對房價的看漲或看跌給予不同等級的權重,編列房價趨勢分數,分數介於 0 至 200 分間。100 分代表看漲者與看跌者比例相同,分數若高於 100,顯示預期房價上漲者比例較看跌者多;若低於 100,則顯示欲購屋者對房價看跌的比例較高。

除了從市場供需與總體經濟觀察房地產景氣變化之外,由於房地產市場具有相當強烈的地域性,在人口、區位、行政區特性以及都市化程度等條件不同下,各地的供需條件和價格都不一致。例如土地量大的區域因為供給大於需求,價格不易快速上漲;反之土地量少的市中心,因供給有限,使得建商、投資客為競逐有限標的,而推升價格。因此,市場上也會觀察空置率、租金水準、成交金額、交易量等等指標來衡量房市的變化。

這類資料可參考另一份同樣由內政部營建署彙集、將多個政府單位編製與不動產資訊有關的季報、年報重新整合並改版的「住宅資訊統計彙報」;每季調查的統計資料區分為「人口家戶」、「住宅供給」、「交易課稅」、「住宅價格」、「住宅金融」、「住宅補貼」六大類。若要查詢全國住宅供給狀況,在「住宅供給」類資料中,每季會公布全國「住宅存量季報表」、「核發住宅建造執照季報表」、「核發住宅使用執照季報表」、「住宅開工季報表」,顯示建商住宅建案供給數字增減的情形。

此外,由於國內自 2012 年開始實施實價登錄不動產交易價格制度,內政部營建署得以全國各直轄市、縣(市)不動產交易的實價登錄價格資料,編製「住

宅價格指數」，提供住宅價格之變動趨勢資訊，每季更新一次，目前編製完成全國及六直轄市住宅價格指數，編製期間為 2012 年第三季至 2016 第四季，顯示每季全國各縣市及六直轄市住宅價格的漲跌趨勢。

政府決策與房地產市場走勢的關連

房地產市場走揚，可帶動建材（如水泥、鋼鐵）、運輸、金融、家具等周邊產業的發展，因此常被視為一國經濟的領先指標，當房地產交易熱絡時，會促進消費，帶動經濟，因此房地產市場的榮枯是各界關心的焦點。若房市價格頻創新高，交易量大增，建商也乘機大量推案，造成供過於求，市場可能出現房市泡沫。為避免房價崩盤造成經濟體系的傷害，政府會使出冷卻房市手段，例如緊縮房貸降低投機需求，此外增加住宅供給例如興建國宅，以減緩房價上升，並要求資訊公開披露、房價透明化等方式來監控市場。反之，當房地產價格回落的時候，也可能是反映經濟步入衰退的徵兆，房地產相關行業的就業人口會首當其衝受到影響，政府這時會推出首次購屋優惠、降低房貸利率、購屋抵稅等優惠政策來刺激房市。

房地產市場的特徵與影響因素

房地產市場

買賣或租賃房屋和土地的交易市場，特徵是地區性市場、市場供需調整緩慢、公共性因素介入高。

依使用用途分類

住宅建築	商業建築	工業建築
社區	辦公大樓	工廠廠房
獨立住宅	店面	廠辦大樓
集合式住宅	百貨商場	

判斷指標

● **房地產景氣指標**
包含景氣對策信號、領先指標、同時指標，可了解房市的總體概況。
● **台灣地區住宅需求動向調查**
了解購屋者和租屋者對房價的信心指數，及當前或未來房價看漲或看跌的比例。
● **其他判斷指標包括：**空置率、租金水準、成交金額、交易量。

不同房地產景氣階段的特徵

數量、價格

| 谷底→復甦階段 | 復甦→高峰階段 | 高峰→衰退階段 | 衰退→谷底階段 |

◆經濟活動呈現擴張，購屋需求增加。

◆交易量逐漸提升，但空屋供給仍多，價格未立即暴漲。

◆建商開始推動新建案，引發更多的生產與就業。

◆房市出現價漲量漲的情況。

◆房市的投資性需求增加，市場空屋數量逐漸消化。

◆建商利潤增加，推出更多預售案，使預售屋供給量達到高峰、建照面積大增。

◆房價高漲且交易量增加。

◆投資需求減少，拋售成屋使供給量增加，建商則減少預售供給。

◆政府提供低利貸款，建商提供購屋優惠，使房價短期內降幅有限。

◆交易量縮減，房價小幅下跌或議價空間加大。

◆投資需求大減，自住型購屋需求也下滑。

◆房市榮景階段推動的建案完工，造成供過於求。

◆房價下跌壓力大，交易量持續萎縮。

時間

政府因應房市榮枯的對策

| 房地產景氣過熱 | ●緊縮房貸降低投機需求
●增加住宅供給減緩房價上升
●要求資訊公開披露、房價透明化 | 房地產景氣低迷 | ●推出首購優惠
●降低房貸利率刺激房市
●提供購屋抵稅優惠 |

　　由於房貸利率和房地產市場的景氣概況息息相關，當房貸利率下跌時，表示借款成本減少，會提高購屋者的借貸意願，帶動買房需求，有助於推升房價；反之，房貸利率上揚時，表示借款成本增加，會降低購屋者的借貸意願，抑制買房的需求，緩和房價上揚的力道，因此政府針對房地產的政策中，調整房貸利率是常採取的策略。在房地產市場低迷時期，政府常會提供政策性優惠房貸的利多，甚至希望藉由房市來帶動整體經濟的發展，而當房市出現泡沫化預兆時，政府會先以提高房貸利率、降低房貸成數來緊縮融資，冷卻過熱房市。

　　另外，政府藉由修改與房地產交易相關的課稅制度，也能影響房地產投資交易的熱度。例如，政府為抑制房屋及土地短期投資，針對持有時間不長就轉手交易之移轉稅賦偏低甚或無稅賦問題，自2016年1月1日起，對房地產交易實施房地合一課徵所得稅制度，也就是俗稱的「房地合一稅」。

新聞範例解讀

2016年Q4住宅移轉戶數年減25.51%

　　內政部不動產資訊平台網站發布多項統計數據，其中「住宅資訊統計彙報」指出，2016年第四季全國建物所有權買賣移轉登記數達6萬9,609戶，較前一季增加約3.58%，不過，相較於2015年同期則衰退25.51%。

　　另外，在同一網站所公布的「住宅需求動向調查」報告亦指出，房價近期（67.8分）、未來（67.2分）與綜合（67.5分）趨勢分數持續低於100分，分數均較上半年減少。本項報告並總結欲購屋者民眾的看法認為，各地方政府近年著手調整與檢討公告地價與房屋標準單價的作為，不會改變自己購屋時程與面積，且仍會維持購買原規劃購屋地區的住宅；對政府調整、檢討公告地價與房屋標準單價以及房地合一稅制對房價的影響，則呈現分歧看法。

　　內政部不動產資訊平台網站同時也公布截至2016年第四季為止的「住宅價格指數」。2016年第四季全國住宅價格指數為113.38，較上季下跌1.55%，較去年同季下跌0.41%。在主要都會區方面，台北市本季住宅價格指數為99.27，較上季下跌1.07%；新北市指數為106.54，較上季下跌0.34%；桃園市指數為114.82，較上季上漲0.09%；臺中市指數為121.60，較上季下跌1.87%；台南市指數為120.64，較上季下跌0.61%；高雄市指數為121.17，較上季下跌1.15%。

「住宅資訊統計彙報」每季更新一次,包含新增住宅建造執照核發數,反映供給端建商住宅新案的宅數;裡頭也有全國建物所有權買賣移轉登記數,反映交易房地產買氣。從發布的統計資料可知房市略有回溫,但距離去年同期相差甚遠,表示買氣持續偏冷。

「住宅需求動向調查」每半年發布一次,為反映民眾購屋需求的指標。其中購屋民眾對於房市看法的房價趨勢分數,以 100 分為基準,高過 100 便是看好房市,低於則是對房市看法偏向悲觀,其中綜合購屋者趨勢分數僅 67.5 分,顯示欲購屋民眾同時看跌未來房價。

「住宅價格指數」每季發布一次,是以 2012 年實價登錄不動產交易價格資料制度實施後,隔年 2013 年全年標準住宅總價為基期,估計標準住宅在編製期間各季的總價,與基期估計的標準住宅總價相除,所以若指數為 105,就代表該季住宅總價相對於 2013 年全年,上漲 5%。可以反映統計年度各季全國與六直轄市住宅價格的變化。

與房地產相關的新聞重點

　　房地產景氣與市場供需、課稅政策有密切關係,因此新聞媒體報導也常提及以下概念:

▶ **土地供需**:建商取得土地的成本增加,房價自然只漲不跌。而土地開發商在大面積建地愈來愈少的情況下,若想搶進黃金地段,除靠政府釋出市中心土地外,也只能向有都更機會的老舊社區來取得新的建地。

▶ **課稅政策**:稅制變更是政府常用來調節市場的方法,透過調整民眾取得並持有房地產的稅賦,間接影響民眾買房的意願,如近年來政府大幅調漲房屋現值(房屋稅稅基)與公告地價(地價稅稅基)、並將房屋及土地分別課徵所得稅及土地增值稅造成出售不動產稅賦偏低的缺失改為「房地合一稅」。

▶ **利率**:房地產的大筆支出往往動輒揹上 30 年的貸款,因此房貸利率高低至關重要。低貸款利率有助於提高購屋動機,高貸款利率相對則會抑制意願。若低利率政策反轉為高利率的升息腳步太猛,甚至會讓民眾因繳不起房貸利息導致違約風潮。

▶ 行情表
經濟數據表現亮眼，
帶動股價行情表看漲

> **快速掃描**
> ● 行情表記錄各種投資商品每日價量的交易狀況。
> ● 代表投資人對於投資商品預期報酬的看法。
> ● 判斷未來價格變化的指標。

資本市場裡民眾可投資的商品種類繁多，每天都有新的價格變化，為了讓投資人即時全盤掌握各種投資商品的最新交易狀況，並且讓市場交易訊息透明化，相關官方單位例如如證交所、央行等，以及各大財經媒體每日公布行情表。政府也會根據行情表的變化和狀態，適時運用政策避免投資市場過熱或重挫，以穩定提升市場價格。

什麼是行情表

行情表記錄各種投資商品每日價量等交易資訊，國內常見的行情表依投資商品的性質不同，可區分為股價行情表、債券行情表、外匯行情表、原物料行情表、房地產行情表、期貨和選擇權（又稱期權）行情表、共同基金行情表、權證行情表等。而行情表的項目依照投資商品的不同也會有不一樣的內容，主要項目包含成交價格（又分開盤、最高、最低及收盤）、價格漲跌值及成交量，而有些投資商品的行情表會有專屬的項目，如股價行情表有技術分析及融資融券餘額；選擇權行情表有未平倉量，而權證行情表有隱含波動率等。各種投資商品的行情表可以透過報紙、電視及網路取得，以行情表內容更新速度來看，網路最能掌握即時資訊，電視次之、而報紙通常在隔天才會知道今日的交易狀況。

雖然行情表的內容項目僅記錄當日的交易狀況，不過有些投資商品的行情表項目卻有預測未來價格走勢的功能，如股價行情表中的技術分析指標及資券餘額變化、債券行情表中的殖利率曲線，還有選擇權行情表中的遠期履約價格及未平倉量等。因為行情表具有每日交易狀況及長期走勢預測的功能，因此是投資人研判投資商品價格趨勢時不可或缺的重要資訊。

如何解讀行情表變動的意義

行情表的短期價格變動（多指一季以下）代表投資人對於投資商品預期報酬的看法。當預期報酬增加時，投資商品的需求大於供給，行情表會反映出價格的上漲；反之當預期報酬減少時，投資商品的需求小於供給，行情表會反映出價格的下跌。行情表的長期價格變動（多指一季以上）則代表總體經濟的走向，當經濟景氣繁榮、企業營運獲利成長、物價穩定、出口增加、失業率下降，則行情表的長期價格趨勢向上；反之，當經濟景氣衰退、企業營運獲利下降、物價波動、出口減少、失業率上升，則行情表的長期價格趨勢向下。

由於股價、債券、與選擇權這三種行情表具有預測價格走勢的功能，因此常被投資人做為判斷未來價格變化的指標。（一）股價行情表的技術分析及資券餘額：透過技術分析可了解股價的短、中、長期變動趨勢，可用來輔助判斷未來股價的趨勢方向。從融資融券餘額的變化則可了解市場散戶的投資信心。當「資增券減」（融資增加融券減少）代表投資人預期股價會持續上漲，所以借錢買股票、做多的金額變大；反之當「資減券增」（融資減少融券增加）代表投資人預期股價會持續下跌，所以借股票賣出、放空的金額變大。（二）債券行情表中的殖利率曲線：殖利率曲線向上代表未來景氣繁榮，利率將調升而債券價格下跌；反之殖利率曲線向下代表未來景氣衰退，利率將調降而債券價格上漲。（三）選擇權行情表中的遠期履約價格及未平倉量：當遠期履約價格的成交價較近期履約價格成交價高時，代表投資人預期景氣繁榮；反之當遠期履約價格的成交價較近期履約價格成交價低時，代表投資人預期景氣衰退。未平倉量是指市場上尚未了結的選擇權契約，因此當股市持續看多（上漲）時，期貨多單及買權的未平倉量會增加；反之當股市持續看空（下跌）時，期貨空單及賣權的未平倉量會增加。

有些行情表彼此間互有影響關係，可以相互參照做為判斷價格變動的依據。（一）股價與債券行情表：由於債券行情表中的殖利率曲線可預期未來利率的趨勢，當殖利率曲線向上代表未來央行很可能調升利率，使流通的貨幣量減少，減弱股市動能，因此投資人可準備適度將資金由股市移往利率較高的定存；反之當殖利率曲線向下代表未來利率會調降，投資人可準備適度將資金由定存移往股市。（二）股價與外匯行情表：當股價上漲時，會吸引外國資金會移入本國股市，因此增加本國貨幣的需求，造成本國貨幣升值；反之，當股價下跌時，外國資金會撤出本國股市，因此減少本國貨幣的需求，造成本國貨幣貶值。（三）

股價與黃金行情表：由於黃金具有準貨幣性質，可做為避險的資產，因此當股價下跌時，投資人會增加對黃金的需求，造成黃金價格上漲。（四）股價與選擇權行情表：由於選擇權具有預測未來股價變動的功能，因此當選擇權價格上漲時，代表投資人預期股價會上漲；反之，當選擇權價格下跌時，代表投資人預期股價會下跌。

行情表的漲跌與決策的關連性

行情表隨著投資人對於預期報酬以及總體經濟環境的不同會出現價格漲跌的情況，當投資市場過熱時，可能造成市場投機風氣盛行而不事生產；反之當投資市場重挫時，可能使得投資人虧損而引發社會問題，因此政府如何運用政策避免投資市場過熱或重挫，維持溫和穩定的物價上漲（即通貨膨脹）是很重要的課題。

隨著投資市場的不同，政府應用的管制政策也有所不同。以股票市場來看，當股票價格過度飆漲時，政府可能透過禁止融資、提升證券交易稅（證交稅）、及調升存款準備率等方式來避免股價飆漲；反之，當股票價格暴跌時，政府則可能透過國安基金護盤、禁止融券、降低證交稅、及調降存款準備率等方式來拉抬股價上升。而外匯市場上，當新台幣升值幅度過大時，央行會在外匯市場公開操作，以賣出新台幣並買入外匯的方式，使新台幣適度貶值；反之當新台幣貶值幅度過大時，央行會在外匯市場買入新台幣並賣出外匯，使新台幣適度升值。就房地產市場而言，當房地產價格過度飆漲時，政府可能透過調高房貸利率、管制購買房地產數量和持有期間、提高房地稅等來抑制價格上漲；反之當房地產價格暴跌時，政府可透過調降房貸利率或延長還款期限等來遏止價格下跌。

不過，政府為避免投資市場過熱或重跌所採取的政策以短期為宜，政府首要之務應是建立完善交易平台與管理制度，杜絕不法，長期應以放寬投資市場中各種管制行為為目標，吸引更多外國資金投資，強化市場的流動性，打造更健全自由的投資市場。

行情表的作用與判斷方式

行情表

記錄各種投資商品每日價量的交易狀況，並預測未來價格的走勢。

一、種類：
股價行情表、債券行情表、外匯行情表、原物料行情表、房地產行情表、選擇權行情表、共同基金行情表、權證行情表

二、主要項目：
(1)成交價格(開盤、最高、最低及收盤)
(2)價格漲跌值
(3)成交量

三、查詢管道： 網路、電視、報紙

解讀行情表變動的意義

短期價格變動
短期的價格變動多指一季以下，代表投資人對於投資商品預期報酬的看法。

● 預期報酬增加
　→行情表會反映價格上漲

● 預期報酬減少
　→行情表會反映價格下跌

長期價格變動
長期的價格變動多指一季以上，代表總體經濟的走向。

● 經濟景氣繁榮、企業營運獲利成長、物價穩定、失業率下降
　→行情表的長期價格趨勢向上

● 經濟景氣衰退、企業營運獲利下降、物價波動、失業率上升
　→行情表的長期價格趨勢向下

預測價格走勢
股價、債券、與選擇權這三種行情表的變化可做為判斷未來價格變化的指標。

● 股價行情表的技術分析及資券餘額
　→判斷股價的趨勢

● 債券行情表的殖利率曲線
　→判斷未來利率走向

● 選擇權行情表的遠期履約價格及未平倉量
　→判斷景氣與股市榮枯

行情表的漲跌與政府決策的關連性

股票市場
● 股票價格飆漲
　→禁止融資、提升證交稅及調升存款準備率
● 股票價格暴跌
　→國安基金護盤、禁止融券、降低證交稅及存款準備率

外匯市場
● 新台幣升值幅度過大
　→外匯市場賣出新台幣並買入外匯
● 新台幣貶值幅度過大
　→外匯市場買入新台幣並賣出外匯

房地產市場
● 房地產價格飆漲
　→調高房貸利率及管制購買房地產數量
● 房地產價格暴跌
　→調降房貸利率或延長還款期限

新 聞 範 例 解 讀

全球經濟基本面好轉，為投資市場注入動能

　　主計處 2017 年 5 月發布第一季實質 GDP 較上年同期（yoy）成長 2.6%，5 月失業率 3.66%，較上月下降 0.01 個百分點。並預測 2017 年經濟成長 2.05%，較 2 月預測 1.92% 上修 0.13 個百分點，CPI（消費者物價指數）上漲 0.95%，民間消費成長 1.84%，民間投資成長 1.95%。經濟成長主要受全球景氣逐步復甦，半導體需求持續增強，國際農工原料價格走升、以及基期偏低所致。第一季經濟成長優於預期，CPI 雖因國際油價漲勢收緩，預測上升幅度小於去年的 1.4%，但無通縮之虞，在全球與國內景氣好轉之下，未來可望逐步帶動內需，投資市場前景看好。

解讀重點

　　由於各種投資商品的漲跌價格受到投資人的預期報酬所影響，而預期報酬又受到總體經濟影響，因此當經濟景氣成長、出口增加、物價穩定及失業率下降，或降息，投資人預期投資商品可獲利，因此買進投資商品的需求大於賣出投資商品的供給，行情表的價格就會上漲。在市場資金充沛下，股價行情受惠於經濟數據成長而上漲，例如 2017 年 1 月以來，台灣股市收盤價從 9272.88 點一路攀高，5 月 11 日首度攻上 10,001.48 點，經小幅盤整後屢上萬點，整個 6 月至 7 月初持續盤據萬點以上，最高來到 10,513.96 點，漲幅約 13.38%。因景氣繁榮使得長期殖利率仍屬於走升趨勢，台灣十年期公債也呈現多頭走勢，殖利率從 3 月 10 日 1.2565% 下滑到 4 月 20 日 0.9878%，5 月 8 日再漲到 1.1464%，6 月 7 日下滑整理到 1.0034%，再上漲到 7 月 4 日的 1.124%。而外匯行情的部分，由於外資看好台灣股市，吸引外資資金流入，使得新台幣需求增加而升值，美元兌新台幣也從 1 月 4 日的 32.260 升值到 5 月 22 日 30.052，升值幅度 7.5%。

與行情表相關的新聞重點

　　股價行情的漲跌會影響匯率，同時也會受利率升降及經濟景氣好壞而有所變動，因此新聞媒體報導時也常提及以下概念：

▶ **匯率**：當股價價格上漲時，外國資金會移入本國股市，造成新台幣升值；反之，當股價下跌，外國資金會移出本國股市，造成新台幣貶值。

▶ **利率**：當利率上升時，資金會由股市移往定存，使投入股市的資金減少，導致股價下跌；反之，當利率下跌時，資金會由定存移往股市，使股價上漲。

▶ **經濟景氣**：當經濟景氣好轉時，會使行情表價格普遍上漲；反之，當經濟景氣惡化時，行情表價格普遍下跌。

Chapter 5

解讀產業消息

▶ 產業蓬勃發展帶動了國家經濟，一國的社經
環境、政策走向、自然條件也決定了產業發
展的脈絡。進出口的變化、產業總產值的升
降、上下游供應鏈的變動、企業購併或產業
外移的情形，不僅反映出產業景氣循環的過
程，也影響了國家的產經結構，更是觀測一
國經濟趨勢的重要面向。

本篇教你解讀

✓ 影響產業發展的因素

✓ 龍頭企業的影響力

✓ 企業經營的關鍵資訊

✓ 影響進出口貿易興衰的因素

✓ 影響上下游供應鏈變動的原因

✓ 產業購併的優勢與隱憂

✓ 提升企業附加價值的方法

✓ 產業外移對企業與國家的影響

產業發展趨勢如何影響經濟

　　一國的產業發展政策直接影響未來的經濟結構,而發展的情形、最終成敗又將牽動國內的經濟成長狀況,兩者關係不僅密不可分,更是互相牽引。基本上,針對各國不同的環境,產業發展亦有不同的因應策略,政府在其中的角色更是舉足輕重。

產業發展如何影響經濟

　　國內生產毛額(GDP)為衡量一國經濟成長的指標,因此可依 GDP 公式:民間消費(C)＋政府支出(G)＋國內投資(I,固定資本形成毛額＋存貨增加)＋淨出口(NX, Net Export)來說明產業發展對經濟成長的回饋效果。其中,政府支出的部分屬於國家公部門的常態性支出及公共工程的花費,與產業發展的相關性較小,而淨出口(即出口X－進口M)深受國際景氣榮枯影響,因此以「民間消費」和「國內投資」最容易看出產業發展對經濟的影響。

　　簡單來說,當消費者對未來經濟前景感到樂觀時,對多數產品或服務的需求也會隨之提升,「民間消費」暢旺使企業營運明顯受惠,獲利提升,為了滿足民眾的消費需求,企業更有動機與能力增加投資以擴充產能、或增設營運據點擴大經營規模。企業增加投資,就是提高公式中的「國內投資」。當企業獲利良好,員工薪資與股東所得都能提高,所得增加了,也就能進一步支持消費。企業增加投資去購買機器設備、廠房等耐久財與土地,也是一種消費行為,使生產耐久財或銷售土地的企業因而受惠,最終都將使所得增加,民眾更有信心從事消費行為→企業產值提升→增加投資→提高所得,以此類推形成一種正向的良性循環,推升經濟成長的動能,帶動 GDP 成長。

　　此外,若國際景氣良好或復甦,將帶動國外消費需求上升,使得貿易往來頻繁,特別是淨出口增加,有助於國內產業擴張,推動經濟往上成長。

哪些因素主導產業發展

　　影響一國產業發展的因素很多,各國的社經環境、政府政策、文化背景,甚至是氣候與地理位置都是可能的影響因子。整體而言,一國產業發展主要受到自然存在的先天環境與人為的後天環境所影響。

產業發展如何帶動經濟

影響產業發展的因素

先天環境

天然資源	氣候與地理位置
指蘊含開採價值的資源，包括石油、天然氣、黃金、金屬礦產等。	所在地區的氣候狀況、地理環境條件會影響產業發展與分布。
例 中東→煉油業；巴西、澳洲→採礦業	例 東南亞、中南美洲→觀光業

後天環境

社經結構	政府政策
包括國民的教育水準、消費習慣、薪資收入、人口分布、年齡結構等條件。	政府對產業的施政方向，可以策略性的導引國家產業發展的趨勢。
例 美國、西歐→服務業	例 台灣、南韓→電子製造業；印度→軟體業

國內景氣復甦

民間消費上揚
國內景氣好轉，會刺激民眾對產品或服務的需求增加。

產業受惠

決定產業發展的重心
決定一國或地區產業發展的重心、規模及方向，產業發展的好壞將帶動經濟成長的快慢。

產業受惠

國際景氣復甦

淨出口增加
國際景氣好轉，帶動國外消費需求上升，有利於出口國家，促其內部產業擴張。

國內投資毛額上升
民間消費需求強勁，企業會增加投資以擴大產能、加設營運據點。

企業獲利增加
消費需求旺盛下，產品銷售大增，使得企業獲利上升。

所得增加
企業獲利良好，使得股東和員工的所得增加，同時企業有更多資金增加投資，帶動大宗消費，上下游產業也相對獲利。

促進

加速景氣擴張，有利經濟成長

　　先天環境因素是在起始點就存在且無法改變的條件，包括了國內的天然資源與氣候、地理位置。天然資源包括石油、煤礦、天然氣、各種金屬礦藏或森林等，例如中東蘊藏豐富且較容易開採的原油，為煉油業提供了極佳的生產環境；相較之下，加拿大雖然擁有的油砂蘊藏量不亞於沙烏地阿拉伯的傳統原油，但開採技術成本高，不利於商業化生產。而澳洲、巴西也因為國內蘊含豐富鐵礦砂資源而分別造就全球礦業的兩大龍頭——澳洲必和必拓（BHP）公司與巴西淡水河谷（Vale SA）公司。至於氣候與地理環境方面，眾所周知的泰國、馬來西亞、印尼等東南亞國家憑藉陽光、沙灘與舒適的氣候成為度假勝地，當地觀光業蓬勃發展，根據世界旅遊觀光理事會（WTTC, World Travel & Tourism Council）《旅遊觀光經濟衝擊 2015, 東南亞》（Travel & Tourism Economic Impact 2015, SOUTHEAST ASIA）東南亞各國觀光業 2014 年度對 GDP 直接貢獻 1,179 億美元（占比 4.8%），約新台幣 35,960 億，總體貢獻達 2,918 億美元（占比 12%），約新台幣 89,000 億。台灣 2015 年度觀光業對 GDP 的貢獻為新台幣 4,589 億（占比 2.75%）。

　　後天環境影響產業發展的部分，主要包括一國社經結構與政府政策。社經結構代表國民的教育水準、消費習慣與薪資收入等條件，以美國為例，由於美國不僅教育程度高、每人平均國民所得也高，這樣的條件提供各類服務業絕佳的生存環境，服務業占美國 GDP 比重高達七成五。最後則是政府政策，政策動向是產業發展最重要的推手之一，有為的政府足以扭轉先天資源不足的劣勢，開創出嶄新的格局，例如新加坡與香港雖同屬地狹人稠、資源缺乏的地區，但其政府多年來的策略性開發，以成為亞洲金融中心為目標，並持續引進外資之下，使得金融相關產業發展成效優異，在英國倫敦 Z/Yen 顧問公司 2017 年 3 月公布的全球金融中心排名中，新加坡再度蟬聯第三名、香港第四名，僅落後倫敦、紐約，台北則是第二十六名。至於台灣，早期雖以紡織與輕工業為出口大宗，但在八〇年代後政府便積極將台灣打造為科技島，並針對通訊工業、資訊工業、消費性電子業、半導體工業等科技產業實施投資抵減等租稅優惠政策，使得台灣的電子業在全球扮演著舉足輕重的角色。其中，晶圓代工占全球市場率將近七成，台積電 59%，聯電約 10%（IC Insights, 2016）。

產業類型與景氣循環模式

　　隨著經濟發展不斷進步，現今社會上新興行業有如雨後春筍，因此在產業分類上也複雜許多。無論是怎麼分類，不同的產業都會面對各自的景氣循環，而個別企業在面對循環中的不同階段，其營運績效與經營模式都將大不相同。

產業類型可以分哪些？何謂產業景氣循環

　　以台灣的產業而言，若依照證券交易所對全體上市櫃公司的產業分類，可歸類為二十九個產業，分別是水泥工業、食品工業、塑膠工業、紡織纖維、電機機械、電器電纜、化學工業、生技醫療、玻璃陶瓷、造紙工業、鋼鐵工業、橡膠工業、汽車工業、半導體業、電腦及週邊設備業、光電業、通信網路業、電子零組件業、電子通路業、資訊服務業、其他電子業、建材營造、航運業、觀光事業、金融保險、貿易百貨、油電燃氣業、綜合及其他等。

　　依照經濟大師凱因斯的說法，景氣循環的起源來自於企業投資的波動。當市場需求增加，企業會擴大投資以提升產量，企業獲利增加有助於景氣擴張；持續一段榮景後，企業為因應增產後愈來愈高的原物料及工資成本而調升售價，但市場需求不可能無限擴大，使得調漲後的產品面臨滯銷，企業因而緊縮投資，同時減少產出，經濟活動趨緩導致景氣下滑；待下一輪市場需求興起，企業再度擴大投資增加產量…以此類推，使得景氣有如上下起伏的波紋變動著。不同類型的企業有其對應的景氣循環基本模式，類型之間的波動情形各不相同，加總起來就形成了總體經濟景氣循環。一般來說，一個完整的產業循環周期包含著六個階段：谷底、復甦、成長、高峰、衰退、蕭條，將各產業的景氣循環彙整而成的整體經濟景氣循環，也會包含這六個階段，構成該經濟體的景氣循環特徵。

如何觀察產業景氣循環

　　觀察景氣循環時可用平面座標圖做分析，以橫軸為時間、縱軸為產業每月或每季產值的年增率（即年成長率）。各產業因有不同的行業特性、而且面對不同的市場需求，因此形成不同的景氣循環狀態，甚至同一產業中前後接續的景氣循環週期，其時間長短、和上下振幅都會有所不同。因此要預測某一產業趨勢何時達到高、低點並不容易，但要判斷某產業目前處於哪個景氣階段卻是

有跡可循，例如位在景氣谷底期的產業，其總產值在經過大幅衰退後出現止跌跡象，但基於對未來的不確定性，通常廠商與企業不會在此時增加機器設備與人力需求，直到景氣出現明顯復甦或成長，才會逐漸開始擴充投資規模。

雖然各產業面對不同的發展環境與市場需求而有各自的景氣循環，但實際上並沒有一個產業能遺世獨立，甚至許多產業之間的景氣循環彼此都有相關性，特別是上下游產業之間容易相互影響。舉例而言，中國營造業自 1980 年代以來官方經濟發展政策採「東部率先、西部開發、東北振興、中部崛起」，在東部沿海地區帶動之下進而開發西部內陸，積極地進行基礎建設使得景氣大好，在營造業擴張的過程中，率先帶動當地的水泥與鋼鐵產業需求同步往上走揚；緊接著由於鋼鐵業所需的鐵礦砂原料需要透過海運自巴西、澳洲進口，所以散裝航運業也因鋼鐵業景氣成長而隨之受惠；另一方面，航運的需求提升將增加運費漲價的空間，同時拉升鋼鐵業的製造成本，最終這些增加的成本將反應在營造業的成本上。簡單來說，營造業的景氣成長先是帶動了上游營建原料的水泥及鋼鐵產業，然後是拉升鋼鐵業的上游散裝航運業成長，但需求的增加也提升了運費與原物料售價，並直接反映在營造業的成本上。由此可知，不同產業間的景氣循環具有連動性，彼此相互影響著。

然而，這樣的連動關係並不一定都是同向的變動，某些事件的發生可能對某些產業有利，但同時對另一些產業則屬於負面衝擊。舉例來說，油價上漲，將使上游的煉油業者直接受惠，但同時也使得用油量較大或製造石油副產品的中下游產業，如運輸、塑化、橡膠業等的成本提高，倘若此時因應市場態勢又難以將漲價的成本足夠反映在定價上轉嫁給消費者，業者只能被迫吸收大部分成本，造成利潤空間減少獲利能力下降，加深產業經營的壓力。

INFO

非屬於傳統製造業的文化創意產業

台灣政府在 2002 年開始提倡文化創意產業（簡稱文創業），定義為「源自創意或文化積累，透過智慧財產之形成及運用，具有創造財富與就業機會之潛力，並促進全民美學素養，使國民生活環境提升的行業」。其內容範疇包括：視覺藝術產業、音樂與表演藝術產業、文化資產應用及展演設施產業、工藝產業、電影產業、廣播電視產業、出版產業、流行音樂與文化內容產業、廣告產業、產品設計產業、視覺傳達設計產業、設計品牌時尚產業、建築設計產業、數位內容產業、創意生活產業、以及其他經中央主管機關指定之產業等共十六項產業（又稱為十五加一項產業）。產值從 2002 年 4,353 億元、2008 年 5,688 億元，至 2016 年提升至 7,591.7 億元，十四年來成長了 74.4%。依據《105 年臺灣文化創意產業發展年報》，產值約占 GDP 的 5%，其中以廣播電視產業 1,561 億元、占比 18.72% 最高，其次為廣告產業 1,493 億元占比 17.91%，工藝產業 1,211.6 億元占比 14.53%，出版產業 1,032 億元占比 12.38%，數位內容產業 862 億元占比 10.34%。

產業在不同景氣循環的表現

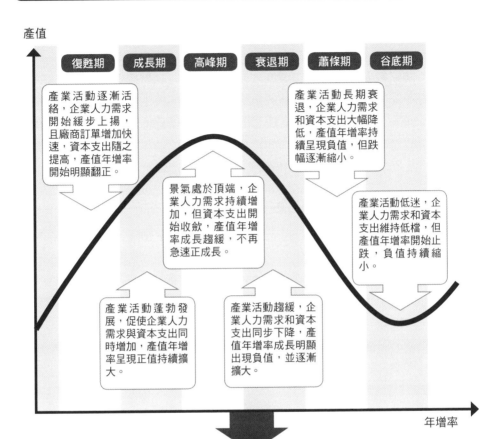

產值

| 復甦期 | 成長期 | 高峰期 | 衰退期 | 蕭條期 | 谷底期 |

復甦期
產業活動逐漸活絡，企業人力需求開始緩步上揚，且廠商訂單增加快速，資本支出隨之提高，產值年增率開始明顯翻正。

高峰期
景氣處於頂端，企業人力需求持續增加，但資本支出開始收斂，產值年增率成長趨緩，不再急速正成長。

成長期
產業活動蓬勃發展，促使企業人力需求與資本支出同時增加，產值年增率呈現正值持續擴大。

衰退期
產業活動趨緩，企業人力需求和資本支出同步下降，產值年增率成長明顯出現負值，並逐漸擴大。

蕭條期
產業活動長期衰退，企業人力需求和資本支出大幅降低，產值年增率持續呈現負值，但跌幅逐漸縮小。

谷底期
產業活動低迷，企業人力需求和資本支出維持低檔，但產值年增率開始止跌，負值持續縮小。

年增率

不同產業的景氣循環會互相影響

個別產業的景氣循環雖各有不同起伏，但產業之間仍會互相影響，尤其是上下游產業的關連性更為明顯，但不一定都有利，有時會是負面衝擊。

同向變動的關係

當某些產業興起或衰退，會牽動到另一些產業隨之興衰變化，彼此互有正向關連。

例 油價上漲使煉油業直接受惠外，對替代能源的需求也會加溫，促使太陽能產業、LED光電產業的前景看好。

反向變動的關係

當某些產業興起或衰退，卻衝擊到另一些產業或激增相反需求，彼此呈反向關連。

例 SARS疫情爆發，民眾外出消費意願低落，重擊旅遊觀光業及餐飲業，卻帶動製造口罩、消毒藥品的生技醫療業及發展網購的網路業和宅配業。

什麼是高科技、傳統產業？
龍頭企業有什麼影響力？

　　為提升國家競爭力，高附加價值、發展潛力大的高科技產業通常是首選，像是生化醫療業便是政府積極發展的重點產業；而與民生相關的傳統產業如營建業，其牽連的上下游廠廣泛，反映了內需市場的榮枯情形；不同產業中的龍頭企業更是觀察未來產業景氣動向的重要指標，因此無論是高科技產業、傳統產業以及龍頭企業都是了解產業現象時必須關注的焦點。

傳統產業與高科技產業的定義

　　關於高科技產業，歐、美、日各國的定義都不完全相同，一般來說高科技產業需投入相當程度的研發經費，在生產過程中應用現代化的科技資訊、微電子、或生化等技術，屬於知識與技術密集的產業。我國政府則以「市場潛力大、產業關聯性大、產品附加價值高、技術層次高、污染程度低、能源依存度低」此六項原則做為高科技產業最重要的特質。

　　傳統產業（簡稱傳產）通常被定義為民生工業，也就是與食衣住行直接或間接相關的產業，如同食品、紡織、營建、運輸等；而這些產業的上、下游，如水泥、鋼鐵、機械、石化等產業，亦包含在內。另外，相對於新興產業，「傳統產業」一詞意謂著已存在一段時間、且曾經是該經濟體的主力產業（即對經濟市場貢獻率至少在 15 ～ 20% 以上者），而目前處於產品生命週期的成熟期與衰退期階段的產業。雖然這符合一般人認為傳統產業的產值年成長率表現較為平淡無奇的刻板印象，但這樣的觀念不完全正確。事實上，某產業的成長力道與它是否屬於傳統產業無關，而是與產業發展環境有關，例如紡織工業在自1950 年代起從早期進口原料加工出口、到以石化為原料發展人造纖維為主，輔以進口棉毛天然纖維，發展出包括人造纖維製造、紡紗、織布、染整、成衣及服飾品等中下游完整的產業，也是台灣產業中結構最完整的體系。曾在 1960 年代大紅大紫的紡織業，後來由於生產成本升高轉移至中國、以及近年來延伸至越南等地，但積極研發新產品、更新設備、拓展國際市場，已成為世界機能性紡織品消費市場主要的供應來源之一。根據紡拓會《2016 年臺灣紡織工業概況》資料，2016 年臺灣紡織工業出口值為 99.3 億美元，進口值 33.5 億美元，貿易順

傳統產業、高科技產業與龍頭產業的關係

部分傳統產業也能符合高科技產業的定義，生產高科技產品。例如：紡織業研發生產經特殊處理的布料，像是抗紫外線（UV）布、防皺布。

高科技產業

1. 研發經費占總產值的比重高，且應用現代化的科技資訊、微電子、或生化等技術於生產過程中，屬於知識與技術密集產業。
2. 主要指標是：市場潛力大、產業關聯性大、產品附加價值高、技術層次高、污染程度低、能源依存度低。

例 綠能產業、太空產業、電腦與光學工業、生物工程。

傳統產業

1. 與食衣住行直接或間接相關的民生工業。
2. 新興重要策略性產業，也就是數位3C、精密電子元件、精密機械設備、航太、生醫及特化、綠色技術及高級材料工業等七大行業以外的其他產業。
3. 存在一段時間且曾是該經濟體的主力產業，但目前已處於產品生命週期的成熟期與衰退期階段。

例 食品業、菸草業、成衣及服飾業、石化工業、家具及裝設品業、紙漿紙及紙製品業、印刷及有關事業等。

新興重要策略性產業

對於經濟發展具重大效益、風險性高且亟需政府扶植的產業。

包含 數位３Ｃ、精密電子元件、精密機械設備、航太、生技醫療及特用化學、綠色技術及高級材料工業等七大行業。

影響

龍頭企業

在產能規模、產品市占率、可用資金或技術上皆能取得領先的公司，對產業發展具有引導與示範作用。

例 微軟（軟體業）、台積電（半導體業）、中鋼（鋼鐵業）。

對內影響

決定產業遊戲規則

龍頭企業對產品規格、訂價策略、產業活動的準則與規範等等都具影響力，可做為業界標竿。

對外影響

反映產業景氣狀況的指標

龍頭企業發展蓬勃、獲利增加，代表所屬產業的景氣佳；若發展停滯、獲利縮小，表示該產業的景氣可能下滑。

差 65.8 億美元，占全國貿易順差金額的 13.3%，也是我國第四大貿易順差產業。

　　近年來由於生產技術不斷演進，產品不斷創新，傳統產業與高科技產業之間的界線逐漸模糊，例如奈米布料與綠色建材（像是恆溫玻璃）等高科技產品，就可分別應用在紡織與營建業，因此傳統產業中也能生產高科技產品，兩者的關係已不是全然互斥。若依照官方來定義傳統產業，行政院在 2010 年制訂的《提升傳統產業競爭力方案》中將傳統產業的範圍定義為「新興重要策略性產業以外的其他產業」，可說大大擴充了傳統產業的範疇。尤其是現今全球邁入「工業4.0」時代，傳統的製造業、農業亟待產業創新，結合物聯網、大數據分析、智能化機械硬體和軟體，以提高生產效能與附加價值、升級產業動能，如此一來，傳統產業也搖身一變為高科技應用的最佳示範。

龍頭企業的影響力

　　龍頭企業是產業中的領導者，無論在產能規模、產品市占率、可用資金或技術上皆能取得領先的公司，而不同產業類別都有各自所屬的龍頭企業。一般來說，龍頭企業對內可制定產業的遊戲規則，對外則可反映目前景氣的冷熱狀況。舉例而言，傳統產業中的中鋼身為國內鋼鐵龍頭，產量達規模經濟且產品線也十分齊全，包含鋼板、鋼捲、棒線等各式產品，因此幾乎台灣所有鋼鐵中游廠都免不了要向中鋼進料加工，同時中鋼也擁有絕對訂價能力，每月所開出的鋼品盤價動見觀瞻，因為這將攸關中、下游廠進貨成本的高低，並反映在未來數月的獲利表現上。

　　若以電子業來說，由於半導體（IC）為最基本電子運算元件，也屬於研發成本高且技術密集的高科技產業，半導體產業的興衰左右著整體電子業的發展，而半導體的材料即為晶圓，台積電在全球 IC 晶圓代

什麼是新興重要策略性產業？

　　「新興重要策略性產業」最早出現在 1991 年施行的《促進產業升級條例》中，特色為：① 對經濟發展具有重大效益：產業關連性大、產品附加價值高、且市場潛力大。② 風險性高：投資回收的期限長、市場進入障礙大、及營收風險大。③ 策略性：知識與技術密集度高，能源依存度低，污染程度低。④ 亟需政府扶植；進口替代高、投資金額大、研發投入比例高等特性，包括數位３Ｃ、精密電子元件、精密機械設備、航太、生醫及特化、綠色技術及高級材料工業等七大行業。

工市占率攀至五成九，可謂是龍頭產業中的龍頭公司。因此台積電在每季法人說明會提出下季展望說明時，總能引起市場高度關切，因為透過國內外半導體晶片設計大廠每季下單給台積電的數字，可間接反映出電子下游 3C（即電腦、通訊、家電等消費性電器產品）個別產品需求的強弱，例如當通信類的 IC 元件需求上升，表示未來手機消費市場看好的機會大增。

企業發展模式有哪些特色

　　如同人的生命中會面臨生、老、病、死等過程，企業發展也會經歷萌芽、成長、成熟、衰退等不同歷程。其中萌芽期到成長期、衰退期到轉型期分別是企業生命循環中最重要的兩個階段，企業若能穩健成長，有助於企業擴大發展成為市場佼佼者；且從衰退中順利轉型，則有助於企業永續經營再創高峰。

由萌芽期到成長期

　　企業於草創萌芽期，必須在有限資源下尋找出本身的核心競爭力，所謂萬事起頭難，若新企業營運逐漸步入正軌，並能在競爭中站穩腳步進入成長期。企業發展進入成長階段，為掌握更多的商機，資金調度最為關鍵，無論是擴充廠房、增聘人員、增加銷售據點，甚至是併購其他公司以獲取生產設備、技術、人力、通路等要素，這些都需要充沛的資金做為後盾。因此為了長遠考量，進入成長期的公司通常會申請上市、上櫃以便發行股票，向投資人募集資金，目的是為了讓資金量充沛，有利於進一步擴大產能、以及未來發展之用。

　　舉例而言，乾淨綠能是全球的能源趨勢，也是我國新興發展的重點產業。在看好未來前景之下，近幾年來太陽能發電、儲能設備的廠商掀起了產業整併與籌資熱潮。其中，成立於 2005 年的新日光能源科技，於 2013 年合併台達電旗下的太陽能子公司旺能光電，成為當時台灣的太陽能電池廠龍頭、以及全球第二大的太陽能電池製造商。

　　在競爭激烈之下，新日光 2015 第四季開始進行的業務包括產能搬遷：例如將台灣電池廠遷至馬來西亞，以供應美國及東南亞市場，模組廠也由台灣遷移到越南等。其次是產能分配：縮減毛利低的多晶矽產品，轉向製程複雜、輸出功率高的單晶矽產品，尤其側重在高技術、可確保獲利的 PERC 高效太陽能電池，此外也增加了模組產能。以及下游終端系統的太陽能電站事業：雖然在美國、日本、多明尼加、台灣均有業務，擁有全球最大的機場太陽能電廠案的經驗，但從蓋電廠到經營需要資金，因而創下首例與國際級太陽能系統開發商合資成立 Yield 公司，新日光持股 30%，2015 年 5 月在香港設立「聚能新能源太陽能獨立發電營運商」，積極向美國資本市場籌資，並計畫在香港掛牌上市。新日光亦先後向合作金庫取得 33 億元的聯貸、以及由荷商 ING 安智銀行聯合授信40 億元的額度發行海外公司債。另外，從事太陽能電站系統端建置的子公司永

企業籌資方法比較

項目	資金成本	資金額度	對股本影響	對資產負債表影響
現金增資	無	從數億元至數十億元不等	膨脹	現金↑、股東權益↑
發行可轉換債	無		若股票市價高於轉換價，則使股本膨脹	現金↑、負債↑
銀行聯貸	最高	可達百億元以上	無影響	現金↑、負債↑

旺能源，新日光持股達 76%，目前已公開發行（IPO）。從新日光公司的例子可看出公開發行股票、聯貸、現金增資或發行公司債等活動，正是企業經營進入擴廠增產的成長期時主要特徵之一。

從衰退期進入轉型期

　　企業歷經成長期後，往往吸引外部競爭者認為該產業有利可圖，而投入搶食大餅，使市場競爭白熱化。當企業產品與服務出現標準化規格、並大量在市場上供應時，企業營收與利潤空間也同步受到壓縮，此時便逐漸進入成熟期。而企業由成熟期步入衰退期時，可能面臨產品已進入世代交替、也或許是內、外在環境改變使得公司競爭優勢喪失，如技術遭遇瓶頸或同業殺價搶單等。無論如何，企業為了永續經營，所是因為的將是重要的轉型考驗。一般而言，企業面臨轉型時大致有以下四種策略：上下游整合、多角化經營、技術升級與發展利基型產品與服務。

　　首先，進行上、下游整合最主要的著眼點在於藉由一貫化的生產流程來降低成本，例如 1980 年代後逐漸式微的紡織業，由於人工成本高漲，許多下游成衣廠便往中、上游合併成染整廠或紡紗廠。2013 年國內照明業者中國電器也是藉由併購啟耀光電，由傳統燈泡「東亞照明」跨足 LED（發光二極體）封裝製造，掌握 LED 照明上游關鍵技術，形成 LED 照明上下游整合。

　　第二種轉型策略是多角化經營，也就是企業選擇切入完全不同的產業，例

如台灣中油因國際油價持續下跌、國內汽柴油售價下滑，油品毛利降低，將多角化經營結合自行研發的環保洗衣精與洗碗精、在地特色農產品、咖啡等，2015年更開始販售月餅。2015年上半年靠多角化經營，使營收達到新台幣15億元，盈餘5億元。

　　第三種轉型策略為提升技術開發新產品，可避免企業被市場淘汰，其中最明顯的例子則是上市公司中華映管（簡稱華映），早期主力產品為彩色映像管（CRT），製程與液晶（LCD）面板大相逕庭，但當傳統CRT電視逐漸被LCD電視取代，華映的生產線也不得不在2011年6月宣布結束CRT事業，調整為電視與監視器用LCD面板，以延續公司生命力。

　　至於發展利基型產品與服務的轉型策略，即是所謂的藍海策略，由客製化的角度出發，依照客戶需求量身訂作產品，避免同業惡性競爭，並以少量多樣的模式來提升產品單價，例如上市公司華邦電子2010年將產品由集中應用在PC（個人電腦）上的標準型記憶體（如DDR2），轉攻可廣泛應用於PC週邊、消費性電子產品與網路行動通訊的利基型記憶體（如NOR快閃記憶體），營運也因此逐漸改善。

　　轉型期是一段艱苦的過程，企業必須將原有營運策略與組織架構做徹底調整，因此能像華碩電腦公司一樣從主機板製造商轉型為全球前五大PC品牌，再創營運高峰的成功案例少之又少，大部分企業的轉型之路都不太順遂，而最終轉型失敗的企業，有如物競天擇，營運將持續面臨衰退並逐漸喪失市場競爭地位。

INFO

什麼是藍海策略？

　「藍海策略」是指在現有市場中找尋未開墾的區域，或是進入競爭者較少的市場，強調以創新及差異化來獲取高額利潤，不用像「紅海策略」一樣，在競爭者眾多的原本市場上不斷以擴大生產規模來降低成本，為了取得低價策略的優勢，卻陷入割喉低價競爭的血腥紅海中。

企業發展週期

萌芽期

產品尚未被市場接受,在有限資源下尋找出企業自身的核心競爭力、以及產品定位。

成長期

企業成長幅度最快的時期,規模效益開始出現,為搶攻市占率,企業開始籌資以擴廠增產,如現金增資、發行可轉換債、銀行聯貸。

成熟期

產品與服務出現標準化規格,並大量在市場上供應,但競爭者變多,替代性產品一一出現,競爭優勢逐漸喪失。

轉型成功

衰退期

產品競爭力大幅下降,企業營收與利潤空間變少。企業將朝兩方向演進:持續衰退步入終結,或是力圖轉型重新振作。

轉型期

轉型1 上下游整合

藉由一貫化的生產流程來降低成本。

例 紡織業因人工成本高漲,整併上下游產業更能節省成本。

轉型2 多角化經營

轉投資新事業體以分散經營風險。

例 光碟片產業因科技泡沫化營運困難,轉投資太陽能業、娛樂業以擴增財源、分散風險。

轉型3 提升技術開發新產品

使技術或產品升級,避免被市場淘汰。

例 原手機業者將手機加上PDA和上網功能,開發智慧型手機迎合市場需求。

轉型4 發展利基型產品與服務

尋找待開發的藍海市場,強調產品創新與客製化。

例 醫療產業跨足美容、養生領域,為顧客量身訂作專屬健康諮詢。

企業倒閉或走向凋零

轉型失敗

企業外在環境的影響

在企業經營策略上，除了公司規模、組織結構、生產效率、產品與服務品質等內在環境因素會影響企業發展外，來自於外在環境的衝擊與變革同樣會左右企業發展的腳步與方向，甚至改變一國的經濟結構，使企業面臨轉型的挑戰或是產業式微的威脅。

總體環境對企業造成的影響

總體環境的因素包含經濟基本面、自然環境、社會與文化結構、以及政府政策等，這些不只影響產業發展、同時也左右產業內各企業的營運策略。首先，經濟基本面的好壞會直接影響個別企業的年度預算控管，若次年經濟展望不佳，則企業內部會調整為保守的營收目標，並設法節約開支。自然環境條件則會影響企業的原料供應與產品銷售，例如某煉油業者在深海發現一口油田，便須進行成本效益分析來判斷是否具有開發價值，若開採成功便可增加生產線與銷售量。社會結構因素包含了教育水準、文化差異與薪資結構等，直接影響企業成本結構與行銷策略。政治環境則同時包含國內外政府的政策考量，國內政策方面如租稅優惠或投資抵減等政策，直接影響企業的投資意願與營運成本，另外，國外政府的政策對企業營運也會帶來衝擊，例如 2015 年中國文化部解除長達 15 年的禁令，允許內外資的遊戲機製造商在中國各地製造並銷售遊戲機，不再侷限於上海自由貿易區製造，而可在中國各地生產，被視為是為微軟、SONY（索尼）、任天堂等外國公司開啟中國市場之路。

外在環境改變如何影響企業決策

針對以上四項環境因素，當情況發生變化時，也將大大影響企業決策。首先是經濟基本面的變動會受到景氣循環的影響，當大環境的景氣步入蕭條、衰退時，因市場需求萎縮，使得原先欣欣向榮的企業會面臨業績下滑、生產線供過於求的問題，此時企業多半會保守以對；反之，景氣好轉，則是企業擴大投資的好機會。例如 2015 年全球半導體景氣展望僅次於金融海嘯水準，智慧型手機、新興市場和中國低階手機需求不振，台積電在 7 月的法人說明會上表示因客戶庫存水位仍偏高，預測需調整庫存到第四季底，因此二度下修當年度半導體業及晶圓代工產值成長率，半導體成長率由 4% 下修到 3%，晶圓代工則由 10% 下修到 6%。

影響企業決策的外在環境

經濟基本面

● **受變動的因素：**
受景氣循環的影響，會隨著大環境繁榮、衰退、蕭條、復甦的過程而使經濟活動產生改變。

● **對企業的影響：**
整體經濟景氣的好壞會影響企業的年度預算編列與營收目標。

例 當全球景氣好轉，以出口貿易為主的企業會擴增廠房和人力，提高營業目標，以支應國際上升的消費需求。

自然環境

● **受變動的因素：**
受人為因素、氣候變遷、環境改變而有變動。

● **對企業的影響：**
自然環境的改變會影響企業原料供應與產品銷售的狀況，甚至改變產業結構。

例 原先以農牧業為主的內蒙鄂爾多斯市，因富含煤礦，開採成功後帶動工業發展，經濟規模擴張強勁。

總體環境的變動會影響企業的發展、決策，甚至改變一國的產業結構。

社會結構

● **受變動的因素：**
受教育水準、文化差異、消費及薪資水平、人口結構等影響而有變動。

● **對企業的影響：**
社會因素的改變直接影響企業的營運布局、成本結構與行銷策略。

例 因國內薪資結構調漲，企業為尋求較便宜的勞動成本，將生產活動移至工資較低廉的國家，又因國內消費水平較高，再將產品運回國內銷售。

政治環境

● **受變動的因素：**
受政治情勢的穩定度及產業政策的推動而產生改變。

● **對企業的影響：**
政府的政策方向與稅收優惠、政局情況會影響企業的投資意願與營運成本。

例 沙烏地阿拉伯為吸引外資，提供稅率優惠、鼓勵民間與外國合作大型工業、放寬外商對服務業投資的限制等，成功引進大量外資。

　　自然資源會受人為因素、氣候變遷、環境改變而有變動，導致依附自然資源而發展的企業產生變化，例如原先蘊藏豐富的天然礦產因開採過量而耗竭，像是早期台灣有許多煤礦坑，隨著產量逐漸枯竭，1980年代後煤礦業式微，許多採煤公司因而步入歷史。

　　社會結構變動的面向包括教育水準、消費水平、薪資水準、人口結構等等，會影響產業結構的改變與企業經營策略，例如國內 65 歲老年人口占總人口數的 13.52%，是二十年前的 1.8 倍，使得老人住宅、健康照護等產業蓬勃發展，許多企業鎖定老人族群，開發銀髮族相關商品以因應市場需求。2010 年中國沿海地區工資逐年上升，不僅台商、外資企業都面臨到人力成本上漲、勞動規定日趨嚴格的壓力，例如鴻海在中國的轉投資公司「富士康」就面臨每月多出人民幣 40 億的支出，即使做為全球最大電子零件供應商及組裝大廠也吃不消，因此將工廠遷往工資較便宜的內陸，並與印度展開長期合作設廠計畫。全球半導體龍頭英特爾（Intel）在中國的子公司也關閉上海浦東封裝測試廠，遷移到成都工廠。

　　政治環境的改變包括政治情勢、產業政策、以及政局穩定度，都會影響產業發展。例如以觀光業為發展重心的泰國，因 2010 年泰國紅衫軍為抗議政府當局的專斷而在市區內示威遊行，引起暴力衝突造成傷亡及觀光景點的破壞，重挫泰國觀光業，嚴重影響當地航空公司、飯店業者及旅遊業者的生計，據估損失高達 600 億至 700 億泰銖。歐洲 2015 年底以來恐怖攻擊事件頻傳，遍及法國巴黎和尼斯、比利時布魯塞爾、德國柏林、英國曼徹斯特等，同樣重創觀光業，使 2016 年巴黎遊客減少 150 萬人次，損失 13 億歐元，布魯塞爾在事件將近一年後觀光住房率仍是衰退 10% 難以復甦。

主要國家的「工業 4.0」計畫和稱法

　　「工業 4.0」最早是德國總理梅克爾在 2011 年德國漢諾威工業展時所提出，是指以「智慧製造」為核心的第四次工業革命。全球工業在同樣的背景條件下，許多國家也都有類似的工業變革發展計畫，但重點和稱法不盡相同。例如美國的「先進製造業國家戰略計畫」、「再工業化」、「工業網際網路」，日本「工業智慧化」、「科技工業聯盟」，英國「工業 2050 戰略」，中國的「智能製造」、「中國製造 2025」，以及台灣的「生產力 4.0」等。

　　而政府的產業政策的變動，包括重點扶植產業、租稅優惠政策等等，都會改變一國的產業趨勢。例如全球因應勞工短缺、環保限制的問題，在國際市場競爭激烈之下，各國莫不致力改變製造模式推動「工業 4.0」革命，台灣產業正面臨開發中國家與工業國家兩方夾擊的考驗，我國政府推出整合「生產力 4.0 發展方案」與「五加二創新產業」（包括綠能產業、國防產業、智慧機械、生技醫療、亞洲 · 矽谷、新農業、新材料循環園區）及數位經濟發展，被視為國家級戰略計畫。

了解產業動向與企業經營的關鍵資訊

　　想要觀察產業趨勢的變化，一般可由供給面與需求面兩個大原則著手。若要判斷產業中的個別企業，則要留意財務報表所揭露的訊息，以掌握企業營運體質的狀況。

產業趨勢如何觀察

　　首先，在供給面部分可觀察兩大面向，包括了龍頭廠與指標性公司的營運方針、以及產業內的新技術與新產品。由於產業龍頭的營運動向會牽動整體產業的總產出與產品定價策略，並反映出產業未來的新趨勢，一般來說，像是擴廠計畫、併購計畫、新市場開發、以及招募員工等，都是表示企業看好產業市場的主要指標，因此相關新聞值得留意。例如 2015 年，國內唯一由票券業者轉型為金融控股公司的國票金控，因旗下沒有銀行，於 6 月公開收購老字號的台中三信商銀 51% 股權，即是看好如能與具有車貸、房貸等消費性金融業務實力的三信商銀整合，可發揮更大的經營綜效。雖然最後宣告失敗，卻能看出當時金融業亟欲整合銀行、票券、保險成為金融控股公司的態勢。

　　值得注意的是，雖然龍頭廠的行為動見觀瞻，可做為產業發展的領先指標，但仍需要加以檢視更多訊號以確認產業趨勢，以免誤判。最好同時觀察同產業內二、三線公司的營運狀況，如果連產業內競爭力較差的公司獲利狀況都出現大幅改善，就更能表示此一產業目前正處於欣欣向榮的成長期。另外，推出新產品或新技術有助於帶動產業更新或進一步擴大原有市場，也是一項重要的檢視訊號。例如 2008 年蘋果公司推出 iPhone 3G 手機大受歡迎，2010 年推出第一款 iPad 平板電腦，除了定期推出新款手機及 iPad 等各項軟硬體新產品外，隨後又於 2015 年推出穿戴裝置 Apple watch 智能手錶，為當時賣得最好的智能手錶。蘋果的供應鏈中有不少台資企業，例如 2017 年蘋果公司公布的 200 大供應鏈名單有 39 家台資廠商，包括組裝及電子零組件龍頭鴻海、晶圓代工龍頭台積電、封測大廠日月光、光學鏡頭製造商大立光、外殼代工廠商可成、廣達、和碩、緯創等，統稱蘋果概念股，從蘋果公司的產品熱度便可預期台灣相關手機代工與零組件公司的營收也會受到激勵。

掌握產業動向及企業發展的重要資訊

產業內部影響（供給面）

龍頭廠與指標性公司的營運方針

這些產業內代表性公司的擴展規劃、併購計畫、新市場開發、人力招募，都可能影響到整體產業的發展前景。

例 龍頭廠大舉擴大生產規模，表示看好產業發展，同時也能帶動上下游廠商投入資源，促使產業蓬勃。

新產品與新技術的出現

新產品的推出或新技術應用，都有助於擴大原來市場規模，或帶動產業創新。

例 新的電腦作業系統及處理器問世，促使電腦製造商推出新機種、軟體廠商更新程式，有助於電腦消費市場成長。

產業外部影響（需求面）

反應消費者需求的經濟指標

GDP、消費者信心指數、利率、物價指數等能反應當前消費者需求高低的經濟指標，有助於判斷各產業日後發展動向。

例 當各項經濟指標都處於上揚或樂觀面向，表示當前經濟情況良好，消費者支出需求增加，有利於產業擴張。

政府產業政策的走向

政府會依據國家經濟發展需要推出產業政策，以調整產業結構及組織，進而影響產業布局和規模。

例 政府2016年9月底起積極推動新南向政策，展開各種人才、金融、及產業服務的活動，包括人才培育與延攬，貸款融資、與商情媒合、產業優化等。

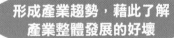

形成產業趨勢，藉此了解產業整體發展的好壞

從財務報表判斷個別企業營運情況

公開發行公司每月、每季、半年、全年都會公布公司的財務資訊，投資人可定期追蹤公司的營運表現。

四大財務報表

1. 資產負債表
2. 損益表
3. 現金流量表
4. 股東權益變動表

分析財務報表的資訊，可得知一家公司的獲利能力、經營效率、財務結構，進而了解公司營運體質的好壞。

媒體關注企業的獲利能力

新聞媒體一般較關注企業的獲利高低，也就是損益表的內容，通常獲利不佳的企業在市場的評價也就低，也會衝擊到投資人的持股信心。

就需求面的部分，應多加留意全球經濟情勢的變化對於消費者行為的影響，特別是反映出消費能力與意願的經濟指標，例如國內生產毛額（GDP）、消費者信心指數、利率與消費者物價指數（CPI）等，通常能敏感反應出當前消費者需求的高低，也有助於判斷各產業日後發展動向。當總體經濟現況不佳時，消費者的荷包緊縮，支出需求滑落，不利產業擴張，例如 2008 年金融海嘯後，各種消費支出都趨向保守，有關消費者需求的指標大幅滑落，尤其是耐久財（可使用三年以上的物品）與非必須型的支出，導致產業產能下修、投資需求銳減，直接衝擊像是汽車業、家電業、零售業、消費性電子等產業。

除了以上兩大原則外，政府相關政策也可能影響並改變產業的整體趨勢，不可忽視。例如我國政府積極扶植綠能產業，包括創能、節能、儲能、智慧系統整合產業四大主軸。近兩年台灣總體綠能產業年產值約 5,000 億元，其中最主要的太陽能光電產業 2015 年產值達 2,005 億、太陽能電池年產量 9.46GW（1GW=10 億瓦）居全球第二大，產業鏈約有 257 家，預計 2016 年至 2025 年累計總產值可達 3 萬 5,600 億台幣。2015 年 LED 照明產業產值達 2,210 億，LED 元件已為全球前三大供應國。

判斷企業經營績效好壞的重要資訊

在觀察整體產業趨勢後，要進一步了解產業中的個別企業發展，就需要留意企業每月、每季、半年及全年公開的財務報表，可供參考的分析方向包括企業的獲利能力、經營效率、財務結構等，以掌握一家企業營運體質的好壞。對投資人而言，獲利能力佳往往代表股價將持續具有想像空間；經營效率高意味著公司的資金週轉快，運用十分靈活，財務結構穩健表示公司抵抗景氣寒冬的能力相對較高。

至於一般媒體的報導焦點則著墨於企業的營收、獲利數字方面，這是因為企業的損益表就有如學童的成績單，財報成績的好壞，除了反映公司自身的競爭力之外，也直接牽動投資人的持股信心，通常獲利不佳的企業在市場的評價也就低。即使企業的財務結構穩健，但損益表上卻不盡理想的話，意味著企業短期營運狀況可能不佳且無法回饋報酬給股東，將對投資人的持股信心帶來衝擊。

要判斷一間企業獲利績效，首先可留意每月 10 日上市櫃公司所公布的上月營收數字，以了解該公司目前基本營運狀況。有了營收數字之後，仍需注意公司每季所揭露的財務報表，以製造業公司為例，除了營收數字是否成長，還要

關心公司營業毛利率的趨勢、營業費用的變化與業外損益等三大要素。從毛利率的變化能判斷公司對產品售價與成本的控管能力，將營業收入乘以毛利率即可得出銷貨毛利；營業費用可看出公司內部對人事、行銷、研發的花費是否適度，將銷貨毛利扣掉營業費用即得出營業利益，也就是本業的實際獲利；最後在業外損益部分，包含了處分投資損益、匯兌損益、存貨跌價損失與回沖利益等項目。由於業外損益項目大多為一次性的變動，這將使單季損益數字之間產生較大波動，因此，一般在分析企業獲利成長性時，都是以本業獲利數字為主要參考，若本業獲利不佳但業外淨利高，表示企業都是靠業外操作賺錢來彌補業內虧損，投資人不可不慎。

▶進口與出口
進出口貿易總額成長
意謂國際景氣回升

快速掃描

● 「進出口貿易總值」是我國產品內外銷的統計數據。
● 財政部每月 5 日定期公布一次海關進出口貿易統計數據。
● 經濟部每月 20 日定期公布外銷訂單金額、接單國別和月增率的統計數據。

　　台灣的天然資源蘊藏不豐，內需市場規模也不大，主要仰賴對外貿易以維持經濟成長，因此從進出口貿易總額、外銷訂單等貿易指標的好壞，可以觀察我國目前的經濟基本面是否良好、進出口產品所屬產業的景氣榮枯。

進出口是什麼

　　進出口指的是一國與其他地區進行各種商品與服務貿易的經濟行為。以台灣的情況而言，進口最大宗的貨品是電子零組件（如 IC 積體電路原料）和礦產品（如原油），其次是機械和化學品等；出口方面則以電子零組件（如 IC 積體電路、印刷電路、二極體、太陽能電池）為主，資訊與視聽產品和其他金屬及其製品等。由於台灣是出口導向的經濟體，出口貿易的榮枯容易受到國際主要市場景氣好壞與貿易競爭對手的影響。例如，台灣近年來以電子產品為出口大宗，因此大家對於電腦、手機等產品的國際市場需求是否強勁特別關心，而主要生產電子產品的競爭對手如韓國、中國及日本等國之間，往往也進行著激烈的貿易戰。因為我國的內需市場規模小，出口對國內產業的發展扮演了重要角色。藉由海外市場的拓展，廠商才能擴大產能，使營運範疇達到規模經濟的效果，營收才有成長空間。因此訂單量多、出口貿易旺盛，對台灣產業景氣具有直接帶動的效果。

　　在進口方面，台灣因天然資源不豐，除了必須進口的天然資源及礦產等原物料外，台灣也同樣進口了大量電子、民生用品和各類設備，如手機、汽車、資本設備等，主要是國內民眾消費、企業投資和政府支出對這類產品有需求。進口對台灣經濟的影響，主要是國內市場需求和國際價格等因素。一方面是進口原物料及設備成本會受到國際市場價格的影響，使得國內商品物價隨之產生

波動；另一方面，進口產品會對本土製造的產品造成競爭，例如來自中國和東南亞等地的廉價產品大舉進入台灣市場，造成國內毛巾、玩具、成衣、農產品等產業的衝擊。而出口雖然直接帶來收入增加、提高一國國內生產毛額（GDP）的種種好處，但進口財貨、或技術、人才的交流，卻有助於企業成長、提升一國產業的競爭力，就長期的經濟發展來看不可偏廢。

如何解讀進出口的變化

　　一般財經新聞報導進出口變化的分析時，通常是用當期的進出口金額與去年同期比較，因為許多產業有淡旺季的區別，與去年同期的數據比較可以觀察到該產品近期內的市場供需變化情形，是廠商進行生產作業、原物料及資金調度等的重要參考依據。例如與去年同期相較，若進出口總值成長，表示國際景氣回升，廠商營收可望提高，廠商可以考慮增加投資、擴大產能以因應未來上升的需求；若進出口金額出現萎縮，表示國際市場景氣衰退，商品需求下降，廠商獲利下跌。

　　若想針對特定產品的進出口貿易進行較長期的趨勢分析，就必須觀察該產品市場歷年來的成長率，從每年的進出口數據的變化可以推估未來中長期市場景氣的好壞，做為是否增加資本投資、調整營運策略的衡量指標。例如每年台灣的 3C 電子產品出口數量及金額逐年提高，其中有些產品呈高速成長，表示該產品尚處於產品生命週期的成長期，廠商應針對成長期產品的設備及研發設計進行投資，積極把握接下來提高銷售量和營收的機會；反之，若出口金額成長率逐年下降，表示該產品市場可能面臨飽和，未來產品銷售量的擴大幅度有限，廠商持續投資或擴大產能的報酬率可預期將會縮小。

　　然而，經過實際海關統計後發布的進出口金額數據，時間上會延遲一到兩個月，在掌握及時市場動態上仍嫌不足，因此要預測近期市場變化時，大家會更關切廠商的訂單情況。以出口導向的台灣尤其重視外銷訂單的數量，因為各外銷廠商承接貨品訂單額度，是關鍵的出口領先指標，比海關統計更能及早反映各類商品外銷景氣的消長情勢。

　　除了總金額的變化，進出口貿易分類貨品結構、及主要進出口國家排名變動，也是重要的關注議題。進出口貿易結構的變化，體現出台灣總體經濟和民生社會的發展趨勢，包括各產業間規模的消長，例如台灣早期以輕工業和食品加工為主要出口品項，現在則轉型以高科技產業為主。高科技產業（資訊與通訊科技產業，ICT）的產值占 GDP 的 16% 以上，已成為我國的經濟主力。而主

要進出口國家排名則可以用來觀察台灣主要貿易市場的依存程度變化。例如近十年來台灣對主要國家的出口構成比重,中國(包括香港)占 40%、美國約 11%、日本約 6.5%、歐洲約 9.5%、東協十國(新加坡、馬來西亞、菲律賓、泰國、印尼、越南、汶萊、寮國、緬甸及柬埔寨)約 18.5%。從年增率則是可觀察總體出口以及對各國的消長情形,例如 2017 年 1 月至 6 月我國總體出口金額與去年相比增加了 12.5%,對中國與香港年增 16.9% 最高、東協增加 14.4% 居次。

政府維持國家貿易競爭力的策略

　　理論上,兩國間若存在不平衡的貿易順逆差關係,兩國幣值間的匯率也會隨之調整,也就是逆差國的貨幣會流向順差國,逆差國的幣值會相對貶值下跌,使出口產品價格變得便宜更有競爭力,促使兩國間的貿易關係趨向平衡。但通常仰賴出口帶動經濟發展的國家,會希望保持幣值在較低水準,以維持出口價格優勢。例如中國因為出口力道強勁,成功帶動了經濟成長,自然不願意貿然讓人民幣升值,衝擊國內大量仰賴出口市場的產業。反之,美國政府為了國內產業發展,當然希望人民幣升值,以調和兩國之間的貿易失衡關係。

　　對台灣來說,與其他韓國等東亞國家因同為出口導向的經濟體,如何保持出口的競爭優勢是各國政府相當重視的課題。政府經常使用的手法是透過匯率或補貼方式提供出口產業有利的發展條件。當外銷產業景氣很差、且國內沒有物價膨脹隱憂的時候,央行會以公開操作干預外匯市場,藉由買進外匯來使本國貨幣貶值,讓本國產品的價格較外國的低,提高產品的國際競爭力。尤其在全球經濟普遍不景氣,出口貿易萎縮的時期,貿易競爭國家之間甚至不惜展開匯率戰來維持出口優勢。

什麼是貿易依存度?

　　指進出口總額與國內生產總值(GDP)的比值,用來衡量國際貿易在國民經濟中所占比重的重要指標。貿易依存度愈高,表示該經濟體愈是高度依賴國際市場,因此也更容易受國際景氣變動的影響;同樣地,若是對特定國家的貿易依存度高,表示對該國的經濟依賴度高,活絡的貿易關係固然有助提高本國生活水準和產業動能,但在經濟的長期戰略上也會有「雞蛋放在同一籃子」的風險。

解讀進出口貿易

進出口貿易

進出口貿易即國際貿易,即不同國家或地區之間進行各種商品和服務的交換活動。

出口貿易

將本國產品或服務輸出至外國市場。受國際市場景氣好壞、匯率和貿易競爭對手強弱的影響。

進口貿易

將外國產品或服務輸入至本國市場。受國內市場需求多寡、匯率和國際價格漲跌的影響。

解讀方法

①當期進出口金額與去年同期相較

進出口金額較去年同期成長,表示國際景氣回升,市場需求增加,廠商可擴大投資增加生產線,反之較去年同期衰退,景氣下滑,廠商保守以對。

②觀察特定市場進出口成長率趨勢

要判斷未來投資方向,需觀察特定市場的歷年進出口成長率,若持續維持高度成長,表示該市場中長期來看景氣面佳,宜增加投資。

③從外銷訂單數量看國際景氣變化

外銷訂單增加,顯示本國近期出口需求旺盛、未來景氣看佳;外銷訂單減少,表示本國出口轉差、未來景氣看壞。

④從進出口貿易結構觀察國家經濟發展重心

進出口貿易結構的變化可看出一國總體經濟和民生社會的發展趨勢,包括各產業間規模的消長。

⑤從進出口國家排名看貿易依存度高低

進出口國家排名可觀察一國與主要貿易市場的依存程度變化。排名愈前面的國家對該國的貿易影響力愈大。

提高貿易競爭力的政策

①調節外匯供給量

面臨出口貿易萎縮時期,央行可調節外匯供給量使本國貨幣貶值,讓本國產品的價格在國際市場上更具競爭力。

②稅賦減免與補貼

針對國內特定扶植產業,提供出口免稅或產業研發及設備更新的補貼政策,以加強國內產業的出口競爭力。

③關稅與反傾銷稅

為避免國外廠商大舉搶占國內市占率,危害本土產業,政府向國外商品課徵關稅或反傾銷稅,以保護本國市場。

④簽署FTA

透過與主要貿易國家簽署自由貿易協定(FTA),以享有關稅減免、消除非關稅壁壘等好處,並促進與會員國的貿易交流。

　　然而，在自由市場的目標下，干預匯率畢竟不是長久之計，而且匯率對經濟體的影響是全面性的，對於出口有利的貶值政策，相對地對進口商卻是不利。因此，政府在計畫扶植特定產業時，也會改採出口退稅或補貼政策；或者當本土產業不敵國外廉價產品進口而萎縮，政府也可能採取課徵關稅或反傾銷稅的保護措施，阻止進口商品侵蝕國內市占率。

　　不過，當前國際貿易的趨勢是朝向去除貿易壁壘、開放市場的方向發展，各國政策大多轉為積極爭取與其他國家或地區簽署自由貿易協定（FTA），一方面透過降低關稅、降低彼此的交易成本，刺激各國間貿易的熱絡，一方面也藉此提升本國產業的實力，才能因應更為開放的市場競爭。

新 聞 範 例 解 讀

中國政府「一次性修正」匯率，創史上最大單日跌幅

　　中國人民銀行於 2015 年 8 月 11 日以「完善人民幣中間報價機制」政策為由，放手讓人民幣當日出現 1.86% 的貶值，創下當時史上最大單日跌幅，出乎市場意料，而次日再次放手讓人民幣貶值 1.62%。匯市的劇烈波動造成資金不安引發投資人騷動，波及股市，不僅讓鄰近國家的股市連日大跌，道瓊工業指數 8 月 20 日跌破 1 萬 7000 點頸線，導致全球性股災。而匯市的部分，新台幣亦脫離 31 元兌換一美元的水準，貶破 32 元大關。

解讀重點

中國放棄維持與美元的匯率穩定，透過政策手段放手讓人民幣貶值，稱為「8.11 匯改」，由於中國為世界前三大經濟體，未考量市場穩定的此項舉動，造成了各國股匯市震撼。

人民幣貶值，可讓中國的商品價格在國際間更有競爭力，導致該國的出口上升，刺激中國的經濟。由於中國長期維持與美元的匯率穩定，此時卻不得不放棄長期的政策，由此事件可以判斷中國的內部經濟結構遇上大問題，使得中國人民銀行最終決定透過貶值提振出口的方式來挽救中國經濟。表示中國的經濟可能透過出口上升而邁向復甦，但應對於中國經濟發展的其他環節，例如內需市場、技術發展、以及長期的高經濟成長率打上問號。

而就國際情勢來說，人民幣貶值將導致中國進口商成本上升，並衝擊仰賴出口商品到中國的國家，例如美國、歐盟、台灣等。中國是世界第二大經濟體，各國均不樂見人民幣貶值衝擊到各國的進出口變動，而必須展開積極應變，例如各國貨幣市場的競相貶值。

與進出口相關的新聞重點

　　新聞媒體報導進出口相關消息時，也常提及以下概念：

▶ **匯率政策**：兩國市場間的匯率會直接影響產品進出口的價格。若本國貨幣貶值，則出口產品銷售到海外市場時，價格較低廉，出口商收到外幣後匯回國內，可以換取到較多本國幣。相反地，對於進口商較為不利，因為舶來品價格變得更貴，而在國內銷售後所賺取的是本國幣，必須用更多本國幣才能換匯成外幣，以支付海外購買產品的成本及費用。

▶ **反傾銷稅**：傾銷是指外國廠商在本國所銷售的產品價格低於在來源國銷售的價格。有時外國廠商為了跟本國廠商搶占市場，甚至不惜開出低於成本的售價，為的是犧牲短期獲利，設法讓本國廠商退出市場，爭取獨占市場的好處。由於傾銷對於本土產業發展及市場的長期健全都是一大傷害，各國政府為了防堵類似情況，對於低於成本的進口產品會進行調查，並課以反傾銷稅。有時反傾銷稅也會被政府用來當做貿易戰爭的武器。

▶產業總產值
產業總產值擴大顯示
國家競爭力提升

快速掃描

● 某一產業總產值大小反映該產業對一國 GDP 的貢獻度。
● 產業總產值的變動是政府重要的施政依據及企業重要的經營資訊。
● 資策會產業情報研究所（MIC）、工研院產經中心（IEK）等研究機構每季不定期公布重要產業（如半導體、VR 代工）產值。

　　產業總產值的大小可以直接反映一個產業對國內經濟的貢獻程度，觀察個別產業總產值的比重，便可了解一國產業結構的主力與推動經濟成長的動力。例如 2015 年度台灣三級產業的總產值占比依序為工業 55.33%、服務業 43.04%、農業 1.63%；其中，資訊與通訊科技產業（ICT）總產值達 18.63%，占 GDP 16.63%。半導體業產值就占了 6%，GDP 貢獻超過 9%。

產業總產值是什麼

　　產業總產值是指在一定期間、同一產業內的所有企業按交易價格計算其所有貨品與服務的總額。以農林漁牧業或大多數的服務業而言，這樣的概念並不難理解，但以工業來說，計算產值時除了本期產出的成品價值外，還包括對外的加工費、及製品與半成品的期末期初差額價值。換句話說，任何有創造出交易價值的行為，都該包含在產值計算之內，而且同一產品在企業與企業之間的交易價值可以重複計算。舉例來說，若 A 棉紗廠向棉花進口商進貨棉花原料 50 元，將棉花加工成棉紗後以 100 元銷售給 B 棉布廠，B 棉布廠織成布匹後以 200 元銷售給 C 成衣廠，C 成衣廠製成衣服後以 400 元銷售給零售商，則這樣的過程中創造的交易價值為 700 元（棉紗廠 100 元 + 棉布廠 200 元 + 成衣廠 400 元），因此只要有交易事實發生，且交易對象並非為母、子公司的關係，其交易價值都需加總計入產值。

　　需特別注意的是，計算一國的國內生產毛額（GDP）時，上述例子便會有重複計算的問題，由於 GDP 的概念強調的是最終產品價值，計算時以最終產品的銷售價格、加上所有廠商在製造過程中扣掉中間投入成本後所得出的附加價值，因此在上述例子中，能計入 GDP 的數額便只有 350 元〔（棉紗廠 100 元－

棉花原料 50 元）＋（棉布廠 200 元－棉紗廠 100 元）＋（成衣廠 400 元－棉布廠 200 元）〕。

在 GDP 計算（GDP ＝生產總額－中間投入）中，可從各產業總產值了解出此產業對於國家的重要性。

由於在一個大產業中也包含了許多次產業，因此，各次產業的總產值高低也能反映出它們在產業鏈上的個別價值，但價值高低並不一定與上、中、下游有絕對關係。一個完整的產業可分為上、中、下游，但這個產業本身可能是一個更大產業上、中、下游的其中一環，例如 IC 半導體業雖然可分為上游的 IC 設計、中游的 IC 製造、以及下游的 IC 封裝與測試，而整個半導體業又是屬於電子製造業的上游產業。因此，在進行產業總產值分析時，首先應追本溯源將產業歸類，再找出此產業於供應鏈上的位置，如此才能掌握整體脈絡。

如何解讀產業總產值的變動

無論總產值是以月、季、或年為計算周期，都可以用年增率的概念來分析產業的發展狀況，觀察今年該期間的產業表現相較於上年同期是否有所成長，以判斷產業目前的景氣位置。用年增率的概念也可以避免季節性的影響，去除掉產業的淡旺季因素。

年增率的概念也可應用在分析產業內部的供應鏈。以鋼鐵、石化、電子等製造業為例，若上游業者總產值年增率高於下游產業，也就是俗稱的上肥下瘦，可能原因之一是此階段在產業需求持續暢旺的帶動下，上游業者由於產能不足而供不應求、並順勢調漲價格，下游業者在訂單滿載而上游供貨又吃緊的情形下，只好自行吸收漲價的部分，卻無法將成本足額轉嫁給消費者。這也表示此時上游的議價能力高於下游，造成上游原物料業者獲利良好，但下游製造及銷售業者卻飽受成本上揚及缺料的壓力，形成產業利潤

製造業個別產業景氣信號

由於國家發展委員會發布的景氣燈號是針對整體景氣概況，無法表示個別產業景氣榮枯，台灣經濟研究院另外發布了個別產業的景氣信號。特別針對約 70 種製造業個別產業，從需求（外銷訂單、銷售值）、原物料投入（原物料生產量、原物料進口量）、成本（上游原物料進口價格、上游躉售物價指數）、售價（本業躉售物價指數、本業出口物價指數）、經營環境（營業氣候測驗點、上市股價指數）等 5 大細項指標，經加權計算後轉換成個別產業的景氣信號，可做為產業景氣趨勢分析與預測。

呈現不合理分配。因為下游業者若是將調漲的成本反應在產品價格上,消費者可能因產品變貴而降低購買意願、使產品銷售不佳營收下滑;但若是下游業者自行吸收調漲的成本,又會使毛利縮減甚至不足,使企業經營困難。

反之,若下游產值年增率高於上游,則可能代表下游終端需求出現非預期性的強勁回升,但此時上游產能仍寬鬆,因此來自於上游的漲價壓力較小,而下游對於激增的訂單又可適度以漲價向消費者反映,所以產值年增率將可能高於上游,形成上瘦下肥的現象。然而,下游業者若是高估市場需求量,因獲利成長便大舉擴大生產,上游業者為因應下游增加的訂單亦隨之提高產能,如此一來便會導致整個產業供給過剩,反而使產品價格下跌,造成企業利潤下滑,甚至滯銷。

產業總產值變化如何影響政府與企業決策

產業總產值對外反映出了一國的競爭力,是各國政府的重要施政參考,政府必須衡量個別產業對國家的重要性和發展潛力,再搭配相關政策予以扶植。例如針對近十多年來台灣經濟成長動能疲弱,政府因應工業 4.0(台灣稱為「生產力 4.0」)推出的「亞洲·矽谷」計畫,便是看中未來物聯網普及後在生活應用上的龐大商機,包括交通治安、老年照護、安養健康、非核低碳家園…等,而且台灣原本即具有高科技發展優勢,透過政府政策推動扶植,整合中小企業集結起來避免單打獨鬥、提升較弱的軟體及應用的行銷和研發,將以代工為主的 IT 產業升級到 IoT 產業,建構成數位國家、智慧島嶼,同時掌握物聯網的巨大商機。

INFO

「紅色供應鏈」直接衝擊台灣科技業

2014 年 4 月中國公布「國家集成電路產業推進綱要」,計畫全力扶植中國本土半導體產業,包括晶圓代工、封裝測試及晶片設計等,除了成立規模達人民幣高達 1,200 億的國家產業投資基金之外,中國保監會亦於 2015 年 2 月公布「首台(套)重大技術裝備保險補償機制的試點工作」(簡稱補貼保險),在費率不得超過 3% 的前提下,只要中小企業採購中國製造的重大技術設備,將由國家貼補八成保費,凡故障等出現損失,企業可申請理賠。台商或外商也被要求當地化或加入紅色供應鏈,中國零組件當地採購比例必須達 30%,藉此促使零組件訂單轉向中國,從而取代台灣零組件供應。由於我國出口長久以來過度集中於中國,尤其是電子通訊產品,隨著紅鏈的日漸完備、以及中國政府有計畫地補貼,雖然台灣科技業短期仍具有領先技術與市占優勢,但勢必將面臨價格廝殺的衝擊,造成台灣產業國際分工地位的波動。

產業總產值的意義與解讀方式

產業總產值

指在一定期間內，同一產業內的所有企業所提供的所有貨品與服務，按市場價格計算的總額。

| 對GDP的意義 | 各產業總產值反映出此產業對於國家的重要性 |
| 對產業的意義 | 各次產業的總產值高低反映在產業鏈上的價值 |

判斷產業總產值的方法

無論總產值是以月、季，甚至年為周期來計算，都可以轉換成年增率做比較。

①分析整體產業的發展狀況

● 將今年與去年同期相比，看是否有所成長，判斷產業目前的景氣位置。

● 將產業淡旺季因素去除，可避免季節性的影響。

②分析產業內部的供應鏈

上肥下瘦	上瘦下肥
上游業者總產值年增率高於下游產業的現象。上游因供不應求而漲價，下游難以轉嫁成本至消費者，形成產業利潤分配不均，導致下游經營困難。	上游業者總產值年增率低於下游產業的現象。下游因獲利增加擴大增產，若誤判情勢，易導致整個產業供給過剩，使企業利潤下滑。

對政府與企業的參考價值

政府的施政依據

由於產業總產值可反映出國家競爭力，各產業總產值的大小與變動，提供了政府重要的產業政策方向與施政依據。

企業營運策略的參考

產業總產值數據提供企業重要經營資訊，包括產業景氣、供應鏈議價能力、企業經營成效是否優於產業平均。

　　同樣地，產業總產值的變化對於企業的營運策略也非常具有參考價值。對企業來說，產業總產值的變化最少可提供三個重要的資訊：首先是目前整體產業的景氣狀況好壞；再來則是反映目前產業中各供應鏈上的營運狀況與議價能力；最後則可反映出企業在所屬產業位置的競爭力是否提升。若企業產值占產業總產值比例較前期往上提升，同時產品售價又能維持一定水準，代表公司能在不流血搶單的前提下擴大市占率，營運策略明顯較其他同業為優。綜上所述，前面兩項是反映目前企業的經營環境的資訊，最後一點則可反映企業自身的經營狀況，決策者可綜合這些資訊去修正策略，例如產能調整的大小、技術研發的時程或是產品的行銷策略等，將公司營運狀況更上層樓。

新 聞 範 例 解 讀

2016年台灣3C產業產值、成長冠於全球

　　根據工研院（IEK）統計，2016 年台灣 IC 產業產值達新台幣 2 兆 4,493 億元（相當於 758 億美元，以美元兌台幣 32.3 匯率計算），較 2015 年成長 8.2%。其中，IC 設計業產值為新台幣 6,531 億元（202 億美元），較 2015 年成長 10.2%；IC 製造業產值為新台幣 1 兆 3,324 億元（413 億美元），較 2015 年成長 8.3%，其中晶圓代工為新台幣 1 兆 1,487 億元（356 億美元），較 2015 年成長 13.8%，記憶體製造為新台幣 1,837 億元（57 億美元），較 2015 年衰退 16.8%；IC 封裝業產值為新台幣 3,238 億元（10 億美元），較 2015 年成長 4.5%；IC 測試業產值為新台幣 1,400 億元（43 億美元），較 2015 年成長 6.5%。

　　相較於世界半導體貿易統計組織（WSTS）資料，2016 年全球半導體市場全年總銷售值達 3,389 億美元，較 2015 年成長 1.1%。2016 年美國半導體市場總銷售值達 655 億美元，較 2015 年衰退 4.7%；日本半導體市場銷售值達 323 億美元，較 2015 年成長 3.8%；歐洲半導體市場銷售值達 327 億美元，較 2015 年衰退 4.5%；亞洲區半導體市場銷售值達 2,084 億美元，較 2015 年成長 3.6%。台灣 2016 年 3C 產業成長高於全球半導體市場，也高於其他主要各國。

半導體產業是全球產業競爭的金字塔頂端，具有高附加價值，也是我國產值最高、最具國際競爭力及成長願景的產業，占我國總產業產值的 6%，對 GDP 的貢獻達到 9%，占出口比重高達 23%。

半導體產業中積體電路元件（Integrated Circuits）部分占了整體半導體產業 88%，俗稱 IC 產業。從上述 2016 年度統計資料可知，我國 3C 產業的成長優於全球，也較美、日、歐亞國家，持續在全球擁有高達 22% 以上的市場率，在 2016 年表現的市占率甚至高過美國的 19.33%。

我國 3C 產業從上游的 IP ／ IC 設計，中游的生產製程及檢測設備、光罩製作、化學品等 IC ／晶圓製造，下游的生產製程及檢測設備、基板、導線架、IC 通路、IC 封裝測試到 IC 模組，具有完整的產業鏈，在新聞中經常會以對應產業鏈的方式，報導 IC 設計、IC 製造、IC 封裝、IC 測試的產業訊息。

分析我國 3C 產業在 2016 年的表現，在總產值新台幣 2 兆 4.493 億元中，以中游的 IC 製造業產值最高，達新台幣 1 兆 3,324 元，其中單是晶圓代工就達到了 1 兆 1,487 億元，占 IC 製造業的 86.21%、IC 產業總產值的 46.9%，等於 IC 產業大半產值都是來自於晶圓代工的貢獻；記憶體製造則是占 IC 產業總產值 13.79%。其次是上游的 IC 設計業產值達 6,531 億元，占 3C 產業總產值 26.66%。下游的 IC 封裝業產值 3,238 億元、占 IC 總產值 13.22%、IC 測試業 1,400 億元、占 IC 總產值 5.72%。由此可知，我國的 IC 產業鏈以中、上游的代工製造和代工設計為核心。從成長率來看，IC 產業總體成長率為 8.2%，其中 IC 設計 10.2%、IC 製造 8.3%、IC 封裝 4.5%、IC 測試 6.5%，IC 設計業與 IC 製造業均高於或與總體成長率相當，IC 測試與 IC 封裝則是低於總成長率，IC 產業供應鏈呈現出上肥下瘦的態勢。這也表示，雖然目前台灣的封裝、測試業產值占全球五成以上，卻有成長動能不足的問題亟待解決。

　　新聞媒體除了直接引述研究機構對於某產業的總產值預估之外，以下訊息也可能會對產值造成影響：

▶ **企業併購**：企業併購將從根本改變目前產業供應鏈的現狀，有些企業併購屬於垂直整合，著重於產品的成本控制，有些企業則採水平整合，思考方向則以產品互補，擴大市占為考量，不管是垂直或水平，企業併購將從根本改變目前產業供應鏈的現狀，也將改變原本產值的板塊分布。

▶ **資本支出**：資本支出預算代表企業對於未來景氣的看法，也象徵未來企業營運的產出規模，因此當產業內各家企業均著手進行資本支出擴張時，即表示未來產業總產值將有機會大幅提升。

▶ **經濟成長率**：經濟前景的好壞影響著消費者的消費能力與意願，當經濟前景樂觀，代表大多數產業都有機會蓬勃發展，整體產業產值與其年增率便有機會向上突破，反之亦然。

▶▶供應鏈模式

完善的產業供應鏈
有助於提升產業競爭力

快速掃描

● 供應鏈管理愈佳，可享有愈低的生產成本，並有效率地製造符合市場需求的產品。
● 產業聚落的形成，有助於降低交易成本，並更快獲得市場和技術資訊。

在現今全球專業分工的潮流下，很難單靠一家企業的力量完成產品的全部生產與銷售過程，而必須上下游廠商共同合作，形成產業供應鏈，才能有效率地推出市場所需產品與服務。台灣是以中小企業為主的經濟體，大多數廠商都屬於產業供應鏈的一環，因此產業供應鏈的變動關係著企業的成本營收及未來發展。

產業供應鏈是什麼

產業供應鏈是指特定產品在生產和流通過程中，由原材料供應商、製造商、批發商、零售商等，通過與上中下游成員連接而組成的廠商網絡。由於現代社會許多產品的複雜度提高，研發、生產及服務需要專業人才與高額資本的投入，因此同一產業的廠商會採取互相合作，透過上下游分工的方式讓廠商集中資源發揮個別強項，彼此之間則是建立原物料來源、生產製程和銷售管道的聯繫，藉由整合不同廠商的專業，降低生產成本或提高產品及服務的價值。

通常產業供應鏈可分為以降低成本為主的「推式供應鏈」，和以顧客導向為主的「拉式供應鏈」。推式供應鏈是由上游廠商、即供給方所驅動，供給方從銷售端如零售商或倉庫取得銷售資料，進而推估市場需求所推動生產行為。重視原物料及零組件採購、庫存與製造等生產規劃，以追求平均成本最低且最有效率的生產，缺點是從需求的推測到產出銷售的時間過久，一旦市場需求不如預期時，可能造成囤貨過多形成損失。而拉式供應鏈的驅動通常發生在中下游廠商、即需求方，依據市場的實際需求進行生產與銷售的調整，也就是客製化的生產或服務，缺點是因應客製化需求的成本較高，包括快速集合上游廠商、原料和技術等。兩種供應鏈形態各具特點，現在大多數的產業供應鏈都是由「推

式」與「拉式」兩部分共同組成，也就是因應目標市場的需求做有效預期、主動規劃生產流程控管與採購，使本身在供應鏈中既能被動因應接單生產、也能主動提供客戶所需求的產品及服務，創造最大的競爭力與利潤。

有時候產業供應鏈的發展過程中，相似領域的廠商會群聚在特定區域形成「產業聚落」，尤其是靠近重要原物料、大學院校、重要大廠或特定市場等地區，廠商藉由地理位置的便利性，達到吸引人才、資訊快速流通、採購或銷售的交易成本降低等好處，例如美國矽谷的資訊高科技產業、台灣新竹科學園區的 IC 產業、台灣中部地區的機械產業聚落等。產業聚落形成後更能發揮磁吸效應，吸引更多廠商、客戶和相關人才投入，並且帶動當地經濟發展。

如何解讀產業供應鏈的變化

近年來促使產業供應鏈發生變化的因素中，首當其衝便是全球化的影響，隨著銷售市場的擴大和網路訊息的流通，商品與服務的市場價格、性能及外觀設計的競爭日益激烈，企業開始跨國尋求生產成本更低廉的外包代工廠，同時積極跨國尋求合作夥伴開拓新市場，生產與銷售的全球化營運已是當今常態。台灣一直以來就是出口導向的經濟體，出口總值占全國 GDP 比重六成以上，國內許多廠商已經與國際產業鏈緊密結合，例如訂單來自歐美日等先進國家的國際大廠，接單後則是在台灣生產製造，甚至進一步分工至其他成本較低廉的國家，像是在中國、越南等地設廠負責初階產品製造，台灣廠則負責管理營運、高階製造及設計，原物料則從其他資源豐富的國家進口。因此國際市場一有風吹草動，例如進口原物料短缺、生產外包國工資上漲等政策改變的話，都會使台灣廠商受到相當程度的衝擊。

另外，當重要市場發生變化，比方說法規的規定、消費市場喜好的改變等，也會帶動整個產業鏈一起變動。例如歐盟 2002 年通過「廢電機電子設備指令」（WEEE）及「電機電子設備危害物質限制指令」（RoHS），2006 年 7 月 1 日起十大類電機電子設備中禁止含有鉛、鎘、汞、六價鉻、多溴二苯醚（PBDEs）、多溴聯苯（PBB）等有害物質的電機電子產品進口至歐洲販售，因此在高度分工的產業鏈上，銷售端的廠商會開始要求其上游代工廠必須供應符合需求標準的產品，促使負責組裝供貨的廠商也必須要求其上游零組件代工廠配合銷售產品的環保訴求，使得產業鏈中所有廠商都必須符合零售端的環保需求標準，這也就是全球許多知名企業如零售業巨擘沃爾瑪公司（Wal-Mart）、戴爾電腦（Dell）、通用汽車（General Motors）等大廠所推動的綠色供應鏈。若做為供應鏈廠商的

企業無法因應客戶需求有效導入綠色供應鏈的生產和管理模式，就會因為其產品無法符合標準而拿不到訂單，失去原先在供應鏈體系中建立的上下游合作關係，也意味著在供應鏈中失去競爭力。企業為了在競爭激烈的國際化分工中維持競爭優勢，不僅需要預測需求進行研發、還要能以高良率的量產回應，營運成本和風險隨之提高。失去訂單、無法及時回應客戶需求的廠商，也必須快速整備核心能力、升級產能，重新尋找新的交易對象建立產業鏈關係，以免迅速被取代吞沒掉。

發展產業聚落維持國家產業競爭力

由於產業群聚在某一地區可方便產業供應鏈進行專業分工，增加廠商之間合作和降低交易成本，市場和技術資訊流通速度也會加快，使同一聚落內的廠商彼此間形成具有彈性的協力生產結構。另一方面，產業聚落的形成也可使政府制定產業政策的方向更加明確，整合相關資源集中投入該地區，包括交通建設、培育人才的教育資源及行政支援等，也便於進行土地、資源的取得，與廢棄物和污染的管理。此外，產業聚落往往能形成強大的磁吸作用，包括吸引人才、投資資金的注入，也更容易吸引新廠商、買家的進入，使得該產業蓬勃發展，進一步提升規模、產品競爭力等，甚至外溢到其他產業的發展上，帶動一國的總體經濟。因此對政府來說，發展產業聚落有助於提升國家的產業競爭力。

以台灣的 IC 產業為例，政府規劃新竹科學園區做為產業聚落發展空間，並利用工研院、大學實驗室等研究單位所開發的先進技術轉移至民間企業，重點扶植幾家標竿廠商以帶動上下游體系，成功的產業聚落帶動台灣 IC 產業起飛，順利與國際供應鏈結合，並且讓台灣成為全球第二大的資訊硬體生產國，晶圓

INFO

波特的產業聚落與競爭力觀點

世界知名的管理大師麥可‧波特（Michael Porter）曾指出一個國家是否具有國際競爭優勢，與該國的優勢產業能否形成「產業群聚」有莫大關係。波特所定義的產業群聚是指在特定領域中，由地理區位鄰近、彼此有交互關聯的企業和專業服務供應商、相關產業廠商和法人機構所共同組成的聚落，形成因共通性和互補性而連結的關係。由於企業間彼此存在著競爭與合作、相互依賴、利益共享的關係，當群聚形成後更能藉此刺激自我發展又維持相當的彈性，對整體產業競爭力有很大的助益。

產業供應鏈的變動因素與效益

影響產業供應鏈變動的因素

1.全球化下的跨國供應鏈變動

在全球化影響下，企業普遍進行跨國外包以降低營運成本，並尋求跨國合作夥伴以擴展市場，使得國際供應鏈的上下游一旦產生變動，會影響產業發展。

2.主要市場變動

即市場因素的影響，包括法規規定、消費市場的喜好等，產業鏈的上下游廠商為符合市場需求，必須調整其生產及營運方式。

產業供應鏈

指特定產品在生產和流通過程中，由原材料供應商、製造商、批發商、零售商等，通過與上中下游成員連接而組成的廠商網絡，其中包含推式與拉式兩種供應鏈。

推式供應鏈

以降低成本為導向，通常發生在供應鏈上游的生產製造端，做計劃性的採購、庫存與製造，以提供低成本、高效率的產出，缺點是當市場需求不如預期，易造成囤貨過多的損失。

拉式供應鏈

以顧客需求為導向，通常發生在供應鏈中下游的市場與銷售端，具有為顧客量身訂製產品與服務的優點，缺點則是回應客製化需求的成本較高。

形成產業聚落提升國家產業競爭力

隨著產業供應鏈發展愈完善，會使資源、資訊集中化，促進上中下游廠商、支援及服務性質廠商、產業公協會組織、教育及研發機構群聚一起，發揮其共通性及互補性，就近滿足彼此對產品、服務及人力的需求，使交易成本降低，並更快獲得市場和技術資訊。

培訓及吸引人才

集中教育資源設置產業發展所需大專院校，提供相關教育訓練服務，並吸引優秀的人才進駐。

取得及研發新技術

更易取得創投資源、專利和智慧財產權，且產業內部交流有助於新技術的開發及新產品的研發。

提升總體經濟發展

創造更多就業機會及產品附加價值，且有利於政府集中資源、制定產業政策方向，提升國家的產業競爭力。

代工業和封裝測試業產值位居全球第一、IC 設計業居第二，PC 產品居全球第三。此外，台灣的自行車與零件以高品質、高單價及高獲利成功打入國際市場，2016 年產值和產量位居世界第二，在英國、德國、荷蘭、中國市占率第一，美國、日本居第二，同樣也是以台中、彰化一帶聚集國內 77.8% 廠商形成自行車產業聚落所發揮的綜效。

在世界經濟論壇「全球競爭力報告」中，台灣的「產業發展聚落」指標數度位居全球第一，2016 年位居第三。未來，在物聯網（IoT）趨勢下，結合發展智慧自動化的產業供應鏈，推動自動化產業發展，將工業從效率驅動轉移到創新驅動將是主要發展策略，成為中國等開發中國家推動產業發展的重要參考。

新聞範例解讀

整備物聯網時代分工實力，產業升級轉型需一步到位

經濟部工業局長（2017 年）5 月 2 日帶領產、官、學、研代表觀摩宏遠興業公司智慧衣製造技術、及煤炭鍋爐設備示範。宏遠興業是國內研發創新機能布大廠，也是全球最大運動品牌 Nike、Adidas、Under Armour、Columbia 等的供應商，提供高科技機能性兼具環保布料與全方位服務，於 2014 年底開始啟動「宏遠 4.0」工廠智慧自動化的轉型計畫，結合物聯網、雲端服務與大數據運用，以數位智慧化串連生產、物流、營運、能源、環境安全、及產品為目標，轉型為高值化的智能工廠。此次各界代表一同觀摩宏遠公司推動智慧製造與提升能源效率的實例，目的在加速推動國內紡織產業的智慧化，朝向創新、研發、節能的升級轉型。

紡織業曾是 80 年代台灣的經濟主力，因全球化經濟環境變化不敵低廉成本而出現
嚴重產業困境，一度沒落成為夕陽產業。經少數業者努力尋求轉型，積極研發高端
產品、更新設備，朝向精緻化和差異化布局，在國際市場打出一片天，成為台灣第
四大貿易順差產業，也是國內生產體系最完備的產業鏈之一。然而，全球經濟歷經
2008 年金融海嘯復甦緩慢，各國工業都面臨嚴峻的生存競爭壓力，以發達的資訊通
訊為基礎的產業革新「工業 4.0」已在各主要國家積極展開，指向下一波物聯網（IoT）
普及應用的大商機；尤其台灣長期來對中國的出口比重過高，當中國製造業技術日
漸提升，「紅色供應鏈」生產自主化自然對台灣產業造成強烈衝擊，在都促使台
灣必須加速產業升級轉型的腳步。升級的關鍵在技術能力的提升，人才、資金、設
備都是重點，整合現有條件、資源與優勢並著眼於未來物聯網商機，產業的提升也
包括在設備的自動化生產上再加上智慧化，因此政府積極規劃「智慧機械產業推動
方案」，鼓勵產業朝向高價值升級轉型，如例子中宏遠興業公司，以「智慧機械」
將接單、備料、生產製造、銷售、物流、服務等營運、乃至工作環境安全、環保節
能減廢等建構成智慧化流程，成為客製、減少庫存、提高附加價值的高值化智能工
廠，以智慧化產品與創新研發、精實管理整備成利基型產業的陣容。

▶ **知識外溢**：知識在現代社會被當做一種企業資本而受到重視，具有公共財的特性。
當廠商聚集在緊鄰區域形成產業聚落，可透過產業供應鏈體系的分工互動提高接觸
機會，彼此之間資訊及技術創新的流通更加容易，不但可以降低個別廠商嘗試錯誤
的機會，還可加速新知識的開發，有助於刺激知識外溢，帶動整體產業技術和效能
的提升。

▶ **產業競爭力**：產業競爭力是指一經濟體中的特定產業相較於其他競爭國家在市場的
占有率及獲利能力，包括生產效率、技術領先程度、生產規模等。當經濟體中的產
業供應鏈愈完整、規模愈大、上下游整合度愈高，廠商之間就能更快獲得所需資
訊、投入技術研發、展現生產效率而更具優勢，對外的議價能力也更高，都有助於
提升整體產業的競爭力。

▶ **外包**：當企業因為內部生產流程中的某階段已經不具成本優勢、或者規模過小不具
經濟效益，會將某些生產活動轉發包給其他廠商代工，稱為外包，是產業供應鏈中
常見的現象。換句話說，廠商運用外部資源完成產品生產，將自身資源集中於最具
優勢的任務，以發揮專業分工的效益，提高整體供應鏈體系的生產效率。

▶企業併購
企業進行併購以整合資源擴大市占率

快速掃描

● 企業併購包括合併與收購，是透過結合或購買方式進行整併的策略。
● 透過併購或託管而形成一個壟斷市場的企業或集團，又稱為托拉斯（trust）。
● 每月中旬行政院公平交易委員會公布公平交易案件統計，包含申請結合案件和政府核准情況的案件數統計。

併購可以使企業達到開拓市場和資源整合的效果，提高企業競爭力。但同時，企業併購也會導致營運模式、市場競爭態勢和整體產業供應鏈產生變化，尤其是大型企業所推動的併購案，不僅對競爭對手造成衝擊，還會對產業上下游供應鏈體系造成影響，政府因此立法管制以防止不公平競爭。

併購是什麼

一般所謂的併購其實包含了合併和收購，是企業透過與其他公司結合或購買（也可能販售）等方式達到成長的目標。合併主要可以分為兩種：一、存續合併，也就是兩家以上的公司結合成一家後，其中一家公司存續（稱為存續公司），其他家公司則消滅（稱為消滅公司），通常會以品牌知名度高或規模較大的一方做為存續公司；二、創設合併，就是共同創立一家新公司，原先的公司都成為消滅公司。至於收購，可分為股權收購和資產收購兩種，顧名思義股權收購就是由買方出錢購買另一方股東的股份後取得經營權；而資產收購就是只購買需要的資產，可避免負擔賣方的債務。

企業進行併購的主要好處是可以發揮經營綜效，例如原先各個公司必須自行建立商業模式或開發技術，經過併購整合後，原先各有所長的公司便可結合雙方的資源形成優勢，減省重複的營運、管理和研發成本，提升企業在國內產業、乃至國際上的競爭力。此外，也可以藉由併購加速擴大規模，一旦規模擴大，對於上游採購或下游銷售的議價能力就會大幅提升，有助於降低生產成本、擴大利潤空間，並提高市占率，不管是對經營品牌或是在產品定價上都更加有利。例如沒有國際性自主品牌的中國企業在國家資金扶植下大舉收購日本、德國的品牌和技術，中國海爾公司 2012 年併購日本三洋（SANYO）電機的傳統白色家

電業務、2016 年中國美的集團收購日本東芝（TOSHIBA）家電業務品牌 40 年全球銷售使用權等。對歐洲企業的併購如火如荼，2014 年收購了 28 家德國企業金額達 26 億美元，2015 年收購歐洲企業 102 家，2016 年更加速併購，上半年便已提出 93 家歐洲企業、24 家以上德國企業收購提議書，報價金額達 91 億美元，意在利用日本品牌、德國科技結合中國製造，因應「工業 4.0」（中國稱為「中國製造 2025」）浪潮發展智慧製造能力。

又如製藥產業近年來因國際大廠專利陸續到期、出現以新研發藥品填補產品的缺口而掀起併購潮，2015 年在英國倫敦上市的愛爾蘭藥廠希爾製藥（Shire PLC）宣布併購美國巴克夏塔爾（Baxalta）藥廠，金額高達 320 億美元，成為全球醫療產業中罕見疾病治療業界龍頭，估計 2020 年前營收可達 200 億美元。

但併購不是件容易的事情，根據過去的統計，不到三成的併購案堪稱成功，主要在於企業文化的落差，經營管理模式往往無法如預期般順利複製，尤其併購後在組織重整和人事整併所產生的摩擦，容易造成人才流失和公司策略推動上的困難。此外也和併購前公司體質好壞有關，很多併購的發生都是其中一家公司經營遭遇困難，為了解決體質不良公司的債務、經營效率不佳等問題，付出的代價往往比預期更高，反而拖累新公司，遑論發揮預期的綜效。例如中國蘇寧電器（蘇寧雲商集團）2009 年收購日本 Pioneer（先鋒）品牌使用權，將中國企業製造的家電產品貼上先鋒品牌，卻無法獲得消費者青睞反而讓品牌淪為低階品。因此許多併購案發生後，存續公司的股價不升反跌，就是因為市場預期併購所付出的代價會超過可取得的效益。

雖然併購的成功率不高，併購案例卻有愈來愈多的趨勢，主要是現在市場瞬息萬變且產業競爭相當激烈，單一公司很難兼顧各方面的發展，因此資金充足的公司會採用併購策略快速整合所需的能力與技術。

如何解讀併購後產業結構的變化

企業進行併購策略時，會考慮原公司的優勢與劣勢以決定要併購哪些對象，達到互補或加乘的作用，也讓產業結構因此產生變動。併購以取得原公司缺乏的資源是最常見的策略，例如買下因特定技術或商業模式而崛起的新創公司，除了鞏固自身技術能力的完整性，更帶進許多新客戶，也減少一個潛在競爭者。例如為了整備物聯網時代的產品和服務的轉型，蘋果公司從 2015 年 3 月底至 2016 年上半年至少收購了 15 家聚焦於 AI（人工智慧）、AR（擴增實境）、GPS（全球定位系統）、網路安全技術為主的新創公司，並且持續進行併購中。

併購的種類與影響

併購

併購包含了合併和收購，是企業透過與其他公司結合或購買（也可能販售）等方式達到成長的目標。

合併

存續合併
兩家以上的公司結合成一家後，其中一家公司存續，其他家公司則消滅。

創設合併
共同創立一家新公司，原先的公司都消滅，並由新公司承擔所有消滅公司的權利義務。

收購

股權收購
由買方公司出錢購買賣方公司股東的股份後取得經營權。

資產收購
買方公司僅向賣方公司購買所需要的資產，可避免負擔賣方的債務。

併購策略種類和目的

取得缺乏的資源
取得原公司缺乏的資源，包括：特定技術、新商業模式、不同客戶群，以鞏固自身技術能力、帶進更多新客戶，減少潛在競爭者。

水平整合
當市場相似產品眾多，競爭激烈所採取的併購方式，使市場集中度提高，擴大產能及產品種類，以擴大市占率，並能提升議價能力。

垂直整合
◆向上垂直整合以穩定原物料或零組件供貨來源及價格。
◆向下垂直整合以取得通路以接近消費者了解市場動態，並擴大自家品牌。

異業整合
投資或整合其他產業的公司，以開拓新市場及客戶、取得新技術，並創新營運模式、擴大產品應用範疇，做出市場區隔。

併購的正負面影響

好處

發揮經營綜效
結合雙方的優勢，進行資源整合和技術應用擴散，共享資源以節省各種管理系統和研發成本。

形成規模經濟
對於上游採購或下游銷售的議價能力提升，降低生產成本、擴大利潤空間，並提高市占率。

壞處

形成托拉斯
取得獨占地位，造成價格壟斷，損及消費者權益，並提高進入障礙，不利整體產業發展。

管理及財務風險
因企業文化落差，使組織和人事整併產生摩擦，且被併公司若體質不良，造成負擔。

　　另外，當市場上充斥許多相似產品，價格競爭激烈，企業會採用水平整合的併購策略，以便短期內快速提高市占率，使產品製造和行銷方面更容易達到規模經濟，降低平均成本，採購原物料和搶訂單時也會有更好的議價條件。有時企業也會採取向上或向下的垂直整合，以確保上游原物料及零組件的供貨穩定，或者朝下游整併更貼近市場了解消費者偏好的變化。此外，企業在經營本業之餘，有時會發現還有其他深具潛力的產業頗具投資價值，或是與本業搭配擴大應用層面，而與其他廠商做出市場區隔，也可能會嘗試異業整合。

　　企業進行併購後，更容易進行資源整合和技術應用擴散，共享資源以避免基礎建設或系統建置的重複；也可以避免廠商為了搶市占率而進行價格戰，縮小獲利空間，對於整體產業的發展未嘗不是件好事。但有時也會因此形成少數廠商市占率過高，在市場上取得獨占地位後提高產品價格、或者降低服務品質，以追求個別廠商的超額利潤，或是藉機提高進入障礙，惡意排除其他市場競爭和技術創新的機會，不但是對消費者權益的傷害，也會傷害整體產業的發展，這種公司又被稱為「托拉斯」，尤其容易發生在水平整合的產業。產業發展較成熟的已開發國家大多會設立反托拉斯法，針對此類併購進行管制，以維護市場秩序。

政府如何讓企業併購保持平衡以維持市場秩序

　　由於併購是廠商因應市場詭譎多變的重要策略，但對產業及市場健全度的影響卻是有利也有弊，如何讓企業併購以保持競爭力，又能維持市場秩序，是各國政府的一大課題。

　　併購造成市場獨占的局面主要是發生在水平整合，尤其是具有關鍵技術或市占率高的領導廠商（龍頭廠商）所進行的併購，對市場競爭影響最大，也最受關注。在台灣企業進行合併需要受到《企業併購法》及《公平交易法》所規範，包括獨占事業的認定範圍、市占率的管制範疇等，原則上政府不介入小型企業的整併，但大型併購案進行前必須主動向主管機關申報，以避免危及市場平衡和消費者權益。

　　但政府也不是全然打壓企業的整併，甚至加以鼓勵，尤其像台灣屬於內需市場小且以中小企業為主的產業結構，政府反而鼓勵企業進行整併，以加強企業競爭力和市場健全度。例如目前我國的國家發展基金中與併購有關的有「創業天使投資計畫」和「產業創新轉型基金」，後者成立 1,000 億元的產業創新轉型基金，以結合民間資金共同投資的方式，協助企業合併、收購、分割等有助

於企業創新轉型的計畫。另外，初步成立規模 200 億元的「產業再造基金」，則是由國發會新成立國家級投資公司與民間公司合組併購投資基金的方式，協助企業併購轉型。

新 聞 範 例 解 讀

日經併購金融時報盼獨步全球財經媒體

　　2015 年 7 月 23 日日本經濟新聞社（Nikkei Inc., 簡稱日經）宣布以 8 億 4,400 萬英鎊（1,600 億日圓、約 12.9 億美元、410 億台幣）收購英國培生集團（Pearson）子公司《金融時報》（Financial Times, 簡稱 FT）的金融時報集團全部股權，是有史以來日本媒體對海外企業收購的最大金額，日經也將成為讀者受眾數全球最大的財經類媒體。

　　《金融時報》做為歐洲財經新聞的領導品牌，1995 年即推出電子版並積極拓展海外市場，包括美國版、亞洲版、及中東版，三分之二的讀者來自英國以外地區，紙質版和電子版約有 73 萬名訂閱讀者，電子版付費用戶約有 50.4 萬。日經則是除了《日本經濟新聞》外，還有報導專業財經訊息的《日經產經新聞》等四份報刊，2010 年推出電子版、之後陸續推出《日經中文網》、及報導亞洲財經為主的英文報刊《Nikkei Asian Review》拓展海外市場，紙質版和電子版訂閱讀者達 316.9 萬人，電子版付費讀者約為 43 萬人。合併後電子版付費訂戶達 93 萬人，超越美國《紐約時報》的 91 萬人及《華爾街日報》的 73.4 萬人；發行量達 296.4 萬份，是《華爾街日報》146.3 萬份的兩倍。

解讀重點

2000 年代網路媒體興起後，強烈衝擊傳統紙質媒體，在紙質銷售及廣告收入減少之下，朝向數位化轉型是必然趨勢。2008 年金融海嘯使全球經濟陷入困頓，紙質媒體經營更是雪上加霜，許多企業面臨出售或是併購的關口。能夠存活下來的媒體企業在數位轉型初期往往面臨網路免費內容的挑戰，以廣告收入或付費訂閱的獲利模式都不容易成立，在媒體中專業程度高的財經新聞也不例外，必須積極拓展海內外市場規模及影響力，並且提高付費訂閱等各種可能的收入來源。上例英、日兩大財經媒體巨擘的併購便是典型的產品同質性高、以擴大市場、提高市占率、形成規模經濟為目的的水平式整合，透過此次併購，使全球財經媒體變為「日經 - 金融時報」與《華爾街日報》，加上巨大影響力的美國彭博新聞社（Bloomberg News），三強鼎力的競爭格局。

與企業併購相關的新聞重點

　　企業併購會使得產業供應鏈、市占率及企業的規模經濟隨之變化，因此新聞媒體在報導時也常出現以下訊息：

▶**產業供應鏈**：企業是否進行併購策略，與產業供應鏈的結構及動態相關；而併購後企業的經營模式，與競爭者和上下游廠商的對應關係，也會對產業供應鏈產生影響。

▶**市占率**：公司的產品在市場上所占的比例，與公司的競爭力及獲利能力息息相關，擴大市占率是公司進行併購策略的主要目的之一。

▶**規模經濟**：企業營運過程中有許多固定支出，包括建立硬體設備、管理和銷售系統等的相關成本，若能提高產品銷售量，則分攤到每單位產品的平均成本就會下降，達到規模經濟的效果。

▶企業價值
企業朝高附加價值領域發展
有助於產業升級

快速掃描
● 企業愈能創造商品和服務的附加價值，企業價值就愈高。
● 價值鏈指企業內部一連串提高產品價值的經濟活動鏈結；從整體產業來看，則涵蓋從原物料到生產銷售的價值體系。

　　企業價值代表著公司的獲利能力，也是創造附加價值的能力。經濟發展過程中，外部環境和社會經濟條件隨時都在變化，產業也必須因應保持調整的彈性，企業要如何與時並進，修正經營策略，不斷創新研發、提升技術、為產品挹注更高的附加價值，是企業維持競爭力於不墜的重要關鍵。

何謂企業價值及企業價值鏈

　　企業價值在財務上的定義為，企業營業及其資產所能創造出未來現金流量的現值，也就是指企業透過一連串內部生產活動，為商品或服務創造附加價值，透過銷售讓公司獲利、股東獲得投資報酬的能力。這些由生產及銷售為主的內部活動稱做企業內部價值鏈，包括進貨、生產製造、銷貨、行銷和售後服務等過程。除了這些主要活動，還有一些屬於支援性質的活動，如人力資源、技術研發、採購、基礎設備等，也是在創造獲利的共同目標下，協助生產及銷售活動的進行。

　　在資訊流通快速且市場偏好不斷改變的競爭壓力下，企業必須具有能因應需求創造價值的商業模式，透過良好的商業模式使內外部資源發揮最大效益，提供客戶更有價值的商品或服務以獲得利潤。由於企業內部供應鏈環環相扣，每一環節都會影響最後產出的成品，造成最終價值差異，例如部門間的聯繫、生產的精度、良率高低等，均攸關著企業營收和獲利結果，價值鏈管理因此成為企管領域的重要課題。也就是說，為了讓企業內部價值鏈發揮作用，企業必須透過內部稽核控制等方式，從所需的最終成果檢視每一重要環節的流程和內容，進行各種評估和執行作業，及早除錯並加以改善修正，提高每一環節的加值幅度，以確保結果的質量效益。這種管理方式不僅讓內部的價值鏈得以完善，

也讓企業能夠依據外部環境和內部資源調整營運方向，在製造業尤其受到重視。

如何解讀企業價值的變化

一個企業的價值體現在能否創造最大獲利，企業價值愈高的公司，財務指標表現也會愈好，包括營收、毛利率、淨利率、成長率、股東報酬率等，都是判斷公司價值高低的基本指標。以電子製造業為例，位於中游的代工製造往往因進入障礙較低、競爭者眾，且產品差異性低，而淪為削價競爭，造成獲利率低的結果，例如全球電子零組件代工龍頭、也是蘋果公司 iPhone 產品最重要組裝代工廠鴻海公司，2016年營收高達台幣 4 兆 3,587.33 億元，稅前淨利 1,979.49億元，但毛利率僅 7.38%，稅前淨利率 4.54%，因此必須以超高的營收來確保獲利規模；相對之下，上游的設計研發和下游的品牌通路具有更高的附加價值，能為股東創造更高的利潤。例如經營高端手機等品牌的蘋果公司近五年的毛利率約 40%，稅前淨利率達30% 左右。通常企業價值愈高，反映在股價上的表現也會較高。

而企業要創造更高的附加價值，則與企業的營運管理、研發及創新、產品與服務品質、人力資源和資材管理等能力有關。企業可以透過營運管理提高生產效率，降低成本並維持產品品質，或者透過研發及設計推出創新的產品，抑或提供更完善的通路系統和客戶服務等方式，讓公司產品更具有競爭力。例如全球IC 產業中的晶圓代工龍頭台積電公司，在競爭激烈的國際市場中，以積極投入高階研發、優異的產能配置、高達 97% 的良率、嚴謹的經營管理等，而能在三年一洗牌的 IC 產業中維持年年成長的領導地位，2017 年第一季營收 2,339 億元、較 2016 年第一季成長 15%，毛利率 1,124 億元、毛利率高達 51.94%，稅

INFO

波特價值鏈

由美國哈佛大學商學院教授麥可・波特（Michael Porter）在 1985 年《競爭優勢》書中所提出，企業要具有不敗的競爭優勢必須追求更高的附加價值，將經營流程建構成一系列的價值創造過程，形成「價值鏈」。企業的價值鏈一般都包含了主要活動和支援活動，主要活動就是從進貨後勤、生產製造、出貨物流、銷售、售後服務等的生產銷售行為程序；支援性活動則是指財務、人力資源、研發和採購等其他運作環節。達成創造價值最大化有兩大策略，一個是「成本優勢」，在每個環節中盡量降低成本，使產品具有低價優勢；另一個是「差異化」，以更高產品效能與競爭者形成差異。

前淨利 978 億、稅前淨利率高達 41.82%，在國內上市公司中營收雖非最高但具規模經濟，高毛利和淨利的經營效益卻益見企業價值。

一般而言，若廠商屬於產品生命週期進入成熟期的產業，由於市場飽和、競爭廠商家數多且技術成熟，市場規模成長空間有限，光靠降低生產成本，附加價值可提高的幅度有限，因此企業大多會開始推動產品研發與創新，以尋求仍在成長期的市場機會，甚至改變營運模式，朝產業附加價值較高的上下游移動，也就是所謂微笑曲線中的兩端。

政府透過產業政策提升企業價值

一國的經濟若是高度倚賴附加價值偏低的產業，即便投入大量勞動及資本等生產要素，僅能擴大營收產值規模，創造出的獲利效益卻不高，表示該國生產力仍然偏低。而且生產要素價格往往會隨著經濟發展而上漲，成為未來成長的限制條件，尤其是當前許多新興國家快速崛起，新興經濟體利用自身大量便宜的勞動力、土地和優惠政策等優勢搶攻進入障礙較低的代工製造業領域，讓附加價值較低的製造業充滿嚴峻的競爭考驗，因此政府積極推動產業朝高附加價值的領域升級轉型。

政府要協助提高企業價值，最常見的做法就是協助整體產業升級和轉型，產業升級的方式包括提供更高階的技術門檻或品質更精良的產品，協助推動新技術應用的製程變革，例如因應未來物聯網時代，以智動化的智慧機械設備取代傳統勞力或半自動化，協助企業引進數位科技提高生產管理效率；或提供學術機構和研究單位的研究成果以加強廠商的研發能力，開發出新的生產模式和產品設計，進軍附加價值及技術門檻高的高階市場；以及形成產業聚落建立產業價值鏈，透過併購整合中小型企業，發揮整體產業競爭力等。

微笑曲線

「微笑曲線理論」是由宏碁創辦人施振榮所提出、用來說明產業附加價值的曲線；橫軸代表的是產業的上中下游關係，縱軸代表附加價值。由於位於上游的研發和下游的品牌行銷通路兩端具有較高的附加價值，中游的製造加工則較低，使曲線形狀宛如一個微笑，而得到微笑曲線的名稱。宏碁原先也以代工製造為本業，但為了讓公司朝更有附加價值的方向發展，已經進行組織重整與分工，宏碁已經不再是負責製造的公司，而是以經營品牌行銷為主的科技服務業。

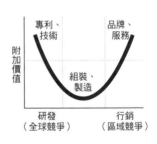

企業創造高附加價值的要素

企業價值

在財務上的定義為企業營業及其資產所能創造出未來現金流量的現值,代表公司為股東獲利的能力,也是創造附加價值的能力。

| 低附加價值階段 | ●以生產要素如勞力、資本、土地、原物料等投入為主,而非生產力高取勝。
●因進入門檻較低,競爭較激烈。
●獲利率較低。 |

企業利潤不高且經營不易而有升級及轉型需求

企業主要活動

| 進貨 | 生產製造 | | 銷貨 | 售後客服 |

提升或改善　　　　　　**提升或改善**

採用先進製程,改善產品品質,提高生產力。　　推動品牌及擴大銷售通路,提供更完善的服務品質。

企業支援活動

| 研究與開發 | 財務、採購、基礎設備 | 人力資源 |

提升或改善

投資研發和創新活動,強化產品競爭力。　　投資人才培訓,提升產品研發能力和生產力。

企業升級或轉型

| 高附加價值階段 | ●與其他產品產生差異,提供更優質產品,使消費者願意付更高的價格。
●提高技術門檻,更具市場競爭力。
●獲利率較高,且有利於企業長期發展。 |

　　除此之外，行銷和品牌的經營也能與其他相似產品做出差異，藉以提高單價，創造高附加價值。政府的做法包括提供補助獎勵廠商經營品牌行銷，以及協助建立商機媒合平台創造企業的通路開發機會，尤其像台灣過去產業以製造為強項，許多廠商只從事製造，銷售則交由各地代理商，對市場偏好和變動的了解程度不高而難以自創品牌，政府可提供資金和協助打開通路的政策措施，強化廠商行銷通路和品牌經營的能力，以提高產業競爭力。

新 聞 範 例 解 讀

新興文創產業產值下滑　面臨結構轉型

　　文化創意產業 2002 年首度納入「挑戰 2008：國家發展重點計畫」、也是 2014 年政府推動的六大新興產業之一，發展至今已十餘年。根據 2016 年 12 月 31 日文化部發布「2016 文化創意產業發展年報」，我國文化創意產業 2015 年營業額為 8,339 億 604 萬台幣，較 2014 年微幅成長 0.57%，六年來，除了 2012 年較前一年成長率負 3% 之外，每一年約有 2% 左右的成長幅度。2015 年的從業家數為 62,985 家，成長 1.24%，是四年來最高。

　　近六年來在整體 GDP（國內生產毛額）的比重在 5.15% 至 5.7% 之間，2015 年下滑至 5%。產值主要來自內銷收入，2015 年占總營業額的 89.32%，較 2014 年成長 0.71%，但外銷收入下滑 0.54%。

　　從次產業營業額來看，以廣播電視產業產值最高、占總體營業額 18.72%，廣告產業居次占 17.91%，工藝產業占 14.53%，出版產業占 12.38%。相較於 2014 年，成長幅度最大的則是視覺傳達設計產業成長 23.88%、文化資產應用及展演設施產業成長 23.18%、及音樂及表演藝術產業成長 20.2%。在十五項產業中，有七項產業均呈衰退。

文創產業是我國重要的新興產業之一,過去多年每年成長 2% 左右,2015 年突然趨緩僅剩 0.57%,相對的,增加的家數卻是四年來最多、達 1.24%,凸顯出更多人力投入、產值卻無法擴大的問題。由於高達 89.32% 的營收來自內銷,國內消費力不足導致營收無法擴大雖是原因之一,但國內市場規模和環境條件是既存事實,產品無法滿足消費者需求才是根本原因。台灣市場規模小,拓展海外是必然策略,但投入國際市場意味進入更加激烈的競爭,企業必須提升產品效能吸引消費者,以此形成企業價值鏈使企業具備獨特的競爭優勢,才是根本解決之道。依麥可・波特的兩大策略,一是建立成本優勢,另一是提升產品和服務的效能形成差異。而國內從業者因多為中小規模、甚至工作室,因此必須輔以政策引導,使具企業價值的個體整合為具產業價值的整體產業鏈,發揮高附加價值的綜效。

　　企業價值的表現會因產業結構和經濟環境而有所變動,因此新聞媒體報導時也常提及以下概念:

▶ **產業鏈**:由於產業鏈上中下游的經營特性關係著競爭環境的差異,企業要朝高附加價值的方向發展,調整自身在整體產業鏈中的位置,朝產業鏈中競爭較少、獲利機會較高的領域發展。

▶ **產品生命週期**:一般產品可分為導入期、成長期、成熟期和衰退期四個階段,其中成長期是市場規模大幅成長、獲利機會也最高的時期,之後的成熟期和衰退期則是市場已飽和、獲利空間也因競爭對手多而縮小,企業若要創造更高的附加價值,便需進入仍在成長期的市場,因此必須不斷開發新產品或服務模式。

▶ 產業外移
產業外移造成
國內總體經濟和就業衰退

快速掃描
- 產業外移是企業為降低生產成本及提升國際競爭力的經營策略之一。
- 一國產業外移嚴重易導致國內失業率增加、對內投資金額縮減。
- 經濟部投資審議委員會每月公布對外投資核備家數和金額的統計報告，可了解台灣對其他國家的投資領域及規模。

在科技進步且資訊流通快速的全球化時代，已開發國家將資金、技術和人才留在本國的優勢逐漸縮減，為接近新興國家的低廉成本及廣大市場，產業外移已成為企業維持國際競爭力的常見策略，卻對本國經濟結構、產業結構、以及勞動力產生衝擊，甚至影響國內總體經濟的榮枯。

產業外移是什麼

產業外移表示特定產業在本國或某地區發展到一個水平後，因經營成本不符合效益或市場改變等因素，而開始大規模地將營運地點遷移到更適合的地區。造成產業外移的因素有很多，最常見的驅動力就是為了降低生產成本。在全球市場競爭激烈下，位於先進國家或開發地區的企業因國內生產要素價格變高，如勞工薪資水平高、土地取得成本變貴等，而不得不遷移到生產成本較低、甚至有提供租稅優惠的地區以維持企業的國際競爭力。以台灣為例，九〇年代開始許多勞力密集的產業如紡織、製鞋和電子業等製造業，將工廠從工資成本較高的台灣遷到中國、越南、泰國等東南亞國家，以降低生產成本。

企業之所以要從熟悉的經營環境移到新環境，除了為降低生產成本的考量之外，另一原因不外乎是為了接近具有潛力的市場以擴大營收，或者因為法規及稅賦政策等因素，將營運據點移到更有發展機會的地區。像是東南亞國協（ASEAN）十國、印度和中國等新興國家，本身可能已具有相當市場規模，或是與鄰國連結成區域市場，各國間簽署自由貿易協定（FTA），彼此享受關稅減免等優惠，這些單一或區域市場本身因擁有大量人口及經濟快速成長，具有極大消費潛力，企業為了拓展事業版圖而將廠房移到當地。

此外，隨著資訊科技和運輸工具愈來愈發達、以及製程和生產管理的標準

化，使得遠距管理的可能性和效率性大增，讓企業能夠更有彈性地將營運中心和廠房分開設置，例如國內大多數上市櫃公司將營運總部設在台灣，生產的廠房外移至人力和原料、半成品、零組件等取得成本較低，或是接近市場的地點，由台灣接單、位在其他國家的廠房生產。但如此一來，當產業鏈的重要環節外移時，也容易引起上下游、乃至整個產業外移群聚在另一個新地區的現象。

如何解讀產業外移的變化

　　產業外移後，由於經濟活動發生地點的改變，會對國內經濟產生一定程度的影響，其中最直接衝擊也備受關注的就是對國內勞動需求減少。從行政院主計處的勞動統計可以看出，台灣十五歲以上勞動力的失業人口逐年攀高、於2009年5.85%達高峰，其中因工作場所業務緊縮或歇業所導致的失業占比，亦從二十三年前的20%以下（1994年占比19.3%）不斷增加，2001年一度高達55.1%，近六年來仍維持在34%以上。且各職類中以生產操作人員失業的比例最高，均在四成以上、甚至超過五成，根據分析就是因為勞動密集產業外移，使生產線所需的作業員減少，致使本土相關工作機會減少。

　　而產業外移後，企業將資源大量移往新廠，使得國內投資金額衰退。根據經濟部投資審議委員會的統計資料，合計台灣對外投資（包含中國）金額從2000年的76.84億美元到2015年217.93億美元的規模，擴增了一‧八三倍，其中對中國的投資從2000年的50.77億美元到2015年的96.70億美元，增加了二‧七倍，期間以2010年146.17億美元最高達四‧六倍；反之，國內生產毛額（GDP）中代表國內投資指標「固定資本形成」（含民營企業、公營事業、政府）的成長幅度卻遠遠不及，從2000年2.72兆到2015年3.58兆僅增加31.62%，足見台灣投資外熱內冷的現象。

　　產業外移也會造成一國貿易結構和產業結構產生變化，改變薪資及所得結構，並進而影響國家的稅收。例如台灣對外的進口加出口貿易總量，一直到2000年美國還是最大的貿易國，約占總貿易量20%左右；2002年中國（含香港）開始超越美國一路上升到2016年的30.83%，美國則是一路衰減至10%至12%之間。如今，中國（含香港）成為我國最大出口國，比重高達40%，對美國的出口比重則是從2001年22%逐漸減少至2016年11.96%。台灣主要出口貨品也從過去的最終消費財轉變為生產加工之用的中間財，這也代表廠商的營運模式產生了變化，從台灣完成製造並出口最終消費產品，轉變為由台灣出口中間財（如高品質零組件）到中國及東南亞進行加工組裝的中間產品。在出口貨品比

重上，消費產品從 2001 年 18.96% 至 2016 年 9.43%
減少了一半，而中間產品則是從 2001 年的 64.59% 增
加至 2016 年的 77.52%。

本國的產業鏈則因生產線的移出形成空洞化，
許多失業勞工重新投入就業市場，如果技術層面不
高無法替換成較高階技術的工作，往往會因工作機會
減少而轉投入服務業，使低階技術人力供大於求，薪
資也因此被壓低。例如 2000 年台灣工業及服務業每
月平均薪資報酬為 4 萬 1,861 元，2015 年增加為 4 萬
8,490 元，平均每年僅成長 1.1%。相對地，企業則因
產業外移降低成本使產值和獲利提升，有助於一國的
GDP（國內生產毛額），卻也使國民所得分配不均
情況更加惡化。政府依既有稅賦政策的稅收來源和結
構，也因此受到影響。

政府利用產業及勞動政策因應產業外移

由於產業外移代表著企業尋求更佳的發展環境，
有助於提高在國際市場上的競爭力，但當主要生產或
營業據點外移，卻可能造成本國經濟活動和人力等需
求的衰退。例如台灣從早期的紡織、鞋業等民生工
業，到現在的電子科技業都不斷遷廠到中國及東南
亞，以在生產成本上延續國際競爭力；卻導致台灣勞
動市場需求減少，除了直接衝擊外移所屬的產業，其
他周邊產業也受影響，因為商務通勤和商品、原物料
等運送需求亦隨之下降，對於本國的運輸和物流業者
造成衝擊，原先廠房周遭的餐飲服務業也會因缺乏人
潮而生意蕭條。

然而在全球化時代，企業應用全球資源布局而出
現產業外移已成為常態性策略，是經濟發展中難以避
免的過程。固然對一國經濟活動的各面向造成影響，
解決之道並非禁止產業外移，而是因應全球化整頓產
業價值，使產業所累積的技術能力升級與轉型，朝向

經濟部投資審議委員會

是政府早期為了促進
國內經濟發展，吸引華僑
及外國人來台投資而設置
的行政單位，主要職責是
負責僑外投資、技術合作
及對外投資的審核業務。
近年來台灣對中國的投資
數量和金額都大幅提高，
該單位也負責對中國相關
投資及技術合作、以及外
籍人士（含大陸人士）來
台從事經貿的申請案件審
核。

產業外移的影響

產業外移

特定產業在其國家或某地區發展到一個水平後,因經營成本不符合效益或市場改變等因素,而將營運地點大舉遷移到國外或其他地方,以提高國際競爭力。

外移因素 ➤ ①降低營運成本 取得更廉價的勞力及土地等生產成本。

②開發潛力市場 接近人口及經濟快速成長的消費潛力市場。

產業外移的影響

國內勞動需求減少

因產業外移導致工作場所業務緊縮或歇業,造成失業人口增加。

國內投資金額降低

產業外移後,企業會將資源大量移往新廠,使得國內投資金額衰退。

進出口貿易結構改變

產業外移會改變一國的進出口貿易對象,及商品內容,進而改變貿易產業的結構。

薪資及所得結構改變

外移產業的薪資水平難以提升,且總體所得分配不均,進而影響一國稅收。

政府因應產業外移的政策

由於產業外移是經濟發展、產業升級或轉型難以避免的過程,因此政府必須設法在產業和勞動政策中取得平衡,以維持產業競爭力和保障人民工作權益。

改善國內投資環境

提供便宜土地、租稅減免、改善公共設施、簡化行政程序等更有利的經營環境,吸引廠商進駐。

人力培訓

提供職業培訓,提升人力資源的素質,消除產業升級時因勞動力供需落差,而產生的結構性失業。

協助產業升級或轉型

促成研發單位與廠商合作開發新技術,協助產業聯盟及產業聚落的形成,加速產業升級或轉型。

高價值的產業結構調整。例如產業鏈中勞力密集、低階技術的製造環節，最容易受到新興國家低廉人力的成本壓力，外移至相對具成本優勢的地方，但本國若僅是填補因外移斷裂的產業空缺卻未能提升價值，在新興國家急速追趕之下，一國經濟活動很快便會失去國際競爭力，遑論勞工就業和所得分配問題。因此，政府和領頭企業必須洞悉全球化市場變化和價值方向，有效整備企業價值活動和本國產業價值鏈，例如引導企業和產業鏈透過向上游研發設計、累積技術專利移動，或是在中上游的製造能力上提升，以高階製造能力提高附加價值等，成了最重要的課題。同時提升強化勞工能力，透過教育訓練提升工作能力和技術層次，使勞工同樣具有難以被取代的高價值。當產業活動形成高價值利基，能在激烈國際競爭中具備市場區隔優勢，提高勞工薪資、改善所得分配貧富落差過大與就業問題也能迎刃而解。

而在全球化快速變化時代，政府如何利用政策引導產業升級轉型，過程中既能維持產業競爭力，使國家整體經濟不會受到太大衝擊，又能兼顧不同年齡、工作階層的勞工權益，政府必須設法在產業和勞動政策中取得平衡。目前世界各國最主要採取的政策包括招商和協助產業升級。「招商」主要是改善本土投資環境，包括提供便宜土地、租稅減免、協助改善周遭公共設施，以及簡化行政程序等更有利的經營環境，吸引外國和本國廠商進駐，有利帶動國內產業鏈的投資。例如 2017 年 7 月美商應用材料（Applied Materials）公司在南科工業園區投資新廠擴建計畫，帶動國內企業中興電工投資 10 億元興建真空腔體廠，以配合應用材料公司生產面板及半導體設備所需。

此外，因應未來價值產業需求也必須有計畫地提供職業培訓，提升人力資源的素質，盡量消除產業升級過程時勞動力供需落差所產生的結構性失業，根據主計處截至 2016 年 8 月底的人力僱用狀況調查資料顯示，工業及服務業廠商缺工達 20 萬 7,483 人，其中技術員及助理專業人員缺工高達 4 萬 9,429 人，僅次於技藝有關工作人員、機械設備操作及組裝人員的 5 萬 9,941 人，符合產業升級轉型的人力需求即時協助勞工提升個人技能，勞工才能在產業結構調整後繼續發揮生產力。

除了提供廠商更優惠的經營環境，政府還能提供技術發展的協助，包括促成大專院校和研究機構與廠商合作開發新技術，甚至協助產業聯盟及產業聚落的形成，加速廠商技術提升，共同分攤廠商的研發風險和成本，都有助於提高廠商留駐國內的意願。

新聞範例解讀

世界工廠魅力不再　內外資企業爆發跑路潮

　　人力成本高漲、罷工、取消納稅優惠政策，加上地緣政治風險、政治風波不斷，2015年中國發生從外資到本國企業大規模的產業外移。日本松下公司兩年內關閉了在中國的三家工廠、台灣鴻海公司旗下的富士康與印度政府簽訂擴大投資設廠協議，韓國三星電子加速將中國80%產能轉移越南，美國微軟公司也宣布關閉北京和東莞的Nokia（諾基亞）手機工廠，另外還包括服飾業的優衣庫（UNIQLO）、無印良品（MUJI）、青山商事等多家企業大幅縮減給中國的訂單，改投向東南亞、印度等地代工廠等……。不僅外資撤離，中國企業如華為、小米、聯想、TCL等品牌也陸續撤離遷往巴西和印度，手機產業鏈廠商更是早一步布局印度的生產線。

解讀重點

中國崛起後低廉的工資成本和龐大的潛在市場，是全球已開發國家跨國企業最大的製造工廠。隨著中國的發展，經濟體質也有所改變。在勞動力上，過去因人力成本低廉吸引外資企業設廠，但十多年來製造業的工資成本上漲超過三倍，已高於印尼、越南，且不亞於台灣；加上人口結構改變，勞工意識抬頭，缺工情形嚴重；資本氾濫，土地廠房等房地產價格愈來愈高，過去為了吸引外資祭出的獎勵措施逐漸縮減，都使得原本吸引外資的低成本魅力不再，外資企業必須另闢戰場。中國企業面臨一樣處境，不管品牌企業、或代工廠商，倍感產業鏈成本高漲的壓力，而出現產業外移情形，這也表示中國經濟結構走到了需要升級與轉型的階段。

與產業外移相關的新聞重點

　　因為產業外移會影響國內投資比例及產業聚落形成，因此新聞媒體報導時也常提及以下概念：

▶ **固定資本形成**：是GDP（國內生產毛額）六個組成項目之一，固定資本是指用來購買可持續並重複使用達一年以上、用來進行經濟活動的生產工具，包括住宅和非住宅（如廠房、校舍）的營建工程、機場道路等其他營建工程、運輸工具、機器設備、土地改良、耕地及果園開發、種畜、役畜及乳牛、以及智慧財產如研發支出和其他無形固定資產等。觀察此項指標可了解對未來經濟活動的投資情形。當產業外移時，資本也會隨之轉移，使投資於本國的固定資本減少，進而影響經濟成長。

▶ **產業聚落**：相似領域的廠商傾向群聚在鄰近區域形成產業聚落，以便上下游廠商就近鏈結，也有利於取得相關技術和市場資訊。當某產業的大廠外移，常造成周邊廠商跟著遷廠，形成整個產業都外移的現象。

▶▶ 海外掛牌

海外市場掛牌提供企業
多元化募集資金管道

快速掃描

● 在美國掛牌為美國存託憑證（ADR）；在台灣掛牌的台灣存託憑證（TDR）。
● 證交所每日公布國內上市公司 ADR 收盤價。
● 證交所每日公布台灣存託憑證（TDR）交易資訊，不定期公布即將發行的 TDR 名單。

　　資本是企業發展要素之一，隨著全球化企業跨國營運活動的頻繁，需要更為靈活多元的資本來源，因應需求，各國金融業和資本市場均朝向自由化發展，打破只能在本國上市（櫃）掛牌交易的限制，使企業能募集其他市場的資金，投資人也能有更多的選擇。

存託憑證是什麼

　　企業在海外籌資的管道有透過金融機構借款、與透過資本市場發行債券或上市櫃股票，其中又以發行股權的效益最高。當企業未在本國證券市場上市（櫃）IPO（首次公開發行）交易股票，便直接在其他國外證券市場發行，稱為「海外掛牌」、第一上市（櫃）。而在海外市場掛牌前已經在本國市場上市（櫃）IPO，再去其他國家掛牌，這種情形稱為「交叉掛牌」、第二上市（櫃）。然而在其他國家掛牌交易股票，必須符合成為上市（櫃）公司的營運和財報條件，通過審查並符合日後監理，因此，在第二上市（櫃）類型中，另一個企業更常用的方式是，先在本國通過成為上市（櫃）公司掛牌交易後，但本國股票無法在國外交易流通，因此以本國股票的「替身」——存託憑證（Depository Receipts, DR），在其他國家證券市場發行交易，向該國投資人零時差、低成本地募集資金。

　　當企業發行 DR 的地點在美國市場便稱為 ADR（美國存託憑證），在日本市場發行稱為 JDR（日本存託憑證），一般則是統稱為 GDR（全球存託憑證）；相對地，外國企業來台灣發行的 GDR 則稱為 TDR（台灣存託憑證）。

　　企業在海外市場發行的存託憑證，持有人所享有的權利與在國內發行的普通股股東相同。但由於各國證券交易所對海外企業發行 GDR 的條件規定、幣值、

面額、單位都不相同,因此本國股票必須依等同比例轉換成符合當地的面額、單位、股數等。例如台積電ADR的轉換比例是1股ADR可轉換成5股本國普通股。

　　國內上市(櫃)公司中不乏前往國外交易所掛牌的例子,尤其美國股市做為全球資本市場的中心,赴海外發行GDR的最大宗便是發行ADR,例如國內的台積電、鴻海、富邦金、中華電信、友達光電等,均在紐約證券交易所掛牌ADR,其次是英國、德國和盧森堡,企業也可能在不同海外市場同時發行GDR,例如鴻海也在英國倫敦發行GDR,台積電則是另外在德國發行。此外,在容易觸及的海外市場,國內企業也可以採取上市(櫃)掛牌,或是透過旗下的海外子公司做為發行主體於當地證交所申請上市櫃,例如國內上市公司鴻海精密工業以其旗下子公司富士康在香港證交所上市掛牌。

解讀海外發行 GDR 對企業的影響

　　企業在思考是否進行海外發行GDR時,通常會聚焦在取得營運資金的取得、提升企業知名度、與發行溢價(即高於面額或淨值的價格)上。在取得營運資金部分,在海外市場掛牌籌資提供企業另一個取得低廉資金的來源,透過外國股市投資人入股,企業無需向銀行融資支付利息,即可取得大量資金擴充集團營運規模。此外,由於海外發行新股等於是向國外增資,會使企業股本(資本)增加,因而可提升資產負債表中的股東權益項,使企業整體集團的資本結構更為強健,有效降低負債比率。

　　從企業知名度來說,能在全球知名的紐約、倫敦、香港、新加坡等交易所掛牌上市,對企業形象具有加分效果,吸引國際大型投資機構的注意,提升企業的國際能見度。

INFO

企業發行 GDR 的流程

　　企業必須具有上市(櫃)公司身分,委託國內的保管銀行並將預備在國外市場交易的股票保存於保管銀行,再透過國內保管銀行與國外存託機構簽約,由國外存託機構依據當地幣值、面額、單位、轉換比率和DR發行規定,將本國股票轉換成該國相當的存託憑證後,於該國證券市場IPO(首次公開發行)掛牌交易。

最後發行溢價的部分，也就是針對該股市的市值規模、整體本益比（股價盈餘比，即每股股價／每股盈餘）、及交易活絡程度可帶動價格表現的能力等市場面進行考量。如果海外證券市場的本益比高，當企業採取從已發行的既有股票（俗稱老股）提撥一部分到海外市場發行GDR時，代表GDR發行後的交易價格可高於本國的股票價格，使企業因兩市場的價差而出現套利空間。即使企業採取以新股發行GDR，也能因為本益比較高使承銷價格提高，相較於在本國發行新股募得更多的營運資金。因此，企業選擇哪一個海外市場來第二上市便相形重要，能在一個資金流通量大、本益比高、具有國際地位的證券市場掛牌，絕對是理想的籌資管道，紐約與香港證交所也因而成國全球企業海外掛牌的首選。

然而，海外發行GDR並不是沒有缺點，例如上市後企業必須負擔額外成本，包含每年上市規費、律師公證費、會計師簽證財報的費用等，另外也必須遵守國外證券主管機關的相關規定。因此如果是沒有大量資金需求的中小企業，一般而言都較少考慮海外掛牌。此外，對投資人而言，企業海外發行ADR後也將使國內原股東持有股份減少，能分配到的股息相對變少。

政府對海外企業在台掛牌的相關政策

在全球化的自由市場中，大型企業在海外市場募集資金已是常態。對一國經濟來說，活絡資本市場能促進資金運轉動能，使上市（櫃）公司取得營運資本擴大產能，帶動經濟景氣。因此，吸引外資企業來台灣股市上市（櫃）或發行TDR（台灣存託憑證），是使台灣股市更加活絡健全、具備良好籌資效能的策略之一。

近年來政府積極推動具有外資背景的企業來台掛

INFO

GDR與本國現股之間的套利空間

海外發行的GDR就是同等值的本國股票，二者由同一家上市（櫃）公司發行，所以價格走勢理應一致。但因兩地市場的投資屬性、交易時間差、溢價發行等原因，使成交價格經常出現幅度不一的價格乖離現象，所形成的價差正好提供投資人套利的空間。以台積電為例，ADR與現股的轉換比率1：5，假設美股收盤的ADR價格36.07美元、美元兌台幣匯率30.26，推算出相對的每股現股價格為218.29台幣（36.07*30.26÷5），而台積電現股前一日收盤價為216台幣，出現的1.71台幣價差就是所謂的套利空間。投資人往往從較早開盤的美股ADR價格，做為台股操作策略的參考。

海外市場掛牌對企業的影響

海外市場掛牌

定義

◆**第一上市（櫃）**：也就是一般所說的「海外掛牌」，指的是企業未在本國證券市場上市（櫃）首次公開發行（IPO）交易股票，而是直接在其他海外證券市場上市（櫃）IPO。

◆**第二上市（櫃）**：一般又分為兩種：

1. 是「交叉掛牌」，是指企業已在本國市場上市（櫃）IPO，再去其他海外市場上市（櫃）公開發行股票。

2. 另一種是發行海外存託憑證，也就是在本國上市（櫃）IPO掛牌交易後，因本國股票無法在海外流通，因此以替代本國股票、但可完全表彰的有價證券——存託憑證（Depository Receipts, DR）在海外市場發行交易。

DR的種類

統稱為GDR（全球存託憑證）。再依據發行國家、地區分別稱呼，例如在美國發行的GDR稱為ADR（美國存託憑證），在歐洲發行稱為EDR（歐洲存託憑證）、在日本發行稱為JDR（日本存託憑證）、在台灣發行稱為TDR（台灣存託憑證）

影響產業供應鏈變動的因素

海外掛牌的優點

①資金面考量：取得營運資金

透過引進外國人入股，企業不用向銀行融資支付利息，可籌措大量且低成本的資金，且透過海外發行新股，使企業股本增加、降低負債比。

②企業面考量：提升知名度

在全球知名的紐約、倫敦、香港、新加坡等交易所掛牌上市，可以替企業形象加分，且提升企業的國際能見度，吸引外資目光。

③市場面考量：享有發行溢價

在海外市場本益比高的情況下，若企業以已發行的股票（老股）發行GDR，可賺取價差；若企業海外發行新股以增資，可籌措較多資金。

海外掛牌的缺點

①成本面考量：負擔額外成本

海外掛牌後企業必須負擔額外成本，包含每年上市規費、律師公證費、會計師簽證財報的費用等，另外也必須遵守國外證券主管機關的相關規定。

②經營面考量：稀釋股東股份

企業海外掛牌後，對既有股東可能產生股權稀釋效果，則每股能分配的金額就變少，恐不利原股東權益。

牌，頻頻向海外招商，除了放寬企業的中資色彩可達三成外，至於中資超過三成的企業，也可以專案審查的方式來台進行上市。就第一上市的部分來說，企業在台灣的上市成本並不高，只需首次發行募集資金的 2%，其他國家則普遍在 5% 以上，而後續的上市維持成本也低於其他市場。

第二上市方面，在 2009 年熱鬧一時，發展至今卻成為市場爭議的焦點，八成以上個股低於票面價。政府為促進證券市場國際化 1998 年允許第一家國外企業——台灣上市公司日月光的海外子公司新加坡福雷電子來台發行台灣存託憑證（TDR），由於當時相關政策並未做好配套，截至 2008 年底，於台灣掛牌的 TDR 僅有五家台商背景的企業。然而為鼓勵海外優良台資企業鮭魚返鄉，政府於 2009 年 8 月起政策大幅鬆綁，准許海外台商可以海外控股公司名義回台掛牌，不須在台灣先設立實體公司或營運總部、取消外國企業募集資金不得匯出台灣或匯至中國大陸的運用限制，縮短實質審查時間，並分別開放香港證交所和韓國證交所掛牌的企業申請來台上市（櫃）、發行 TDR 等。

受政策激勵，短短五個月內 TDR 新掛牌家數即達十家，2009 年至 2010 年為止共新增 32 家，使 TDR 家數最高達 35 家，旺旺、巨騰、康師傅等知名企業陸續來台，政府期許將台北股市打造成亞太企業的籌資中心。TDR 中以中國概念股居多，2009 年至 2010 年 TDR 族群募資達 447 億台幣。然而在接連發生日商爾必達因財務不佳被動下市；又新加坡鮑魚養殖大王歐聖集團（Oceanus Group）因鮑魚大量死亡鉅額虧損，會計師出具「無法表示意見」的查核報告，且未能期限內補正財務報告，TDR 於 2013 年下市；以及中國旺旺公司上市前召開法人說明會、上市後了無音訊，要了解公司營運只能登入公開資訊觀測站看財報，而財報一年只公告兩次，於 2013 年主動申請下市，在市場財報利空頻傳、2012 年起也未再有外國企業新增 TDR 掛牌之下，TDR 時代由盛轉衰，有待相關單位進一步提升制度面與執行面。

另一方面，2008 年起政府亦推動外國企業來台第一上市（櫃），比照我國上市（櫃）的條件輔導審查及監理，提高來掛牌的外國企業品質、以及對台灣股市的適應性。

新 聞 範 例 解 讀

政府赴越南招商　鼓勵台商回國掛牌上櫃

　　看好越南經濟前景，2017年4月證券櫃檯買賣中心總經理蘇郁卿率勤業眾信聯合會計師事務所、國泰綜合證券、及理律法律事務所前往越南胡志明市招商，協助當地台商了解越南投資環境與台灣資本市場，鼓勵優質台商回台掛牌上櫃，以台灣成熟活絡的資本市場做為資金後盾，加速擴展在越南的發展。截至2017年3月底，台灣上櫃公司共734家，其中9家來自新加坡、泰國、馬來西亞等國家。

解讀重點

政府近年來鼓勵外國企業在台掛牌，從早期的發行TDR、到近期積極推動來台上市（櫃），對投資海外的台商企業也不例外。近年來越南在人口優勢之下經濟大幅成長，內需與外銷市場均具潛力，未來成長可期。隨著外資大量湧入，台商在當地投資件數金額也達到最高，但當地競爭愈趨激烈，台商必定面臨嚴峻的營運考驗，不論是加速發展或擴大規模，強化經營體質長期布局，都考驗著企業轉型與升級的能力和口袋的深淺，這時便需要充足資金籌碼做為推升動能。因此，在政府亟欲強化台灣股市規模和效能，向外國企業招手來台掛牌的同時，投資海外的台商更是重要的招攬對象，透過招商座談等活動更加了解彼此需求，協助輔導外地台商上市（櫃），進而創造雙贏。

與海外掛牌相關的新聞重點

　　企業是否有在海外市場掛牌的動機除了取決於整體經濟景氣的好壞，也與公司本身資金需求有關，因此新聞媒體報導時也常提及以下概念：

▶ **經濟景氣**：由於2009下半年後，全球經濟開始溫和復甦，即使政府鼓勵海外台商回台掛牌，但若經濟景氣正面臨衰退或谷底期，投資人認購意願低、股市籌資效能低，新掛牌家數也會明顯減少。

▶ **海外可轉債（ECB）**：與發行GDR的概念相同，最終目的都是為了替企業籌措資金，只是GDR是增加股東權益，而ECB則是增加負債，但若是現股價格超越ECB轉換價格後，投資人即可申請轉換為現股，此時負債也將自然轉為股東權益項。

▶ **股票市場**：由於國內知名企業如台積電、聯電、友達等均有在美國掛牌ADR，因此深夜美國ADR的交易情形也將率動隔日在台的現股表現，就短期而言，ADR收盤價若波動劇烈，也將影響隔日相關個股的開盤表現。

Chapter 6

解讀
國際財經情勢

▶ 在全球化的潮流驅使下世界經濟緊密相連，
從馬不停蹄的區域經濟整合態勢；到美國、
歐盟、中國的經貿變化，乃至巴西、印度、
俄羅斯、東協等新興市場的崛起，皆是深受
國際景氣波動影響的台灣，必須洞察世界經
濟情勢的焦點。

本篇教你解讀

☑ 經濟全球化及區域整合的影響

☑ 逐漸從金融海嘯復甦的美國經濟

☑ 歐債危機下的歐盟動向

☑ 金磚四國的挑戰與其他新興市場的機會

☑ 經濟成長趨緩的中國

☑ 台灣周邊經貿夥伴的影響

經濟全球化及區域整合的影響

┌─────┐
│快速掃描│ ● 造成當前經濟貿易整合困境的主要因素有二：貧富差距程度加劇與多邊貿易
│   │　整合缺乏彈性。
│   │ ● 當下的經濟全球化朝著區域貿易整合與雙邊自由貿易整合的方向前進。
│   │ ● 中國主導的 RCEP 有望在 2017 年前完成談判；日本則與歐盟完成 EPA 框架
│   │　協議，並在美國退出 TPP 後，接下領導參與國協商的重擔。
└─────┘

　　二次大戰後，為重建全球經濟與金融新秩序，在歐美主導下，建立了穩定國際匯率和貨幣合作的「國際貨幣基金組織」（IMF）、負責貸款援助開發中國家的「世界銀行」（WB）、以及推動全球貿易自由化的「關稅暨貿易總協定」（GATT，WTO 的前身）三大組織來維繫世界經濟新秩序。在跨國界的經貿組織運作下世界經濟步向全球化；然而隨著 WTO 多邊貿易談判機制進展緩慢，貧富差距惡化，對於自由貿易的反彈聲浪湧現，全球經濟整合面臨困境。近年來，紛紛轉向與重要經貿夥伴或鄰近國家進行區域性貿易談判。

近五年的發展現況

　　2016 年起至今，無疑是一場對過去國際經濟發展的全面檢討，尤其是最被討論的「全球化」與「經濟整合」兩大概念。先是 2016 年 6 月英國通過脫離歐洲聯盟（簡稱脫歐，又稱 Brexit）公投，接著 11 月揮舞「拒絕 TPP（太平洋夥伴貿易協定）」、「拒絕 NAFTA（北美自由貿易協定）」大旗的美國地產大亨唐納川普入主白宮；到了 2017 年的法國總統大選，極端右派政黨「國民陣線」支持率來到巔峰，一躍成為法國第二大政黨。

　　政治舞台之外，從實際數字上也能看到，全球貿易與經濟整合正面臨前所未見的挑戰：儘管根據世界貿易組織（WTO）2017 年第一季統計資料顯示，進出口總額比去年同期增加 4.2%，寫下近兩年來新高，同時也是 2011 年第三季以來，近六年來第二高的成長率，但這主要因為歐美日等國的貨幣寬鬆政策開始得到回報，帶動全球經濟景氣回溫。面對全球貿易保護主義抬頭，WTO 秘書長阿茲維多（Roberto Azevêdo）悲觀地預估，2017 全年的全球貿易總額成長恐怕僅有 2.4%。

整體而言，過去五年造成全球經濟整合困境的原因有很多：貿易保護主義、全球經濟不景氣、極端恐怖主義與難民問題所激發出的民粹主義等，但歸根結柢，可以歸納出兩個最大阻礙：全球化本身所帶來愈發嚴重的貧富差距；以及經濟全球化過程中，「多邊整合」的瓶頸。

　　貧富差距方面，根據國際非政府組織「樂施會」（Oxfam）2017 年報告顯示，光是全球最富有的八個人所擁有的資產，合計就超過 13 兆台幣，大於全球最後 50% 人口的財富總額。另外根據瑞士信貸 2016 年 11 月所公布的最新全球財富報告發現，光是財富前 0.7% 的人就擁有全球半數資產，總資產不到一萬美元的人高達 73%。而勞動市場的變動更擴大貧富差距。運輸與通訊技術發達，全球化企業將勞力密集產業轉往工資較低、勞動規範較鬆散的發展中國家，使得本國勞工工作機會遭到搶奪的同時，另一方面發展中國家勞工權益也往往遭到剝削。而近年來機器人、人工智慧等新的生產技術，更加深工作職位被取代的威脅。相較於既有利益者挾資本與技術優勢，在這個「贏家通吃」（winner takes all）的社會鞏固自己的優勢；占絕大多數的勞動者不僅未嘗到自由貿易帶來的甜美果實反而處境日益艱困，因此反對聲浪大增，並影響各國政府施政態度。

　　第二，多邊整合遭遇瓶頸。過去 WTO 透過談判諮商建立多邊化、一併適用於各會員國的全球貿易規範，但常因會員國之間發展程度、利益盤算各有不同，難以達成共識，造成談判效率低落、進度停滯不前，像是 2001 年杜哈回合（Doha Round）的貿易談判就因各國在農業議題上的意見分歧而破局。

　　然而，面對這兩大挑戰，並不代表經濟整合因此停滯不前，談判更具彈性、障礙較低的雙邊貿易協定，如媒體上常見的自由貿易協定（FTA），或是範疇更大的區域貿易協定（RTA），不僅成為歐盟、北美自由貿易協定（NAFTA）、WTO 等多邊經濟聯盟之外的選項，更是經貿談判的優先模式。

　　除此之外，東協模式也成為另一種國際間合作的可能模式。與其他國際組織不同的是，東協僅扮演成員國之間的平台角色，並不參與各國內政問題，任何決定也僅採取接受一致意見的共識決。儘管在國際舞台能力有限，但在經貿議題上卻發揮莫大影響力，如東協經濟共同體（AEC）自 1997 年概念提出之後，經歷將近二十年的討論，終於在 2015 年 12 月 31 日起正式成立，2030 年可望成為全球第四大經濟體。

左右經濟的影響力

　　全球貿易自由化的主要推手莫過於成立於 1995 年 1 月 1 日的 WTO，前身為 1947 年起生效的關稅暨貿易總協定（GATT）。成立之初是為了解決引發第二次世界大戰其中一條導火線，也就是國際貿易保護主義，透過降低國際貿易之間的貿易壁壘，並且建立常設組織，協調國家間的貿易議題與爭端，建立自由開放的貿易環境。

　　橫跨 GATT 與 WTO 時期，陸續完成了八個談判回合，處理包含關稅、非關稅措施、服務業與智財權等項目，帶動全球貿易量大幅成長，成為經濟復甦的主要動力。世界銀行資料顯示，全球貿易佔 GDP 比例，從 1960 年 24.21%，成長到 2015 年的 58.044%。然而，全球經貿整合卻在 2001 年啟動的杜哈回合談判中踢到鐵板。已開發國家不滿發展中國家長期在貿易中享有補貼措施與保留貿易開放空間，發展中國家則不滿歐美等國享有過大的資本、市場優勢，尤其攸關各國民生的農業議題最為針鋒相對。自從 2003 年在墨西哥坎昆舉行的第五次部長會議（杜哈回合第二次會議）破裂至今，WTO 陷入超過十年的停滯期。這也導致在當前全球貿易談判中，為何區域性的自由貿易協定或雙邊的自由貿易協定，得以凌駕如 WTO 這樣的全球性經貿組織。

　　根據 WTO 秘書處資料，巨型 RTA 數量在歐盟 1995 年成立時約僅 100 個，截至 2017 年 6 月為止，已經來到 445 個，大體而言可以區分為幾個組群，包括北美（北美自由貿易區）、歐洲（歐盟）與東南亞（東協），另外在拉丁美洲、非洲也形成區域性的貿易組織，像是把「南部非洲發展共同體」（Sadc）、「東非共同體」（EAC）和「東南非共同市場」（Comesa）三個貿易體聯合起來的「三合一自由貿易區」（TFTA），若成功建立，將是非洲最大的自由貿易區。

　　就對全球經濟的影響而言，一方面大型 RTA 的形成，讓原本在 WTO 層次無法達成的共識，可以在區域性層級中完成，確實有利經貿自由化的進展；但另一方面，當區域組織成員間得以享有彼此的貿易優惠時，對於非會員的經濟體來說，經貿的打擊壓力勢必比過去來得嚴峻，而這也正是台灣目前所面臨的困境。以與台灣經貿環境最密切的區域全面經濟夥伴關係協定（RCEP）為例，根據台灣經濟研究院分析，參與 RCEP 的成員國佔台灣出口貿易總額高達 70%，如果產生排擠效應，恐怕導致實質 GDP 下降 0.76%，出口值減少 34.67 億美元，進口值則減少 52.39 億美元。

未來觀察焦點

　　雖然國家之間的摩擦時有所聞；但大體而言，全球各區域整合仍持續進行。歐洲方面，英國脫歐將是歐盟最主要的議題，雖然「脫歐」預定要到 2019 年 3 月 29 日才正式生效，但談判過程對全球政壇與經濟市場的影響同樣不可忽視。就目前看來，除了英國對歐盟的財政義務，也就是俗稱的「分手費」外，最值得注意的就是雙邊貿易談判，也就是英國在脫離歐盟單一市場之後，還能保有多少過去的貿易權益。

　　美國方面，川普政府傾向雙邊 FTA，並對區域甚至全球性經貿整合持不友善態度。他向來以美國為優先的立場，與過去強調多邊合作的歐巴馬截然不同，可能增加談判過程的摩擦。這點在 2017 年 7 月中進行的美中全面經濟對話中一覽無遺，面對從雙邊貿易中賺取巨額順差的中國，川普政府的強硬態度，讓兩國最終無法達成任何協議。如果美國將堅持一貫立場，未來類似的狀況恐將成為常態。

　　相較美歐，亞洲在自由貿易談判進度較為順暢，東協與日本、中國、韓國、澳洲、印度、紐西蘭的區域全面經濟夥伴協定（RCEP）預計將在 2017 年底前完成談判；日本與歐盟的經濟夥伴協定（EPA）也已完成框架協定，預計在 2019 年上路。值得關注的是，在 RCEP 建構同時，中國也傾全力推動「一帶一路」，並與參與國家建立 FTA。然而，被視為中國未來 30 年最大戰略的「一帶一路」，本身也面臨許多風險，例如參與者過多，導致過於繁複的談判風險，以及參與國政局動盪的地緣政治風險等。如果這些風險影響一帶一路進度，可能讓這個龐大計畫從原本的利多，成為國際經貿的利空。

INFO

框架協定

　　為一種過渡性質的協議。有鑑於自由貿易區的成就並非一蹴可及，所以 WTO 允許各國簽署為達成自由貿易區為目的的「過渡協定」。內容除了早期收穫清單外，主要是一些原則性的貿易條款，以及關於未來各項實質議題的談判與開放時程。一般在簽署框架協定之後還需再分別簽署貨品與服務業的個別 FTA 協定。過去在台灣引起爭議的「兩岸經濟合作架構協議」（ECFA）即屬此類。

新 聞 範 例 解 讀

中國主導 RCEP，有望於 2017 年完成談判

　　美國宣布退出跨太平洋夥伴協定（TPP）後，區域全面經濟夥伴協定（RCEP）談判進度備受關注。自 2012 年啟動以來，RCEP 已歷經 19 輪談判，最近一次是 2017 年 7 月 24 日起在印度舉行。中國商務部副部長錢克明表示，中國已與東南亞國家協會達成共識，將共同推動 RCEP 談判「在年內結束」。

解讀重點

與北美、歐盟等區域經貿聯盟相比，東協經貿整合進程在中國的主導下，顯得更具活力與發展潛力，不僅發展出「東協 +1」「東協 +3」與「東協 +6」的不同貿易合作模式，其中的「東協 +6」更將擴大為更具規模的 RCEP。中國與東協之間的貿易關係向來十分緊密，中國為東協最大貿易夥伴，東協則是中國第 3 大貿易夥伴、第 4 大出口市場和第 2 大進口來源地。2017 年 1 月至 5 月，中國與東協雙邊貿易成長 16.2%，比中國同期平均貿易增幅高 3.2%。未來 RCEP 生效，將加深兩大經濟體對彼此的貿易依賴度。

值得注意的是，2017 年日本同樣動作頻頻，一方面接下美國退出 TPP 後的領導人重擔，同時也在 7 月與歐盟完成經濟夥伴協定（EPA）的框架協定，力拼在 2019 年生效，儼然形成另一個以歐、日為核心，而非美國、中國的大經貿聯盟。

全球區域經濟整合發展趨勢

區域經濟整合（RTA）程度

整合程度　低　←——————————————→　高

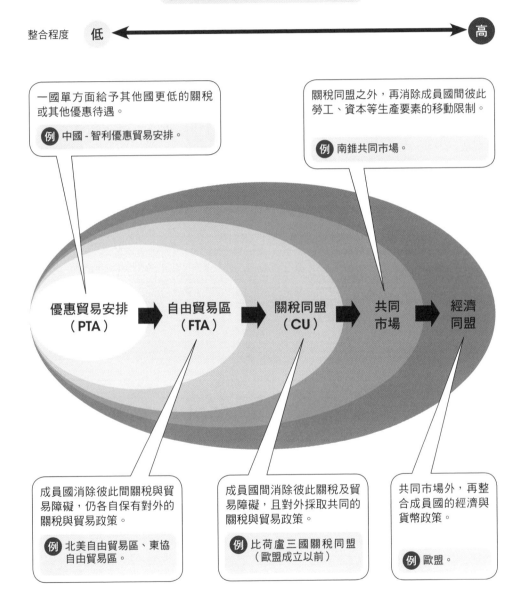

一國單方面給予其他國更低的關稅或其他優惠待遇。

例 中國－智利優惠貿易安排。

關稅同盟之外，再消除成員國間彼此勞工、資本等生產要素的移動限制。

例 南錐共同市場。

優惠貿易安排（PTA）→ 自由貿易區（FTA）→ 關稅同盟（CU）→ 共同市場 → 經濟同盟

成員國消除彼此間關稅與貿易障礙，仍各自保有對外的關稅與貿易政策。

例 北美自由貿易區、東協自由貿易區。

成員國間消除彼此關稅及貿易障礙，且對外採取共同的關稅與貿易政策。

例 比荷盧三國關稅同盟（歐盟成立以前）

共同市場外，再整合成員國的經濟與貨幣政策。

例 歐盟。

區域經濟整合歷程

戰後	90年代	21世紀第一個10年	21世紀第二個10年

1944 年世界銀行成立、1945年國際貨幣組織（IMF）成立、1947 年 GATT 成立

1992 年北美自由貿易區（NAFTA）成立、1993 年歐盟（EU）成立、1995 年 WTO 成立

2003 年杜哈回合談判失敗、2004 年東協與中國簽訂自由貿易協定

2015 東協經濟共同體成立、2016 年英國脫歐、川普當選

特點

1. 全球經貿復甦期
2. 借鑑二次大戰成因，致力穩定國際金融環境（IMF）、協助各國復甦（世界銀行）與拓展自由貿易、消減貿易障礙（GATT）

特點

1. 全球經貿發展期
2. 蘇聯解體、西方自由民主價值快速擴散，全球性、區域性經貿關係快速拓展
3. 反全球化從思潮化為抗議行動，但未改變主流浪潮

特點

1. 全球經濟整合遇難關、區域與雙邊經貿取而代之
2. 反恐時代因 911 恐攻拉開序幕，美國反恐行動重創國內經濟，更導致大量難民問題
3. 2008 年全球金融海嘯，連帶引發的歐債問題重創歐盟經濟與成員國互信
4. 中國經貿實力崛起，不僅是美歐成熟國家的工廠，更與東南亞、拉美、非洲建立經貿與戰略關係

特點

1. 反全球化從原本的小眾反思，轉化為大部份民眾的不滿
2. 中國經濟成長速度不若以往
3. 東協國家成為中國之後另一個世界市場與工廠

重回經濟正軌的美國

快速掃描
- 美國經濟成長率從金融海嘯時期的負成長邁向每年穩定 2％到 3％的復甦
- 美國失業率從金融海嘯時期的 10％，降到 4.3％，人民生活與經濟大有改善
- 美國正在扭轉過於寬鬆的貨幣政策，目標為返回金融海嘯前的正常水準

　　金融海嘯重創美國經濟，美國推出一系列的財政與貨幣政策，力抗景氣寒冬。時至 2017 年，美國經濟維持穩定，經濟成長率亦回到一般水準表現，美國開始扭轉過於寬鬆的貨幣政策，包含停止量化寬鬆政策與進行升息，進一步衝擊各國的股匯市與原物料價格。

近五年的發展現況

　　2008 年，擁有百年歷史、美國第四大的投資銀行雷曼兄弟宣布破產，並且以次級房貸為投資標的的基金公司、大型銀行、保險公司紛紛遭逢資產巨幅虧損的慘況，金融海嘯正式席捲全球。2008 年美國的經濟成長率為負 0.3％、2009 年為負 3.1％，為十數年來首見的負成長。為了拯救經濟，美國除了提出七千億美元之拯救大銀行等多種紓困方案以外，時任美國聯準會主席之柏南克更推出「量化寬鬆」（QE）的貨幣政策，。從 2009 到 2014 年共實施三輪的量化寬鬆政策，釋放超過三兆美元到市場之中、刺激美國經濟成長。結果也使美元大幅貶值，資金因而流向商品市場，引發全球性通膨危機，導致各國貨幣為了避免美元貶值的衝擊、競相貶值的亂象。

　　在政府採取擴張性經濟政策下，美國經濟逐漸邁向復甦，經濟成長率從負成長轉呈正向。近五年經濟成長率保持在 2％到 3％的水準。於是美國逐步縮減量化寬鬆政策之規模，並宣布於 2014 年 10 月退場；而到 2017 年 6 月，美國失業率為 4.3％左右，相較於金融海嘯時期的 10％收斂極多。整體而言，美國已開始呈現經濟穩定復甦的態勢。美國聯邦準備理事會（Fed）在 2015 年年底宣布升息一碼，為金融海嘯後的首次升息，2017 年年中第三度升息。

　　雖然美國經濟情勢轉佳，但仍持續困於「債務上限」問題。經濟衰退期間，美國財政收入（稅收）降低，又為了刺激經濟而採取擴張性財政政策而增加政府支出等因素，導致美國債務一路飆升，至 2009 年的 1.4 兆美元，已經瀕臨美

國法律之債務上限。為了避免美國政府破產、陷入連公務員薪水都發不出來的困境，白宮與國會決定透過調高自身的法定舉債上限，發行國債籌措現金，紓緩當時的財政危機。然而此舉治標不治本，埋下持續高築債台之隱憂，此後又數次調高舉債上限。如 2015 年 10 月，美參院通過政府兩年財政預算，將債務上限問題延到 2017 年，該年 3 月到期後，迫使美國財長啟動包括暫停發售地方政府系列債、暫停投資基金等非常規措施，川普政府未來若未及時得到國會批准提高債務上限，或延長暫停限額法案的期限，美國將面臨債務違約和政府關門的財政困境。由此可見美國的財政體質，在過去五年來並未隨著經濟狀況一同顯著好轉，反而有變差的趨勢。

左右經濟的影響力

美國是全球最大的經濟體，根據國際貨幣組織（IMF）估計，2017 年美國國內生產毛額（GDP）總值將達到 19 兆美元，高於第二名中國的 11 兆美元。美國內需市場消費力十分充沛，且美國人民消費仰賴進口，進口金額居世界第一位。因此，美國的對外貿易十分頻繁，與世界各國幾乎都有貿易往來。對台灣而言，貿易模式是出口零組件到海外，在海外加工組裝後，再外銷到美國，換言之台灣仍然依賴美國市場，使得美國景氣的榮枯也影響到台灣經貿的變化。

除了身為世界最大的經濟體外，美國的影響力還表現在貨幣、股市以及商品市場上。由於美元是世界公認的國際準備資產（外匯儲備），許多國家的匯率也是緊盯美元匯率的升貶值而隨之調整，美國聯準會的動向總能吸引各國央行的目光。例如，2008 年金融海嘯後，美國為提振經濟，祭出量化寬鬆政策，使美元長期走弱，為沖銷美元貶值的效果，亞洲出口導向國家如臺灣、日本、南韓的央行競相讓其貨幣貶值，以提振出口。股市方面，截至 2017 年 2 月，美股總市值超過 26 兆美元，擁有一萬多家上市櫃企業，涵蓋全球各式各樣的產業，因此美股的走勢往往成為全球股市的晴雨計，例如 2016 年到 2017 年期間美股一再創新高，而各國股市也多呈上漲走勢。全球商品市場包含原物料、金屬、農產品等品項，均以美元計價之外，其中發展經濟不可或缺的石油和兼具商品與金融價值的黃金，不僅以美元計價，同時美國對這兩項商品的需求均為全球前三位，對石油的需求更高居世界第一，黃金的需求量則排名第三，僅次於中國與印度，因此美國經濟與美元的強弱也直接影響了商品市場的波動。

未來觀察焦點

在景氣部分，美國 2010 年經濟復甦至今，經濟成長率平均為 2.1%；2016 年為 1.6%，2017 年根據經濟合作暨發展組織（OECD）預估會來到 2.4%。由於美國仍為世界第一大經濟體，美國經濟成長率能否保二，維持金融海嘯後的穩定平穩情勢，是未來關注的重點。

政治方面，美國大選的結果影響美國經濟情勢走向與全球經貿組織勢力變遷。2016 年底川普當選總統之後，力圖推動「美國優先」（America First）政策，並於 2017 年 1 月簽署退出跨太平洋夥伴協定（TPP）。此舉與前總統歐巴馬為主導 TPP 的貿易政策南轅北轍，影響全球的經濟情勢變化。由於美國長期為世界第一大進口國，貿易逆差約 5000 億美元，川普試圖透過「貿易保護政策」，降低貿易逆差，讓外國人少賺美國人的錢。由於 TPP 在過去由美國主導，並且排除中國，當美國退出 TPP 之後，亞太地區的經貿格局重心將由東協 10 國和中國、日本、南韓、印度、澳州和紐西蘭組成的「區域全面經濟夥伴關係協定」（RCEP）占優。相對的，對於力圖加入 TPP 的台灣是不利的消息。

除了政局變動之外，應持續關注美國的財經、貨幣政策。後金融海嘯時期，美國重大的財經政策幾乎與貨幣政策有關。長時間的量化寬鬆（QE）與逼近零利率的貨幣政策，會導致中央銀行難以握有繼續降息等施展貨幣政策的籌碼，無法應對下一次的經濟衝擊。美國已自 2014 年停止量化寬鬆政策，且從 2015 年底開始升息，2016 年底二度升息，到 2017 年 6 月第三次升息，已連續 3 個季度調升利率 1 碼。顯示美國試圖將過激的貨幣政策拉回正軌。因此，美國經濟情勢未來觀察的首要焦點，將放在是否持續升息，從市場回收美元等政策。從 2016 年初以來的世界情勢而論，歐元區持續施展量化寬鬆政策、日本進入負利率時代來刺激經濟，但美國則勇敢走向升息，表示美國的經濟體質相對健康。若美國的聯準會（Fed，類似美國中央銀行）能使美國穩定升息，藉此確保擁有可實行降息與量化寬鬆貨幣政策的籌碼，以應付未來的經濟危機，則美國經濟的風險想必將遠低於現階段已手段盡出的歐元區與日本等國家。

同時，須注意美元匯率對全球金融、商品市場的影響。由於美國聯準會動作頻頻，將影響有世界貨幣地位之美元的升貶。當美國升息時，若無其他因素影響下，將導致美元更具有吸引力，使美元升值，相對地其他貨幣則是貶值。可以預期從 2016 年起的未來數年，外匯市場的震央之一會是在美國、以及以美元計價的資產市場，如黃金、原油等價格亦將受到影響，投資者宜多留意。

此外，還值得注意的是，美國雖然經濟情勢轉佳，然而卻仍持續受到「債務上限」問題所困擾。美國今後若陷入債務危機，帶來的衝擊恐怕遠高於歐債危機。雖然美國政府可以要求聯準會印製鈔票購買公債，但聯準會的態度現為停止擴張性貨幣政策，雙方將出現政策衝突。所以美國政府勢必要找到持平或降低國債的方法，以免破產。最基本的方式為政府不進行財政赤字政策，避免增加債務，並且透過經濟維持復甦、人民所得增加，進一步取得稅收來償債。簡言之，美國財政情況是個容易被忘記、但實事關重大的待解決問題，仍須加以留意。2017 年 4 月，川普發布「稅制改革計劃」大綱，是至今美國史上最大的減稅措施。此稅務改革的要點大幅降低了企業稅，並將個人減免稅款的額度增加一倍，為財政政策中的「減稅」措施，此舉可能會刺激民眾消費，進一步提振經濟，然而是否能夠彌補減稅所帶來的稅收缺口尚未可知，更加深了美國財政風險。

新聞範例解讀

美國聯準會決議升息一碼，一五年來第三度升息

美國聯準會（Fed）在 2017 年 6 月，決策升息一碼，使目標利率達到 1% 至 1.25% 之間，並且強調今年升息三次的展望不變，也就是將在第 3 季或第 4 季再升息一次。美國貨幣政策的決策單位聯邦公開市場理事會（FOMC）表示，美國經濟溫和成長，勞動市場的表現亦持續轉強，6 月失業率降至 4.3%，為近 16 年來新低。同時 FOMC 也表示若經濟如預期穩定復甦，今年將開始執行資產負債表正常化計畫。這項計畫藉由減少將這些證券支付的本金進行再投資，將可逐步減少聯準會持有的證券。

解讀重點

美國的量化寬鬆貨幣政策已正式退場，現已進入導回正常貨幣政策的階段。自 2015 年 QE 退場以來，至今已三度調升市場利率，顯然美國經濟正往穩健復甦之路邁進。而同一時間，歐洲與日本都在進行寬鬆的貨幣政策，利率較高的美國更能夠吸引資金進入，使美元升值，如此以美元計價的原物料將因美元升值而面臨價格下跌的情況，將不利於以原物料出口為經濟動能的新興市場經濟成長。而減縮資產負債表的意義在於，過去量化寬鬆政策期間，聯準會大量買入美國公債、房貸抵押證券（MBS）等資產，意圖釋放大量貨幣到市場上，刺激銀行借貸給民間來拉抬經濟，但同時卻也造成負債急速膨脹；如今 QE 退場、景氣好轉，收緊市場資金的動作可以視為聯準會要讓貨幣政策回歸正常化的決心。總而言之，美國的貨幣政策影響力甚大，需要從貨幣政策、匯率、原物料價格等方面加以綜合評估。

美國對世界的影響與面臨的挑戰

美國的經濟影響力

貿易影響力
美國是歐盟之外全球最大的經濟體，進口金額居世界第一位，為許多國家的重要出口市場。美國購買力的強弱，影響到許多國家的貿易表現，進一步影響該國的經濟成長。

貨幣影響力
美元是世界公認的國際準備資產（外匯儲備），許多國家的匯率都緊盯美元匯率而調整。美國聯準會的升息或降息、寬鬆或緊縮的貨幣政策，不僅影響美國本身的經濟，亦牽動各國的股市與全球現金流。

商品市場影響力
原物料、金屬、農產品等全球商品市場皆以美元計價，美元的強弱直接影響商品市場。美元走強時，商品市場價格下降；美元變弱時，商品市場價格上升。

股市影響力
美股總市值超過26兆美元，並擁有一萬多家上市櫃企業，涵蓋全球各式各樣的產業，使得美股的走勢往往影響全球股市。

金融海嘯後美國的應對

- 2008 年 9 月金融海嘯席捲全球，美國經濟成長率出現十數年來首見的負成長。
- 2009 到 2014 年共實施三輪的量化寬鬆政策，釋放超過三兆美元到市場之中、刺激美國經濟成長。之後美國經濟邁向復甦，停止量化寬鬆政策。
- 2015 年 12 月開始升息。率先試圖將極端的貨幣政策逐步導回正軌。

美國未來經濟情勢的四大面向

成長面向
美國經濟成長率能否保 2%，維持金融海嘯後的平穩情勢，對世界經濟復甦影響甚鉅。

貨幣面向
2016 年初歐元區持續施展量化寬鬆政策、日本進入負利率時代來刺激經濟，但美國走向升息，表示美國經濟體質相對健康。若聯準會能穩定升息，則擁有可實行降息與量化寬鬆貨幣政策的籌碼，遠比他國能應付未來的經濟危機。

匯率面向
美國聯準會動作頻頻，當美國升息時，無其他因素影響下將導致美元更具有吸引力，使美元升值，其他貨幣則相對貶值。近年美國為外匯市場的震央之一。

財政面向
美國雖然經濟情勢轉佳，卻仍持續受到「債務上限」問題所困擾。消極來說，國會能不能及時提高債務上限或延長暫停債務上限時間，關乎美國財政是否能正常運作，為美國經濟大事。

打出財經政策最後底牌的歐盟

快速掃描

●歐債危機於 2011 年再起，導致歐盟經濟一度負成長，自 2014 年逐漸回穩。
●歐盟許多國家財政赤字嚴重，沒有財政政策籌碼。歐盟央行推出貨幣量化寬鬆政策。
●除了經濟強國英國確定脫歐外，歐債危機中最嚴重的希臘，也有脫離歐盟的可能。

　　金融海嘯之後，歐盟沒有喘息的時刻，在 2009 年底爆發歐洲主權債務危機之後至今，歐債的陰影揮之不去，一度讓歐盟的經濟成長率為負成長。歐洲在 2015 年開始啟動量化寬鬆政策，試圖透過貨幣政策來刺激經濟。

近五年的發展現況

　　雖然歐盟（EU）與歐元區的成立為區域貿易整合的極佳範例；但區域內各國經濟體質強弱不一，2008 年全球金融海嘯時期，歐元區國家由於無法單獨發行歐元來刺激投資與消費，只能透過財政政策來振興經濟，造成歐元區國家赤字與負債皆大幅增加，部分國家如希臘，更面臨破產危機。因此在爆發歐債危機之後，歐盟提出一系列紓困方案，尤其是 2010 年成立歐洲金融穩定基金（EFSF），力圖維持歐洲的金融穩定。然而 2011 年歐洲主權債務危機持續發酵，時年三月希臘（Greece）、西班牙（Spain）、葡萄牙（Portugal）、愛爾蘭（Ireland）等國的主權評級連遭降級，加上主權債務風險持續上升的義大利（Italy），被戲稱為歐豬五國（PIIGS）。12 月歐盟峰會，達成涵蓋除英國外其他歐盟國家的新財政協議，並於隔年 2012 年起推出一系列貨幣政策，包含：歐洲中央銀行啟動長期再融資操作（LTRO）以增加流動性；宣布歐洲穩定機制（ESM）將直接向銀行注資；通過購買重債國國債來壓低其融資成本等。

　　從經濟成長率來看，歐盟在 2011 年約為 1.8%，2012 年為負成長約 0.5%，2013 年持平約為 0.1%，2015、2016 年皆為約 1.8%，歐洲央行（ECB）預估 2017 年為 1.9%。由此走勢可知，歐債危機的風暴在 2012 年最為嚴峻；而後歐盟致力擺脫歐債危機的種種作為，時至 2015 年已約略看出成效。不過，歐債危機帶來的金融動盪雖逐漸舒緩，但歐元區的經濟成長仍然低迷。在美國宣布將停止貨幣寬鬆政策之際，歐洲央行於 2015 年 1 月，宣布啟動規模逾一兆歐元的

量化寬鬆政策，從該年3月到隔年9月，每月收購含區域各國政府公債在內的公私部門資產800億歐元。而後又宣布延長量化寬鬆政策至2017年12月底，唯將購債總額縮小至600億歐元。歐洲央行試圖透過釋放大量的歐元進入市場，刺激消費與投資，進一步拉抬通貨膨脹率與帶動經濟復甦。

歐債危機帶來的經濟動盪，使得脫歐議題成為舉世關注的焦點。一方面，經濟實力最差、屢次在債務違約邊緣的希臘，時有被逐出歐元區的危機；另一方面，經濟實力雄厚的英國，為了不被歐盟拖累，更在2016年6月透過公投決議脫歐。2017年3月取得國會同意，確定退出歐盟並展開兩年的脫歐協商。再加上2010年起的中東戰亂，逾百萬的難民湧入歐洲、尤其是德國，讓歐盟裡擔任政治和經濟標竿的德國益發承受龐大壓力。這五年來，歐盟試圖邁向復甦之路，但政治與經濟上始終存在許多風險。

左右經濟的影響力

歐盟目前共有28個成員國（含英國），人口超過5.8億人，綜合起來是世界上最大的經濟體，占全球經濟生產毛額的二成，貿易額的三分之一。並與全球大部分國家及地區簽署了雙邊及多邊協定。而1999年正式啟用統一貨幣「歐元」，目前28個會員國中有19國採納為流通貨幣，並形成歐元區，計有3.3億人使用歐元，如果加上與歐元實施固定匯率制的貨幣，歐元影響到全球近5億人口，其中包括非洲超過1.5億的人口。

歐元是僅次於美元的世界第二大儲備貨幣，根據2017年3月國際貨幣基金組織（IMF）數據顯示，歐元占各國外匯存底的比重約二成，是全球外匯市場中交易最頻繁的第二大貨幣。據歐洲央行公布的數據，歐洲2017年1月共有1.1兆歐元流通，創紀錄新高，

INFO

英國脫歐公投的後續發展

2016年6月，英國進行公投，決議是否脫離歐盟。公投後的結果為支持脫歐陣營獲得約52%的票數勝出。英國可依據《里斯本條約》第50條啟動退出歐盟機制，與歐盟各國展開談判，安排英國與歐盟後續的貿易條件與脫歐細節。2017年7月第一輪協商聚焦在三大議題：北愛爾蘭邊界問題、英國境內的歐盟公民權利與歐元分手費（exit bill），預計要在2019年3月完成英歐協議，正式脫離歐盟。英國的離開將成為歐盟第一個脫離的案例，引起其他歐盟成員國的部分政黨提出類似的需求，包含法國、瑞典、荷蘭和丹麥等國家的極右派政黨。

歐盟的影響力與歐債的挑戰

歐洲聯盟簡稱歐盟（EU）

- 歐洲聯盟成立於 1993 年，為全球國內生產毛額最高的國家聯合體。
- 世界上第一個共同貨幣經濟體，於 1999 年發行歐元。
- 歐盟中的會員國分別擁有財政自主權，可以自行編列政府預算。

歐盟現況

- 歷經歐債危機後，歐盟的經濟成長率在 2010 年到 2017 年，整體而言呈現緩慢復甦趨勢。
- 歐元為世界第二大儲備貨幣，根據 2017 年 3 月數據顯示，歐元占各國外匯存底的比重約二成，是全球外匯市場中交易最頻繁的第二大貨幣。
- 英國於 2016 年通過脫離歐盟的公民投票，首次出現脫離歐盟的成員國。

歐債危機的挑戰

2009年
歐元區平均赤字率為 6.4%，而赤字率高達 15% 以上的希臘因舉債過多面臨國家破產的危機。

2011年
希臘、西班牙、葡萄牙、愛爾蘭等國的主權評級連遭降級。義大利亦爆發主權債務風險上升。

2013年
經濟成長率約 0.1%，擺脫負成長

2015年
歐洲央行在一月宣布啟動規模逾一兆歐元的量化寬鬆政策，透過釋放大量歐元進入市場，刺激消費與投資，帶動經濟復甦。該年經濟成長率達 2.1%。

2017年
雖有美國總統川普的貿易保護政策、難民問題、恐怖攻擊等不確定因素影響；但整體來說，領先指標皆顯示歐元區持續復甦，有望逐步收緊貨幣寬鬆政策。

2010年
歐盟成立歐洲金融穩定基金（EFSF），力圖維持歐洲的金融穩定。

2012年
1. 歐洲中央銀行啟動長期再融資操作（LTRO）以增加流動性。
2. 宣布歐洲穩定機制（ESM）將直接向銀行注資，通過購買重債國國債來壓低其融資成本。
3. 該年歐盟經濟成長率為負成長約 0.5%

2014年
經濟成長率約 1.4%，經濟開始復甦。

2016年
擴大寬鬆貨幣政策規模，包括進一步調降利率、調高每月購債金額至 800 億歐元。

幾乎是十年前的雙倍。另外，由於歐元區大量向石油輸出國組織（OPEC）購買原油，這也代表歐元對國際油價有重大的影響。

由於歐盟（含英國）為世界最大的經濟體，歐元又是世界第二大的儲備貨幣，若是歐盟經濟衰退，則容易因消費量減弱、進口需求降低，導致全球國際貿易萎縮，進一步影響其他國家的經濟情勢，尤其是仰賴出口原物料給歐盟的新興市場等國家，恐引發經濟負成長的連鎖效應。另一方面，倘若歐元不穩定、出現歐元區解體的危機，則會影響多國的貨幣儲備，對與歐元實施固定匯率制、總人口近五億的各個國家而言，勢必引發匯市大亂。

未來觀察焦點

在經歷歐債危機之後，歐盟與歐元區是否能保持穩定復甦，大大左右了世界經濟的穩定。而歐盟是否能順利邁向復甦，關乎歐盟的政治穩定、經濟成長是否順利、歐債能否收斂、以及貨幣政策是否順利推行，這些都是得持續觀察的重點

第一，就政治層面而言，英國脫離歐盟、希臘是否會被逐出歐盟，為歐盟的不穩定因素。英國脫歐公投之後與歐盟進行脫歐協商，包含關稅同盟、金融服務等許多議題。並於 2019 年 3 月前由英國國會、歐洲理事會與歐洲議會針對英國與歐盟雙邊關係協議進行投票，若順利則英國脫離歐盟，若不順利則在歐盟全體會員國同意之下延長談判時間。英國脫歐對英國的真正影響尚待談判結果，例如若英國選擇「硬脫歐」，將直接喪失與歐盟成員自由貿易免關稅的優惠，但英國亦能自行與歐盟成員個別洽談關稅協議。對於全球的影響主要在經濟成長率，根據經濟合作暨發展組織（OECD）預測 2018 年歐洲經濟體因為英國退出將使產出下降 1%，全球亦依據與英國貿易高低的不同，經濟成長率降低 0% ~0.2%。

第二，就經濟成長而言，歐盟區因為受到歐債危機的重創，恐成為 2010 年代拖垮全球經濟的最大風險因子區。依據歐洲中央銀行在 2017 年 6 月發布的預測顯示，預估 2017 年的經濟成長率為 1.8%、2018 年為 1.9%，為樂觀看待邁向復甦。今後歐盟的經濟成長率若能維持預期或是優於預期的表現，將鼓勵投資信心；反之，若低於預期，則可能引發投資撤離，造成惡性循環。

不過，歐洲遇到的挑戰，主要仍為歐債危機是否遠離。歐洲各國的財政赤字若能收斂，則代表歐盟區的財政體質走向正向循環。若財政赤字反轉惡化，則又是引發金融風險的震央。歐債危機為財政問題所引起，然而歐盟早在 1997

年便已議定「穩定與成長公約」，要求歐盟各國政府原則上赤字比重不能超過國內生產毛額的 3%，債務不能超過國內生產毛額的六成。然而金融海嘯之際，各國在復甦自己國家經濟的目標之下，多未遵守該公約，舉債推行財政政策，使得債務問題嚴重。歐債危機發生後，為了根本性地約束歐盟各國債務不擴張，歐盟執行委員會開始以「穩定與成長公約」嚴格審視各國的財政預算計畫，並且適時提出警告。此公約若能順利執行，便可望讓歐債不再擴大。然而各國是否願意受到約束，目前僅能靠彼此的政治角力來維繫。畢竟歐盟並非統一的國家，而是由各自獨立運作的政治實體共同組成，難以避免各國在彼此利益衝突時可能不守公約的風險。

最後，歐盟在 2015 年起展開的擴張性貨幣政策也需密切注意。歐盟為了刺激經濟，但考量到財政赤字龐大而缺乏推動財政政策之預算，故開始透過貨幣政策來挽救經濟。時至 2017 年 7 月，歐洲央行仍維持現行的量化寬鬆貨幣政策不變。歐盟使出貨幣政策，可謂是底牌盡出。其功效是否彰顯，決定了歐盟政治力介入經濟的成敗。但是，擴張性貨幣政策不可能長久推行，歐盟後續是否能夠效法美國量化寬鬆的退場經驗，讓歐盟的貨幣政策在未來回歸常態，讓歐盟有能力應付下一次的經濟危機，這才是最終目標。

新 聞 範 例 解 讀

「敗金六國」為歐盟的新挑戰

2016 年 3 月，歐盟執行委員會向西班牙、比利時、克羅埃西亞、芬蘭、義大利及羅馬尼亞的財政預算提出警告，認為這六個國家接下來的財政預算計畫，可能違反歐盟的支出規定，即赤字的比重不能超過國內生產毛額的 3%，債務不能超過國內生產毛額的六成。歐盟執委會呼籲六國採取行動來壓低財政赤字。

解讀重點

歐債危機宛若是揮離不了的幽靈，時常現身於國際財經新聞版面上。從各國的赤字來看，歐洲許多國家有著許多外債，若出現經濟不好、稅收不高，又對外借不到錢的情況，可能會出現倒債危機。又因為歐盟在全球經濟的地位，所以容易引發全球景氣與股匯市的劇烈波動，例如在歐豬五國輪流出現違約的各個時間點上，全球股匯市皆隨之動盪不安。因此，當歐洲執委會點名特定國家的時候，首重留意該國財政赤字與預算之相關新聞、調查該國的短期外債有多少、以及歐盟的態度如何，如此一來便能提早預測經濟景氣變化。

備受矚目的新興市場

快速掃描
- 新興市場是同時具有「高成長」與「高風險」特質的經濟體。既為全球經濟成長火車頭，又深受成熟國家熱錢影響。
- 過去以「金磚四國」廣為人知，近年來則以東協的成長潛力備受關注。
- 金磚四國經濟成長幅度已不若以往快速，能否找到下個動力來源是未來觀察重點。

近二十年內，各地的新興市場可說是當前最具潛力的經濟體，吸引眾多投資人帶著淘金夢想前往投資，國際知名大廠也相中其廉價的勞動力及土地成本，生產線重心全面轉移到新興市場各國。以上種種情況，讓新興市場對世界經濟的影響力日趨重要。

近五年的發展現況

「新興市場」一詞最初是由世界銀行於 1981 年提出，泛指該國的國民所得尚未達到高收入國家的水準，其股票市場仍在蓬勃發展，經濟成長強勁，有龐大的潛在商機，造就高成長的優勢；但同時，這些國家政經局勢變數大，基礎建設、勞動人力水準不一，因此也伴隨著高風險特性。

當今備受討論的新興市場國家多半興起於二十世紀八〇年代後，廣泛分布於亞洲、非洲、拉美以及東歐、中亞、中東等區域，且都是各地區經濟組織的核心成員，像是菲律賓、印尼、越南、南非、土耳其等，其中過去又以「金磚四國」（BRIC）的中國（China）、印度（India）、俄羅斯（Russia）、巴西（Brazil）最受矚目。

做為主要新興市場國家的「金磚四國」，人口雖占世界總人口的 42%，國內生產總值卻僅占世界總量的 14.6%，貿易額也只占全球貿易額的 12.8%，增長潛力驚人。在金融海嘯之前，四國的平均經濟成長率高達 10%，許多資金往金磚四國湧入。若按購買力平價計算對世界經濟增長的貢獻率更已超過 50%。

然而近十年來，四國各自面臨來自外部與內部的情勢變動，經濟成長率已不如 2008 年金融海嘯前動不動就 10% 以上。巴西因前總統羅塞芙的罷免風波讓政局歷經多年動盪，不利改革腳步。2016 年雖爭取到奧運主辦權，各級政府卻因沉重負擔紛紛破產；加上近年來原物料價格崩盤，大豆價格崩跌 23%，蔗

糖也跌掉三成等種種因素,讓巴西經濟在 2011 年至 2016 年之間大幅衰退 31%（2.616 兆跌到 1.796 兆美元）。俄羅斯則因過度倚賴石油出口,2014 年國際原油價格大跌重創經濟,加上因烏克蘭議題,受歐美經濟制裁,GDP 自 2013 年起到 2016 年衰退 42%。中國則面臨經濟成長趨緩,以及房地產泡沫、債務增長快速與銀行資產質量下降等危機,GDP 成長率在 2016 年為 6.7%,創下 26 年來最低紀錄。金磚四國中僅剩印度尚且維持光芒。現任總理納倫德拉 ‧ 莫迪於 2014 年上台後企圖模仿中國製造的成功模式,提出「印度製造」政策。GDP 自 2012 年起成長率皆為成長狀態（2012 年為 5.4%,2015 年 8%）。而為了打擊地下經濟及貪腐,於 2016 年實施廢止大鈔,雖對國家經濟產生衝擊,GDP 年成長率微幅下降至 7.1%。不過陣痛期過後,經濟體質將轉佳,國際貨幣組織（IMF）看好印度中長期經濟成長,可達 8%。

時至 2015 年為止,高盛投資銀行的「金磚四國基金」規模縮減至 9849 萬美元,比起 2010 年頂盛時期縮水九成;同年,高盛宣布結束虧損嚴重的金磚四國基金,將其併入投資範圍更廣的新興市場基金。金磚四國夢破滅。

金磚四國的成長不如預期,使投資人將目光移往其他新興市場,如東南亞國協及非洲等。2015 年東協正式成立東協經濟共同體（AEC）,整合以「單一市場」為主之經濟共同體。東協擁有 6 億人口,各種天然資源豐富,發展潛力大,且地點位於國際貿易重要航線的麻六甲海峽,各國無不積極拉攏、爭相投資。其中又以越南表現亮眼,2016 年越南 GDP 達 6.21%,吸引外資達近 244 億美元,年增 7.1%。其股市近三年來大漲 50%,表現驚人。另外,非洲擁有豐富能源礦藏,且是勞力密集產業的處女地,擁有較低的勞動力成本及寬闊的發展空間,也是繼金磚四國後,新興市場中的投資重點。

左右經濟的影響力

根據世界銀行（World Bank）於 2017 年 6 月發布的全球經濟展望報告,預估 2017、2018 年全球經濟成長率將為 2.7% 與 2.9%,其中新興市場平均經濟成長率在 4% 以上,遠超過歐美日等成熟國家。而根據國際貨幣基金組織（IMF）預測,新興市場在 2016 到 2021 年間,對全球經濟成長的貢獻將達到 60%。由以上數據可知新興市場仍為全球經濟成長動力來源。一般而言,經濟實力與 GDP 有正向的關聯,高經濟成長率是新興市場擴大影響力的基石,也將創造大量的國民所得與財富,增加民眾的消費能力,而消費多寡是各產業獲利的利基,成為經濟活動的泉源。新興市場等發展中國家擁有 60 億人口,占全球人口總數

新興市場的影響與挑戰

新興市場

● **定義**：泛指一國家或地域，其國民所得尚未達到高收入國家的水準，具有蓬勃發展且高報酬、高風險的股票市場，經濟實力發展快速。
● **分布地區**：拉丁美洲、東南亞、中亞、非洲與東歐等開發中國家聚集的地區。
● **代表國家**：金磚四國、東協。

新興市場對世界的影響力

高經濟成長率下消費力旺盛

高經濟成長率創造了大量的國民所得與財富，增加民眾的消費能力，成為各產業獲利的基礎，使經濟活動熱絡。

高報酬的投資市場吸引全球目光

股票市場與資產市場處於蓬勃成長期，其高投資報酬率的誘因吸引全球投資客的目光。

低廉生產成本成為世界產業鏈的上游

擁有廉價勞動力，吸引追求低生產成本的企業進駐，其就業市場與勞工素質的好壞往往影響跨國企業的獲利情形。

未來發展的觀察焦點

國際資金的影響

新興市場的成長動能來自國際資金的挹注，然而國際資金流向並不穩定，一旦情勢不佳立即退場，反而傷害經濟。

挑戰

如何持續吸引國際資金青睞，並防範投機性熱錢，成為觀察重點。

政策調控的影響

嚴重的通膨問題，需要透過財經政策緩和物價和避免經濟泡沫，卻也抑制成長力道與影響跨國投資意願。

挑戰

如何兼顧經濟高成長與避免泡沫化是觀察其影響力的重要指標。

政經實力的提升

新興市場的政經實力相較於歐美等國尚還不足，為提升政經地位，開始積極向外聯盟合作。

挑戰

如何透過對外合作，建立起足以與先進國家抗衡的政經組織成為注目焦點。

的 85%，未來將成為消費的主要市場。而人口中中產階級（世界銀行定義為日均收入介於 10～50 美元）的數量又為推升該國消費力的主要力道。根據世界銀行預測到了 2030 年，全球中產階級的重心將在新興市場，高達 93%，大幅超越 2000 年的 56%。加上勞動人口眾多、基礎建設需求強勁等優勢，都讓新興市場在全球經貿體系中扮演的角色日益重要。

由於新興市場的股票市場與資產市場處於蓬勃發展階段，其高投資報酬率的誘因緊抓全球投資客的目光。2017 年 3 月，根據新興市場投資基金研究公司（EPFR）統計顯示，新興債共同基金連續 8 周資金淨流入。由國際金融服務公司摩根士丹利（Morgan Stanley）所編製的 MSCI 新興市場指數今年（2017）來強漲 24%，其中 MSCI 新興亞洲指數漲幅更高達 28%。新興市場中最被看好的印度，根據聯合國貿易暨發展委員會（UNCTAD）統計顯示，自 2013 年起外資直接投資金額已連續四年成長，2016 年更躍居全球外資前十大投資標的國之一，在新興市場中備受青睞，顯示國際資金高度肯定新興市場的投資價值。外資追求新興市場的高額報酬率，新興市場也得利於外資的資金投資，兩者相輔相成。

未來觀察焦點

新興市場容易受國際資金影響，若各大型金融機構、跨國企業與國際投機客挹注資金，提供該國充沛的資金動能，推動經濟建設與廠商投資，亦推升當地房地產、股價等資產價值，將帶來驚人的經濟效益。然而，若情勢不佳時熱錢立即湧退，造成新興市場國家的資金價格驟跌。例如 2008 年金融海嘯席捲全球之際，巴西聖保羅指數從 5 萬 6 千點跌到 3 萬點、俄羅斯 RTS 指數從 1 千 8 百點跌到 6 百點、印度股市從 1 萬 5 千點跌到 8 千 5 百點，僅花兩個月就造成巨大跌幅。因此，新興國家如何防範投機性資金對國家金融體質的傷害，是值得關注的焦點。另外，也因為新興國家經濟深受已開發國家如美國、歐盟資金左右，在評估該國經濟未來展望時，可將與其貿易頻繁的已開發國家之國內政策、經濟表現一並列入考量。例如，拉丁美洲極度依賴與美國的進出口貿易，川普的保護主義政策，勢必為墨西哥經濟帶來不利影響。而東歐的經濟表現則可綜合歐盟的景氣變化來做評估。

另外一個關注的焦點，仍為金磚四國的後續發展。儘管過去幾年金磚四國成長不如預期，但其人口多、底蘊深厚，基本面仍備受看好。根據國際金融協會（IIF）和新興市場投資基金研究公司（EPFR）數據顯示，2017 年 5 月分流入金磚四國的資金達 1,665 億美元，遠勝於去年同期失血的 283 億美元。若金磚四

國能夠繼續高成長，對於世界經濟的復甦幫助極大。個別來看，哈佛大學國際發展中心（CID）預測，全球經濟成長最快國家在未來十年內將從中國轉移至印度，若印度能維持高成長，其又有世界第二多人口之優勢，將能提供世界龐大的消費市場；2017 年印度實施 70 年來最大稅制改革，過往各邦各自為政的稅制走入歷史，更使印度長期經濟展望看漲。而中國近年來成長趨緩，成長率降到 6% 左右，「一帶一路」與加速產業轉型的「十三五計畫」（即 13 個 5 年規劃）能否重新為中國帶來經濟成長動能有待觀察。巴西與俄羅斯的經濟則在歷經前幾年的衰退後似乎開始漸露曙光。隨著巴西政局趨穩、擴張性貨幣政策逐漸發揮效果，通縮壓力趨緩，IMF 預估巴西 2017 年的經濟成長率將可擺脫負成長來到 0.3%，止跌回升。俄羅斯則因石油輸出國組織（OPEC）達成減產協議帶動油價回穩，有利原油出口拉抬經濟。惟兩國皆為世界原物料出口大國，經濟受國際原物料價格波動影響甚鉅，未來能否降低對出口原物料的依賴、成功產業轉型，有助於巴西與俄羅斯的經濟回穩。

新聞範例解讀

新興市場續旺 印尼股市受注目

　　信評機構標準普爾公司（S&P）調升印尼債信評等至投資級，從「BB+」提高一級至「BBB-」，展望為穩定，這也讓印尼在標普、惠譽及穆迪等三大國際信評機構都獲得投資級評等，可望吸引更多資金流入。在消息發布之後，印尼股市應聲飆上歷史新高，雅加達綜合指數在 2017 年 5 月 19 日一度大漲 3.2%，衝上 5,825.2 點的歷史新高，收盤時漲幅則收斂 2.6%，收在 5,792 點，總計過去半年來漲幅擴大至 12.5%。印尼盾對美元走勢也由黑翻紅，盤中升值 0.6% 至 13,317 盾。

解讀重點

投入新興市場國家的資金深受成熟國家經濟波動的影響，隨著歐美經濟持續復甦，根據國際貨幣組織（IMF）2017 年年中公布的報告預測，今年全球經濟將增長 3.5%，優於 2016 年的 3.2%，其中新興市場整體經濟成長率將來到 4.6%，2018 年可達 4.8%，呈現連續三年成長。2017 年上半年資本流入新興經濟體也跟著明顯提升，新興市場貨幣普遍趨於穩定，經濟整體呈現回春。在基本面改善的基礎上，印尼因成功的租稅特赦政策，帶進逾 110 億美元的收入，獲得基礎建設支出的財源；加上國際商品原物料在價格仍舊偏低、需求強勁的情況下，兼具人口紅利與豐富天然資源的印尼股票市場，便成為受國際資金青睞的投資標的。

擔任全球經濟成長火車頭的中國

快速掃描

● 中國經濟成長速度趨緩，能否力保 6 ～ 7％ 為挑戰
● 中國推出「絲綢之路經濟帶與二十一世紀海上絲綢之路」的構想，刺激經濟
　與謀求全球性經濟戰略角色
● 中國近年來股災與資金外流頻傳，顯示中國投資股市的風險偏高

　　中國憑藉著龐大的人口與高度的經濟成長率，於 2015 年成為世界上第二大經濟體，並且提供龐大的投資與消費市場，成為世界經濟復甦的火車頭。然而 2011 年到 2015 年的經濟成長率持續下降，2017 年到 2020 年的目標已不保 7％，中國經濟成長率是否維持，在經濟情勢不穩的 2010 年代中實為觀察重點。而中國提出的「絲綢之路經濟帶與二十一世紀海上絲綢之路」，是否能夠達成目標，亦牽動著中國在全球的經濟戰略布局。

近五年的發展現況

　　中國自從 1978 年實施經濟改革以來，憑藉著豐富的天然資源、以及眾多的勞力人口，在產業建設與經濟發展都有相當顯著的成長。進入西元兩千年，中國經濟成長率每年都維持 10％ 以上的表現，僅有 2008 至 2009 年受到金融海嘯的影響略為下滑，但也都維持超過 8.5％ 的優異成績。其國內生產毛額（GDP）則由 2005 年的 2.2 兆美元，成長到 2009 年的 4.9 兆美元，成長率超過一倍，若不算歐盟區，中國自該年起已成為世界第三大經濟體，僅落後美國與日本。至 2015 年，更超越日本成為世界第二大經濟體。

　　經濟高度成長的中國，自 2010 年起經濟成長速度也開始逐漸趨緩：2011 年成長率為 9.3％、2012 年到 2014 年降到 7％ 多，2015 年跌破 7％ 來到 6.9％，2016 年更降至 6.7％，創下 26 年來新低。究其原因，是因為這段期間內，中國經濟高成長的背後所面臨的困境逐漸浮現：第一，長期的一胎化政策，讓人口結構開始老化、勞動力面臨減少的危機，根據波士頓諮詢公司（BCG）的研究，若繼續維持一胎化政策，中國在二十年內將出現 2450 萬的勞動力缺口。第二，經濟高成長趨緩時，資金為了尋找更高的投資報酬，而抽離中國產生資金外流的效益，使得投資下滑。種種因素導致中國經濟成長率的衰退，引起各國在經濟上的恐慌。

為了重新點燃經濟動能，也分散經濟風險，2013年中國人民銀行降息以刺激經濟，同年並提出「絲綢之路經濟帶與二十一世紀海上絲綢之路」的構想，簡稱「一帶一路」。「一帶一路」希望透過跨國經貿合作，從陸路與水路串聯亞、非、歐洲。理論上能夠帶動西亞東歐等區域的發展，有助於活絡全球貿易，但此龐大計畫亦挑動美、日、印、俄等大國的敏感神經，區域貿易協定的實質合作內容與簽署，影響到國際之間的貿易戰爭，成為各國經濟與政治的角力點。另外，面對人口減少帶來的潛在威脅，中國政府也在2015年宣布廢除實施三十多年的一胎化政策，全面開放生養第二胎。

　　然而隨著經濟成長率持續下探，中國政府再度以降息手段試圖扭轉頹勢。從2014年底到2015年8月，連續五次降息刺激經濟。但經濟成長疲軟的風險仍讓投資人失去信心，2015年8月底中國股市暴跌、逾千股跌停，產生嚴重的股災，股市為經濟的領先指標，嚴重的股災透露資金外逃的情況，將不利於中國經濟維持高成長。時至2017年，在全球景氣復甦，美國持續加息、美元走強之下，為避免人民幣背負過大續貶壓力，短期內貨幣政策應不會再往寬鬆方向調整。

　　總體而言，中國的經濟成長率雖然下滑，但仍遠高於已開發國家，擁有龐大的消費與投資需求，讓中國成為全世界最主要經濟成長動力的角色，但同時卻也是全世界最主要的復甦風險。

左右經濟的影響力

　　2008年金融海嘯席捲全球，造成主要工業國家如美國、日本及歐洲國家的經濟受到強烈的重擊，經濟學家提出經濟衰退的危險訊號，然而當時中國啟動約4兆人民幣的財政支出，擴大中國投資與消費市場，一度扮演帶領全球走出衰退陰霾的火車頭角色。顯示了中國不僅是「世界工廠」，也已經成為「世界市場」、消費的重心。

　　到了2015年，中國已成為世界第二大經濟體，國內生產總值排名世界第二。中國大企業亦成長迅速，根據美國《財富》雜誌2017年統計，中國企業進入世界五百強之數量約百家，亦為全球第二位。中國成為二十大重要工業國家（G20）的一員，而經濟成長率在主要工業國家中更首屈一指，在2013到2015年間，中國經濟成長率平均為7.3%，遠高於世界同期平均的2.4%，這三年裡中國對全球經濟成長的貢獻約為26%。

　　中國2016年高達3.6兆美元、世界排名第二的巨額國際貿易量也活絡了全球經濟，為國際貿易帶來更多的商機。中國的進口需求以鋼鐵、鋁、銅等原物

料及石油為主，其中又以石油的進口量在 2015 年達 24 億桶，躍居全球第二名，僅次於美國。不過，同年因全球貿易額劇減 13.8％，連帶使中國的進口量受影響，總額下跌 10％。而中國進口量一旦下降，便代表需求量減少，連帶使鋼鐵、鋁、銅及石油等價格下跌，牽動原物料出口國的經濟，使得許多新興市場國家出現經濟衰退。由此亦可見中國貿易的影響力之大。在此同時，消費力蓬勃成長的中國也日益轉型為「世界市場」，根據澳盛銀行於 2015 年的報告指出，中國的消費能力有機會於十五年內增加三倍。

中國經濟雖然近五年來從高度成長趨緩，但在國際間的影響力愈發龐大。中國推出「絲綢之路經濟帶與二十一世紀海上絲綢之路」，被中國視為經濟、外交與地緣政治等眾多結集的重大戰略政策，就經濟層面來說，將影響亞洲、東歐的地緣經濟，以及全球區域經貿組織影響力的競合。中國希望透過跨國的經貿合作，從陸路與水路串聯亞、非、歐洲。一帶一路的構想理論上能夠讓長期被漠視的西亞東歐等地受惠於國際貿易，此計畫若成功落實，能大幅提升中國在該版圖的經濟與政治影響力、進一步威脅美國的國際地位，故成為各國經濟與政治的角力點。同時，中國主導籌組「亞洲基礎設施投資銀行」（簡稱「亞投行」）於 2016 年 1 月開業，邀請世界各國加入投入資金，透過投資一帶一路的基礎建設而獲利。美國在 2014 年試圖阻止韓國、澳洲等多國加入亞投行，然而在 2017 年 6 月，亞投行成員總數已增至 80 國，超過由美日主導的亞洲開發銀行（67 個成員國）。時至 2017 年 6 月，美國仍未加入。

2015 年 11 月，國際貨幣基金組織（IMF）宣布，將人民幣納入「特別提款權」（SDR）貨幣中，成為各國外匯存底的選擇之一，並於 2016 年 10 月正式生效。目前 SDR 的貨幣還有歐元、日圓、英鎊和美元，人民幣加入 SDR 等於被認可成為國際貨幣，且各國央行的外匯存底中，可以納入人民幣，這意味著將創造出大量人民幣的需求，提升人民幣的地位。雖然根據 2017 年 2 月，渣打銀行（Standard Chartered）最新數據顯示，在 2016 年全球人民幣使用量並無提升，反而大減 10.5％，此現象除了反映市場對中國經濟成長趨緩的隱憂，以及預期人民幣續貶外；中國當局對資本流動的管控與干預也是使人民幣使用量大減的重要因素。不過長期而言，當各國央行在調整外匯存底中各種貨幣的比例時，人民幣作為選項之一都將讓人民幣的需求強勁，更為強勢。

未來觀察焦點

根據中國的官方預測，2017 年的經濟成長率在 7％以下，未來五年目標設

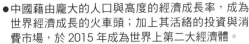
世界經濟成長火車頭的中國

- 中國藉由龐大的人口與高度的經濟成長率,成為世界經濟成長的火車頭;加上其活絡的投資與消費市場,於2015年成為世界上第二大經濟體。
- 然中國兩位數的高經濟成長率已經不復以往,2011年到2015年的經濟成長率持續下降,2017年到2020年的目標已不保7%。

對內

對外

「十三五」規劃

- 2016年起,規劃『中華人民共和國國民經濟和社會發展第十三個五年規劃綱要』(簡稱「十三五」規劃),做為之後五年的政策方向。
- 主要目標:保持經濟成長、轉變經濟發展方式,鼓勵內需消費與科技進步等、產業結構升級,朝資訊化與工業化深度融合、加快農業現代化步伐等政策。
- 「十三五規劃」尤以科技、資訊、新興產業、服務業為重點。

絲綢之路經濟帶與二十一世紀海上絲綢之路

- 戰略目標:經濟、外交與地緣政治等眾多結集的重大戰略政策。
- 經濟層面:影響亞洲、東歐的地緣經濟,以及全球區域經貿組織影響力的競合。
- 地緣層面:透過跨國經貿合作,從陸路與水路串聯亞、非、歐洲。
- 金融層面:中國主導籌組「亞洲基礎設施投資銀行」(簡稱「亞投行」),邀請各國透過投資一帶一路的基礎建設而獲利。
- 外交層面:提升中國在亞、非、歐的經濟與政治影響力,趕上美國的國際霸主地位。

中國經濟的未來與挑戰

經濟成長率

2000年代中國經濟成長率都在10%以上,至今已明顯趨緩,2016年起五年的經濟成長率目標設定為6.5%。由於中國對於全球經濟成長的貢獻許多,其經濟成長率是否能夠維持6%為關注重點。

城鄉差距與貧富不均

資源大幅傾向「一級線城市」,各區資源分布不均導致內部糾紛。而城鄉差距更是明顯,2015年上海市與江西農民的人均年收入差異高達四倍;同時中國的貧富差距極大,中國最富有的1%家庭擁有全國三分之一的財富,最貧窮25%家庭僅擁有全國1%的財富。此為中國待解決的經濟問題。

一帶一路的發展

一帶一路的目標區域中約有44億人口,若能夠成功帶動投資與消費,中國有機會建立其政治與經濟霸權。一帶一路是口號或是霸權之路,端看2017年到2020年中國是否能克服內部經濟問題,以及對外在眾多國家中競合成功,順利推動。

定在 6.5%。顯示中國已經從 2000 年代經濟成長率都在 10% 以上的高度成長期，明顯趨緩。由於中國對於全球經濟成長的貢獻許多，未來觀察焦點首重中國的經濟成長率是否能夠維持 6% 以上。

2016 年起的五年，是中國政策的新階段。依據『中華人民共和國國民經濟和社會發展第十三個五年規劃綱要』（簡稱「十三五」規劃），也就是 2016 ～ 2020 年的政策規劃，主要目標包含保持經濟成長；轉變經濟發展方式，鼓勵內需消費與科技進步等；產業結構升級，朝資訊化與工業化深度融合，培育戰略性新興產業，並大力發展服務業；加快農業現代化步伐等。分析「十三五規劃」，尤以科技、資訊、新興產業、服務業為重點，其中戰略性新興產業產值占中國 GDP 總值目標為 15%，不可輕忽。

而中國正在推動的「絲綢之路經濟帶與二十一世紀海上絲綢之路」，也於 2015 年 2 月正式成立「一帶一路」建設工作領導小組。一帶一路的目標區域中約有 44 億人口，未來中國或許能夠成功帶動投資與消費，最終建立起在亞洲地區的政治與經濟霸權；但亦可能因中國內部政治或經濟的問題浮現、或外部在眾多國家中競合失敗，讓一帶一路停留在願景口號的階段。例如 2017 年 5 月於北京舉行的「一帶一路」國際高峰會，即因貿易採購透明度不足，在參與的 130 國中，最終只有 30 國簽署聯合公報，包括法國、德國都拒絕背書。而美國在歐巴馬執政時期，將中國視為競爭對手，對於一帶一路抱持阻止的態度。川普上任之後，是否會改變態度值得觀察。

雖然中國在國際間的聲量與日遽增，但中國內部許多問題無法掩蓋，成為當局重大的考驗。首先，在中國威權政權主導下，資源大幅傾向於所謂的「一級城市」地區，各區資源分布不均導致內部糾紛。除了城市與城市之間的落差以外，城鄉差距更是明顯，以

INFO

什麼是五年計畫

中華人民共和國自 1950 年代實施五年計畫（five-year plan），旨在推動國民經濟發展。2011 至 2015 年中國推出「十二五」規劃，也就是第十二個五年計畫，主要目標在於擴大內需消費商機、加強產業合作。此計畫在經濟方面取得亮眼成績，貨物貿易量居全球第一，經濟總量世界第二。2016 年，中國期待產業轉型與升級，推出「十三五」規劃，主要的目標包含在 2020 年讓中國達成小康社會。在該規劃中，中國定位十二項產業為：先進半導體、機器人、增材製造、智能系統、新一代航空裝備、空間技術綜合服務系統、智能交通、精準醫療、高效儲能與分式能源系統、智能材料、高效節能環保、虛擬實境與互動影視。這十二個產業獲得中國政府的扶持，影響中國產業的變遷。

中國 2017 年公布的收入比率官方數據來看，東部地區家庭人均財富分別是中部、西部地區的 2.03 倍和 2.63 倍。其次，中國的貧富差距極大，依據北京大學 2015 年公布、針對中國二十五省近一萬五千戶家庭所做的調查指出，中國最富有的 1% 家庭擁有全國三分之一的財富，最貧窮 25% 家庭僅擁有全國 1% 的財富；可見巨大的奢華與巨大的貧困同時在中國上演。再者，中國的房市也出現問題，高度的經濟成長帶動許多房市建設、房價高漲，但許多無人居住、被戲稱為「鬼城」的區域也時有所聞。建商若無法出售房屋，便無法償還銀行貸款；而銀行若無法回收貸款，則將出現壞帳、營運困難。猶記得 2008 年的全球金融海嘯，正是因為美國的銀行無法回收次級房貸而最終引發金融體系崩盤。基於前車之鑑，若干分析師猜測中國可能也有房貸的金融未爆彈。

最後，還需注意的是，相對於其他先進國家，中國許多資訊較不透明，再加上中國的政治制度相對限制人民諸多自由，所以可能有更多潛在問題未被挖掘。然隨著人民教育程度逐漸提高、以及經濟快速成長卻財富分配不均的情況，政治、經濟、社會各層面逐漸出現人民不滿的聲浪，抗議事件頻傳。中國如何走過政經社的改革與轉型，不僅是中國在接下來要解決的問題，其政局與社會情勢也是影響接下來經濟成長的關鍵。

新 聞 範 例 解 讀

明後年中國經濟成長率拚保 6%

2017 年 3 月 5 日，中國國務院總理李克強發表中國政府工作報告，指出 2017 年中國經濟成長率目標為 6.5% 左右，未來五年經濟成長率平均目標，也設定在 6.5%。不過同年 6 月，國際信評機構惠譽（Fitch）卻預估 2018 與 2019 年，中國經濟成長率將跌至 6% 以下，分別為 5.9% 與 5.8%。

解讀重點

中國現為世界第二大經濟體，僅次於美國（歐盟排除不算），而且全球景氣仍處於復甦時期，所以解讀重點應放在中國是否能持續扮演全球經濟成長的火車頭，以及中國的經濟成長率是否反轉下跌。從 2011 年的破 9% 成長率，到接下來五年降至 7% 之水準，並且中國官方在 2016 年首次以 6.5%~7% 這樣的「區間」來進行預測，顯示中國官方對於經濟的預測已經偏向保守。以過去五年的數據來看，若接下來中國的經濟成長率超過 7.5%，則有望帶動一波全球經濟復甦；若經濟成長率不如預期，低於 6%，則全球平均經濟成長率可能隨之下降。各國股市都會有相對應之波動。

深受國際貿易影響的台灣經濟

快速掃描

● 台灣 2016 年對外貿易依存度高達 96.5%，出口貿易為台灣主要成長引擎。
● 中國（含香港）為台灣第一大經貿夥伴，2016 年占我出口貿易比重約四成。
● 日本為台灣主要進口國，也是技術合作夥伴關係。
● 韓國為台灣首要的貿易競爭對手
● 區域經濟整合趨勢蔚為風潮下，台灣如何突破被邊緣化危機，將攸關台灣經貿未來的競爭力與國際化。

　　台灣是地狹人稠的海島型國家，土地資源稀少下，對外貿易的依存度長期皆在 100% 上下，出口貿易為台灣經濟成長的主要引擎。貿易在過去成就了亞洲四小龍的經濟奇蹟，如今也關係著台灣的經濟命脈。但台灣的出口產業是以電子產品製造業為主，在國際分工體系主要為代工角色，在缺乏自有品牌下，利潤微薄，也極易受到國際景氣波的影響。

近五年台灣對外貿易的發展現況

　　台灣去年（2016 年）的對外貿易總額為 5,113 億 4 千萬美元，其中出口 2,804 億美元，進口 2,309 億 4 千萬美元。除了 2009 年受到金融海嘯影響，進出口貿易總額跌破 4 千億美元之外，其餘皆可維持在 4 千億美元以上。目前台灣前五大對外貿易出口市場中，第一大出口市場為中國（含香港），占台灣出口比中高踞 40.0%，其次依序是東協十國 18.3%、美國 12.0%、歐盟 9.4%。其中東協十國若再併計南亞 6 國印度、孟加拉、巴基斯坦、斯里蘭卡、尼泊爾、不丹及澳大利亞、紐西蘭等新南向政策的 18 個目標國，則占總出口比例將高達 21.2%。出口主要產品中，電子設備及其零件自 2000 年起就是台灣出口貿易第一大項目，去年的電子設備及其零件出口總額達 928 億美元，占台灣出口比重 33.1%。其他的主要出口項目尚有資通視聽產品、金屬及其製品、機械、塑橡膠及其製品等。

　　進口市場部分，台灣第一大進口來源國為中國（含香港），2016 年中國占我進口比重達 19.6%，之後為日本 17.6%、歐洲 12.6%、美國 12.0% 及東協十國 11.8%。主要進口項目以礦產品、電子零組件與機械三大類為主，此三類在 2016 年合計占台灣進口比重的四成以上。

　　由近年的經貿發展趨勢來看，美國、歐盟原為台灣主要的出口市場，但從 1998 年起，台灣對美國出口占台灣整體出口比重就逐年衰退，自 1999 年的 25%

到 2016 年已降至 12%。台灣對歐盟的出口比重也從 1999 年的 15.7% 降到 2016 年的 9.4%。然而對中國出口占台灣整體出口比重，整體而言則有逐年攀升的趨勢，從 1999 年的 23.7% 一路攀升到 2016 年的 40%。對東協十國的貿易也自 2003 年起轉為年年出超，且持續擴大，2013 年到 2016 年，台灣對東協十國出超已達到 7 千多億台幣。足顯見台灣整體出口市場結構已由先進的歐美市場轉向中國等新興市場發展。

周邊經貿夥伴對台灣經濟的影響

自九〇年代，受到中國廉價勞動力的吸引，許多公司為求壓低成本，紛紛將製造基地外移至中國，採取「台灣接單、中國生產」的模式，先從台灣出口工業原物料至中國，在當地加工製造後，再自中國當地出口到第三地。企業外移的結果，企業對台投資減少，不利於台灣本地就業機會與工資水準，也使得台灣對中國的貿易依賴度不斷增加，這也是中國成為台灣第一大出口市場的背景。然而近年來，隨著中國經濟成長放緩、工資連年提升，使得經營成本大增；加上中國政府提出十三五規劃（即 13 個 5 年計劃）、中國製造 2025（即中國的工業 4.0）等新政策，企圖藉由供給側改革和自主，以「紅色供應鏈」帶動其國內產業往新一代資訊技術、高階製造等新興產業升級轉型，生產環境面的變革使得原本許多勞力密集、技術門檻低的產業紛紛轉移陣地。根據經濟部投審會資料，2016 年台灣對外投資金額 121.2 億美元，成長 12.8％。然而同一期間，對中投資金額則衰退 11.7% 跌至 91.8 億美元，顯示台商海外布局已由中國轉向其他地區。

台灣的第一大進口來源國長久以來一直都是日本，日本與台灣有著相當熱絡的雙邊貿易關係，也是排名僅次於中國的貿易夥伴。這是因為日商向來為台灣外來投資及技術合作的主要夥伴，台灣廠商所使用的部分機械設備及產品相關零組件，在國內欠缺相關技術與受限專利無法自製下，勢必得要從日本進口，使得台灣產業無法擺脫對日本的技術仰賴。但來自日本對台的投資和技術轉移相對地也有利於台灣的產業升級與技術水準的升級。

台灣對外貿易最大的競爭國則為南韓，台灣與南韓不僅出口品項重疊度高，出口市場的重疊性也很高，譬如在東亞市場，該區出口占台灣出口值約六成左右，也占了韓國出口值的五成。近年來南韓陸續與東協、美國、歐盟、中國簽訂自由貿易協定，FTA 覆蓋率超過 60%，對台灣本國出口貿易競爭力造成威脅。

另外，東協也已經成為台灣第二大出口市場。在投資方面，根據新加坡星

展銀行研究指出，2006 年至 2010 年台灣對東協六國（星、馬、泰、菲、印尼、越南）的直接投資，平均每年為 12 億美元；2011 年至 2015 年增加至平均每年 27 億美元，成長超過 2 倍。台灣對東協六國投資占對外直接投資的比例，也由 2006 年至 2010 年的 6％，提升到 2011 年至 2015 年的 15％。原因除了上述隨著中國經濟成長帶動薪資水準的成長後，部分台商將生產基地遷移至勞力更為低廉的東南亞國家之外，區域經濟整合優勢如跨太平洋戰略經濟夥伴關係協議（TPP）與區域全面經濟夥伴關係協定（RCEP），以及 2015 年 12 月正式成立的「東協經濟共同體」（AEC）都使得區域內生產、貿易更為有利。

　　過往 WTO 框架下的多邊貿易協定常因各國難以達成共識而破局，近年來東亞各國轉而開始推動雙邊或區域經濟整合，藉由互相簽署區域貿易協定（RTA）、自由貿易協定（FTA），或是加入區域經貿組織來降低區域內的關稅及貿易障礙，達成貿易增長的目標。如中韓 FTA 已於 2015 年年底生效，雙方 90％ 以上的產品將在 20 年內分階段實施零關稅。而日本與歐盟也在 2017 年完成「日歐經濟夥伴關係協定」（EPA）談判，預計 2019 年正式生效，為歐盟繼韓國、新加坡、越南後第四個簽訂 FTA 的亞洲國家，屆時日歐間將廢除逾 95％ 項目的關稅，成為一占全球貿易總額三成的大經濟圈。另外，東協與中日韓印等國從 2012 年以來洽簽「區域全面經濟夥伴協定」（RECP），歷經 19 輪談判，有望在 2017 年底完成，由於事關整個東亞區域的貿易自由化與便捷化，加上涵蓋了台灣主要進出口市場的中國、第二大進口國日本及最主要貿易對手韓國在內，若順利成形，對台灣勢必造成不小的衝擊。

　　台灣則受中國打壓的政治性因素影響，遲遲無法順利加入東南亞及全球經濟整合的行列，目前僅與中美洲五國（巴拿馬、瓜地馬拉、尼加拉瓜、薩爾瓦多、宏都拉斯）簽有自由貿易協定，以及與紐西蘭、新加坡、巴拉圭簽訂經濟合作協定（ECA）。除了與亞太地區的 FTA 經濟結盟對象相當有限之外，台灣與中美洲五國的貿易量約僅占台灣全球出口總額的 0.2％，可見外交意義多於經貿利益。在全球 FTA 賽局中，尋求與各國洽簽自由貿易協定的機會、積極加入區域整合將有助於台灣避免被邊緣化的危機；不過值得注意的是，簽訂 FTA 並非拯救經濟的萬靈丹，若一國產業核心競爭力不佳，就算免除關稅也將無法與外國同質性產品競爭。因此究其根本，如何加速產業升級、增加輸出產品的附加價值才是台灣未來經貿仍否維持競爭力的關鍵。

　　再觀察與台灣貿易往來密切的歐盟與美國，自 2010 年歐盟各國爆發主權債務危機後，歐洲各國為因應此次危機，紛紛採取緊縮國內財政政策，削減政

台灣與周邊經貿夥伴的關係

日本
台灣主要進口國與技術合作夥伴,台灣倚賴從日本進口生產設備與關鍵零組件。

台灣
主要代工生產及出口電子產品。

韓國
台灣最大的貿易競爭對手,貿易結構與出口產品、市場皆與台灣相似。

主要進口國

最大競爭者

第三大出口國

東協十國
台灣第二大出口市場,也是有著廉價勞工與便宜原物料的生產基地。

最大出口國及生產基地

最大消費市場

歐盟
台灣前五大進出口貿易市場,原為主要出口市場,但近年的出口比重下降,但歐盟對台投資仍占外資第一位。

中國
有世界工廠之稱,為台灣最大出口國與生產基地,占台灣出口貿易比重四成。龐大的內需市場亦是各國兵家必爭之地。

美國
美國為全球最大的消費市場,也是整個亞太區最大的市場,台灣接單,中國生產,再外銷美國,一直是兩岸三地最主要的貿易模式。

台灣當前面臨的挑戰

1 東亞各國積極推動經濟整合,簽署自由貿易協定(FTA)或加入區域經貿組織蔚為主流,東協組織分別與日本、中國、韓國形成貿易合作,對台灣的出口產業造成衝擊。

2 過度依賴中國市場,除了使台灣經濟深受兩岸政治性因素影響外,也使生產模式過度集中於代工生產,產業升級步調緩慢。加上中國近年來致力於製造業轉型,紅色供應鏈的崛起,也衝擊台出口表現。

3 歐美一向為台灣主要貿易市場,但隨著成熟國家經濟成長力道不如發展中的新興國家,也為了分散經濟過度集中單一市場的風險,台灣開始推動「新南向政策」,希望拓展與東協、南亞及紐澳間的伙伴貿易關係。

府預算支出，該舉動導致歐洲在未來數年經濟成長遲緩，即使到 2017 年仍未完全走出歐債的影響。另一個消費大國美國同樣債台高築，除了不斷擴大的貿易逆差之外，其國內財政赤字至 2016 年已達到 17.4 兆美元，債務占 GDP 比例達105.2%。加上川普上任後，奉行貿易保護主義，重擊區域經濟整合，包括退出TPP、擬與加拿大、墨西哥重新談判「北美自由貿易協定」（NAFTA），以及對特定區域或產業施以提高關稅或限制進口等措施。「美國優先」的保守施政態度為全球貿易投下變數。因此全球經貿如要重新取得平衡，擁有超額儲蓄的新興發展中國家，如中國的內需市場就必須承擔做為帶動全球經濟成長的引擎。這使得新興國家的內需市場愈發受到各國業者的重視，成為外銷開拓重點。

　　台灣國發會在 2016 年提出「新南向政策推動計畫」，旨在強化與東協十國、南亞、紐澳的經貿合作、人才交流等雙邊關係，希望能在貿易過度依賴中國、美國瀰漫保守主義的困境中突破重圍。

新聞範例解讀

台灣 FTA 再加一國 與巴拉圭簽定「台巴經濟合作協定」

　　今年適逢台巴（巴拉圭）建交 60 周年，兩國於 2017 年 7 月 12 日簽署「台巴經濟合作協定」。協定生效後，台灣提供巴拉圭進口牛肉配額內享零關稅的優惠；巴拉圭則提供台灣油墨等 19 項產品比南方共同市場關稅更低的稅率。但礙於巴拉圭為南方共同市場成員，無法在未經所有成員國同意的狀況下，與單一國家簽署自由貿易協定，因此這次協定為尋 WTO 架構，先從少數降稅清單的市場開放，並搭配投資及中小企業等合作領域來設計。

解讀重點

由於台灣是相當倚賴貿易經濟的國家，因此尋求跟各貿易往來國簽署 FTA 或經貿合作架構，是政府相當積極布署的政策方向。惟台灣與巴拉圭雙邊貿易金額不大，據海關統計，2016 年台灣與巴拉圭雙邊貿易額為 4,753 萬美元，台灣出口至巴拉圭塑膠、紡織、機動車輛零件等產品，進口以巴拉圭的牛肉、高粱等農產品為主。因此與巴拉圭的經濟協定，將是外交意義大於實質的經濟利益。不過值得注意的是，藉著簽署此協定，也讓過去較少人討論的「南方共同市場」獲得關注。「南方共同市場」（Mercosur）是由巴西、阿根廷、烏拉圭、委內瑞拉和巴拉圭五個南美洲國家所組成的區域貿易協定（RTA），區內人口高達 3 億，區域 GDP 產值接近 3 兆美元，為全球第五大經濟體。惟南方共同市場是一相對封閉的區域組織，透過此協定，將可增加台商赴巴拉圭設廠投資誘因，化身為當地製造的產品後，以獲得關稅優惠進入南方共同市場。

修訂版修訂者

林祖儀 —— 一～五章修訂
●重回經濟正軌的美國
●打出財經政策最後底牌的歐盟
●擔任全球經濟成長火車頭的中國

吳星澄 —— ●一～五章修訂

張道宜 —— ●經濟全球化及區域整合的影響

蔡明淳 —— ●備受矚目的新興市場

原書作者

康軒維 —— ●財政政策是什麼？有何影響？
●貨幣政策是什麼？有何影響？
●政府如何運用財經政策來調控經濟景氣
●從赤字和盈餘看政府施政態度
●減稅刺激景氣，增稅提高歲入
●擴編歲出預算振興景氣易形成赤字問題
●貨幣政策會隨景氣過熱調向緊縮
●物價指數持續增溫，恐有通膨疑慮
●降息有助於資金活絡啟動投資動能
●金磚四國與新興市場的影響

林祖儀 —— ●用經濟學原理看懂財經新聞
●財經新聞的分類呼應經濟學的重要主題
●外匯存底愈多不代表經濟情況愈好
●投資市場有哪些？
●影響市場價格變動的因素
●景氣樂觀帶動股價指數持續攀升
●違約風險提高，債券遭降評等
●匯率持續攀升創新高，不利出口競爭
●衍生性金融商品違約風險疑慮導致股市重挫
●經濟數據表現亮眼，帶動股價行情表看漲
●中國對全球經貿的影響

十一劃

十二劃

國家圖書館出版品預行編目資料

圖解看財經新聞解讀經濟現象 / 林祖儀等作. -- 修訂二版. -- 臺北市：易博
士文化，城邦文化出版：家庭傳媒城邦分公司發行, 2017.08
　　面；　　公分. -- (Knowing more ; 26)
　　ISBN 978-986-480-026-1(平裝)
　　1.經濟情勢 2.新聞
　　550　　　　　　　　　　　　　　　　　　　　106014342

Knowing more 26

圖解看財經新聞解讀經濟現象【大幅增修版】

修　　訂　　者／	林祖儀、張道宜、吳星澄、蔡明淳、易博士編輯部	
作　　　　者／	林祖儀、康軒維、程韻璇、李承璟、劉禹伶、張蕎韻、嚴家鑫、陳永善、易博士編輯部	
企 劃 提 案／	賴靜儀、蕭麗媛	
責 任 編 輯／	賴靜儀、莊弘楷	
企 劃 監 製／	蕭麗媛	
業 務 經 理／	羅越華	
總 編 輯／	蕭麗媛	
視 覺 總 監／	陳栩椿	
發 行 人／	何飛鵬	
出　　　　版／	易博士文化	

城邦文化事業股份有限公司
台北市中山區民生東路二段141號8樓
電話：(02) 2500-7008　　傳真：(02) 2502-7676
E-mail：ct_easybooks@hmg.com.tw

發　　　　行／英屬蓋曼群島商家庭傳媒股份有限公司城邦分公司
台北市中山區民生東路二段141號2樓
書蟲客服務專線：(02)2500-7718、2500-7719
服務時間：週一至週五上午09:30-12:00；下午13:30-17:00
24小時傳真服務：(02) 2500-1990、2500-1991
讀者服務信箱：service@readingclub.com.tw
劃撥帳號：19863813
戶名：書蟲股份有限公司

香 港 發 行 所／城邦（香港）出版集團有限公司
香港灣仔駱克道193號東超商業中心1樓
電話：(852) 2508-6231　　傳真：(852) 2578-9337
E-mail：hkcite@biznetvigator.com

馬 新 發 行 所／城邦（馬新）出版集團【Cite (M) Sdn Bhd】
41, Jalan Radin Anum, Bandar Sri Petaling, 57000 Kuala Lumpur, Malaysia.
電話：(603) 90578822　　傳真：(603) 90576622
E-mail：cite@cite.com.my

美 術 編 輯／	簡至成	
封 面 構 成／	簡至成	
製 版 印 刷／	卡樂彩色製版印刷有限公司	

2017年08月24日 修訂二版1刷
2023年09月20日 修訂二版6.5刷
ISBN 9789864800261

定價460元　HK$153

城邦讀書花園
www.cite.com.tw